재벌 공화국

재벌 공화국

대한민국을 쥐고 흔드는 재벌, 민주주의와 시장경제는 무사할 수 있을까?

초판 1쇄 인쇄 2022년 5월 4일
초판 1쇄 발행 2022년 5월 11일

—

지은이 박상인
펴낸이 이방원
편 집 송원빈 · 김명희 · 안효희 · 정조연 · 정우경 · 박은창
디자인 양혜진 · 손경화 · 박혜옥 **마케팅** 최성수 · 김 준 · 조성규

—

펴낸곳 세창미디어
신고번호 제2013-000003호 **주소** 03736 서울시 서대문구 경기대로 58 경기빌딩 602호
전화 02-723-8660 **팩스** 02-720-4579 **이메일** edit@sechangpub.co.kr **홈페이지** http://www.sechangpub.co
블로그 blog.naver.com/scpc1992 **페이스북** fb.me/Sechangofficial **인스타그램** @sechang_official

—

ISBN 978-89-5586-718-3 03330

이 책은 2022년도 서울대학교 한국행정연구소 연구총서로 발간되었습니다.

재벌 공화국

• 박상인 지음 •

세창미디어 MEDIA

프롤로그

대한민국을 종종 '재벌 공화국'이라고 부른다. 재벌 총수에게 사법적 특혜가 주어질 때 외신에서 이같이 부르는 경우가 있고, 또 재벌의 영향력이 우리 사회 구석구석에서 확인될 때 자조적으로 쓰는 표현이기도 하다. 그렇다면 재벌 공화국이 왜 문제이고, 어떻게 하면 바로잡을 수 있을까?

우리 헌법 제1조 제1항은 "대한민국은 민주 공화국이다"라고 규정하고 있다. 민주 공화국은 사회적 특수 계급의 제도를 인정하지 않고, 모든 국민이 법 앞에 평등하며, 이런 평등한 국민에게서 권력이 나오는 국가 체제이다. 민주 공화국 정치 체제는 선거에 의해 선출되는 국회의원과 대통령, 대통령에 의하여 임면(任免)되나 국민에 대하여 책임을 지는 공무원, 헌법과 법률에 의하여 양심에 따라 독립하여 심판하는 법관들에 의해 작동한다. 그런데 국회의원과 대통령이 보통·평등·직접·비밀선거로 선출되더라도 이들이 국민의 뜻이나 공익을 위해 권한을 행사하지 않거나, 공무원이 특정인이나 특정 집단의 이익을 위해 꼼수를 부리고, 법관이 특정인에게 사법적 특혜를 준다면, 실질적으로는 민주 공화국이라고 할 수 없을 것이다.

대한민국이 재벌 공화국이라는 자조 어린 표현은 대한민국의 실질적인 주인 노릇을 국민이 아닌 재벌 또는 재벌 총수 일가가 하고 있음을 꼬집는 것이다. 재벌 총수 일가가 사실상 '사회적 특수 계급'이 되었고, 이들은 일반 국민과 다른 사법적 특혜를 누리고 있다. 모든 국민이 법 앞에서 더 이상 평등하지 않고, '유전무죄' 또는 '재벌무죄' 현상이 벌어지고 있다. 재벌 총수 일가 관련 재판에서 법관이 헌법과 법률에 의하여 양심에 따라 독립하여 심판한다고 믿는 국민은 그리 많지 않다. 오히려 재벌 총수 일가에 유리한 판결을 내린 법관이 우리나라의 최고위 법관으로 승진하는 일들이 벌어지기도 했다.

법 앞에 만인이 평등하다는 '법의 지배'가 무너진 것은 비단 사법부만의 문제가 아니다. 입법부와 행정부 역시 재벌들에 의해 포획되어 재벌이나 총수 일가를 위한 법이 만들어지고 또 이들에게 편파적으로 법규를 적용하고 있다. 이럼에도 언론은 권력에 대한 감시보다 경제 권력이 된 재벌과 총수 일가에 편승하고 있다. 학계는 침묵이나 방조, 혹은 보다 적극적으로 경제 권력을 보조하는 역할도 마다하지 않고 있다.

한국의 재벌 총수 일가는 '민주적 통제를 받지 않는 경제 권력'이 되어 버렸고, 이는 재벌에 의한 경제력 집중의 결과라고 할 수 있다. 특정인이나 특정 집단이 국가의 경제 자원을 상당 부분 통제하게 될 때, 이런 경제적 통제력을 이용해 정치·행정·사법·언론·학계의 주요 인사들을 포획할 수 있게 되고, 이들을 통해서 자신들의 사익을 국가 정책 결정에 반영하도록 만드는 것이다. 다시 말하자면, 재벌 공화국은 재벌의 경제력 집중에서 비롯되는 것이고, 따라서 민주 공화국의 회복은 경제력 집중의 해소를 통해서만 가능하다.

이 책의 1장에서는 사법·언론·정치·행정이 재벌에 의해 포획된 증거와 사례들을 통해서 재벌 공화국의 실상을 살펴본다. 2장에서는 재벌 공화국이 만들어진 근본적 이유가 바로 재벌에 의한 경제력 집중에 있으며, 재벌의 경제력 집중은 1960년대 이후 한국의 경제 발전을 이끌어 온 정부 주도-재벌 중심 발전 전략의 결과임을 논의한다. 또한 1987년 군부 독재의 종식과 재벌의 경제력 집중의 심화는 한국의 정치 엘리트가 군부에서 재벌로 바뀌는 계기가 되었고, 재벌 세습을 통해 재벌 공화국이 지속되고 있음을 살펴본다. 3장에서는 재벌의 경제력 집중이 민주주의와 시장경제에 대한 근본적 위협임을 20세기 초 미국의 진보적 운동과 뉴딜 정책을 통해 살펴보고, 현재 우리나라에서 총수 일가의 사익 편취와 경제적 불평등의 악화라는 해악이 구체적으로 나타나고 있음을 다룬다. 4장에서는 촛불시위 이후 집권한 문재인 정부에서 오히려 재벌 개혁은 퇴행시키고, 공약에도 없었던 친재벌3법을 끈질기게 추진했음을 밝힌다. 이들 법은 재벌들의 숙원이었던 은산분리 폐지, 경제력 집중 규제 무력화, 재벌 세습 제도화를 위한 첫 단추가 될 수 있다는 점에서 매우 심각한 함의를 가진다. 5장에서는 민주 공화국의 회복을 위해서 재벌의 경제력 집중 해소가 필요하다는 것과 이를 위한 개혁 과제를 제시한다. 또한 재벌의 경제력 집중 해소와 더불어 법조계·언론계·행정부의 독립성을 강화할 수 있는 제도적 장치도 필요함을 살펴본다.

이 책은 많은 분의 도움으로 완성되었다. 공화국 시리즈로 재벌 공화국을 제안해 주신 김명희 이사님과, 책의 구성과 세밀한 편집에 이르기까지 많은 조언을 주신 송원빈 선생님, 그리고 도움 주신 모든 팀원분들께 감사를 드린다. 집필 중에 불만 없이 묵묵히 내조해 준 아내 황보경에게도 사랑과 감사의 말을 전하고 싶다.

2022년 4월

관악에서 박 상 인

차례

2장 재벌 공화국은 이렇게 만들어졌다

3장 재벌 공화국이 왜 나쁜가?

1장

대한민국은 재벌 공화국이다

"각종 법률과 사법적 특혜,
언론의 비호 속에서
재벌 총수 일가는
사실상 한국의
'사회적 특수 계급'이 되었다."

대한민국이 재벌 공화국이라는 자조 어린 표현은 대한민국의 실질적인 주인 노릇을 국민이 아닌 재벌 또는 총수 일가가 하고 있음을 꼬집는 것이다. 특정 재벌을 위한 법률이나 규정이 만들어져 왔고, 재벌 총수 일가는 일반 국민과 다른 사법적 특혜를 누리고 있다. 이럼에도 불구하고, 언론은 경제 권력이 된 재벌과 총수 일가를 감시하기보다는 이들에 편승하고 있다. 재벌 총수 일가는 사실상 한국의 '사회적 특수 계급'이 된 것이다. 여기서는 사법·언론·정치·행정이 재벌에 의해 포획된 증거와 사례들을 통해서 재벌 공화국의 실상을 살펴본다.

1. 사법 포획

삼성과 사법 흑역사

재벌 총수 일가에게 유독 관대한 판결로 사법 정의를 스스로 무너뜨린 사법부의 흑역사는 삼성 재벌 총수에 대한 사법 특혜의 역사라고도 할 수 있다. 삼성의 창업주였던 고(故) 이병철 회장은 1966년에 발생한 '사카린 밀수 사건'[1]과 관련해 기소도 되지 않았고, 제2대 고 이건희 회장은 1995년 노태우 비자금 사건[2]과 2009년 삼성그룹 비자금 수사 및 불법 세습에 관한 특별검사(이하 '특검') 수사 결과로 불구속 기소는 되었으나 집행유예만 선고받았을 뿐이다. 특히 2009년 삼성 비자금 및 세습 관련 재판은 3세인 이재용의 국정농단 재판과 여러 면에서 비교가 된다.

1996년 10월에 삼성에버랜드 이사회는 전환사채(CB)[3] 발행을 결의하였다. 그런데 삼성에버랜드의 주주인 이건희와 법인 주주인 삼성물산, 제일모직, 중앙일보, 삼성문화재단, 한솔제지, CJ 등은 전환사채를 배정받지 않기로 했다. 이후 이사회는 실권된 전환사채를 이재용 남매와 이재현에게 배정하였고, 이들은 12월 17일에 전환권을 행사하여 삼성에버랜드 지분을 확보했다. 삼성에버랜드 지분을 전혀 보유하지 않았던 삼성가 3세들은 전환권을 행사함으로써, 이재용 31.37%, 이부진 등 세 딸이 각각 10.46%씩, 삼성에버랜드 지분의 62.75%를 보유하게 되었다.

이재용 등 재벌 3세는 또한 1996년 12월에 삼성SDS가 실시한 유

1 1966년 5월 24일에 삼성그룹의 계열사인 한국비료공업(현 롯데정밀화학)이 일본 미쓰이그룹과 공모하여 사카린 2,259포대(약 55톤)를 건설 자재로 꾸며서 들여와 판매하려고 했다가 들통난 밀수 사건. 「삼성 밀수, 日 '삼정'과 공모」, 『동아일보』(1966.10.05.).

2 고 노태우 전 대통령이 재임 기간 중 기업체 대표들로부터 약 5000억 원을 통치자금 명문으로 받았고, 이 중 2838억 9600만 원에 대해 뇌물죄가 적용되어 기소된 사건. 문병주, 「노태우 비자금 사건은…」, 『중앙일보』(2005.03.30.).

3 Convertible Bond. 일정한 조건하에 주식으로 바꿀 수 있는 회사채를 말한다.

상 증자에서 삼성물산 및 삼성전기가 실권한 주식 일부를 인수하였다. 이후 1999년 2월에 삼성SDS가 행사 가격이 7,150원인 230억 원 규모의 신주인수권부사채(BW)[4]를 발행하였고, 이를 삼성증권과 SK증권이 전량 인수한 후에 신주인수권과 사채권으로 나누어 다시 이재용에게 47억 원, 이부진 등 세 딸에게 각각 34억 원, 이건희의 가신 역할을 하고 있던 이학수와 김인주에게 각각 54억 원과 27억 원어치를 매각하였다. 당시 삼성SDS의 장외 거래 가격이 53,000원에서 60,000원 사이였음을 고려한다면, 신주인수권부사채의 행사 가격 7,150원은 지나치게 낮은 수준이었다.

그런데 삼성그룹 사내 변호사였던 김용철 변호사의 삼성그룹 비자금 운용 및 로비 의혹 폭로로 2007년에 삼성 특검이 출범했고, 조준웅 삼성 특검은 전환사채 편법 증여, 삼성SDS 신주인수권부사채 저가 발행, 차명 주식 거래를 통한 조세 포탈 혐의 등으로 2008년에 이건희 등 5인을 「특수경제범죄가중처벌 등에 관한 법률」(이하 '특경가법')상의 배임으로 기소하였다. 특검은 이건희에게 징역 7년과 벌금 3500억 원을 구형하였으나, 1심 법원(서울중앙지방법원 형사합의 23부, 민병훈 부장판사)과 2심 법원(서울고등법원 형사1부, 서기석 부장판사)은 삼성에버랜드 전환사채 편법 증여 혐의에 대해서는 무죄, 삼성SDS 신주인수권부채 저가 발행 혐의는 공소시효가 지났다며 면소 판결을 했고, 차명 주식 거래를 통한 조세 포탈 혐의는 일부 유죄로 판단해 징역 3년에

4 Bond with Warrent. 발행 기업의 신주를 매입할 수 있는 권리가 부여된 회사채로, 고정된 이자를 받을 수 있는 채권과 신주 인수권이 별도로 매매될 수도 있다.

집행유예 5년을 선고하였다.

2009년 5월 29일에 대법원은 회사의 이사가 삼성SDS의 신주인수권부사채를 헐값으로 발행해 이재용 등에게 최대 지분을 사도록 허용함으로써 회사에 1540억 원의 손실을 입힌 혐의에 대해선, 제3자 배정 방식인 데다 행사 가격이 시가보다 현저히 낮기 때문에 배임죄에 해당한다며 무죄를 선고한 원심을 파기환송 했다.[5] 그러나 대법원은 삼성에버랜드 전환사채 발행이 주주 배정 방식이었으므로 회사는 적정가 산정의 의무가 없으며, 이재용 등의 부당 이득은 합리적 주주의 자발적 선택이라면서 전환사채 발행이 적법하다는 최종 결론을 내렸다.

삼성에버랜드 전환사채와 삼성SDS 신주인수권부사채 사건에 대한 대법원의 판결은 많은 논란을 낳았다. 특히 주주 배정 방식으로 신주를 저가에 배정하고 이를 실권하는 방식으로 사실상 증여세를 회피해 재산을 물려줄 수 있도록 허용한 판례라는 점에서 비판을 받았다. 이 판결은 6대 5의 다수 의견에 따라 내려진 것이었는데, 반대 의견을 제출한 5명의 대법관은 삼성에버랜드의 주주 배정 방식도 제3자 배정 방식과 실질적으로 동일하므로 유죄임을 지적하였다.

파기환송 사건을 담당한 서울고등법원(이하 '서울고법') 형사4부(김창석 부장판사)는 대법원이 재산정하라고 결정한 삼성SDS 신주인수권부사채의 적정 행사 가격을 14,230원으로 보고, 신주인수권부사채 저가 발행으로 삼성SDS가 입은 손해액(배임액)을 227억 원으로 산정했

5 대법원 2009. 05. 29. 선고 2007도4949전합.

다. 따라서 이건희에게 (손해액이 50억 원이 넘으므로) 업무상 배임이 아닌 특경가법상 배임 혐의를 적용하여 유죄를 인정하였다. 그런데 이건희는 이미 차명 주식 거래를 통한 양도 소득세 포탈 혐의가 일부 유죄로 인정되어 징역 3년에 집행 유예 5년, 벌금 1100억 원을 선고받은 상태였다. 그러나 재판부는 파기환송심 선고 공판에서 삼성SDS의 신주인수권부사채의 저가 발행에 유죄를 선고하면서도 형량은 동일하게 유지하였다.

이처럼 상식을 뛰어넘는 판결은 정상적인 법 집행이 이뤄지는 나라에서는 상상하기 어려운 일이다. 특히, 삼성에버랜드 전환사채 발행은 '전환 가격'과 '이사회 결의' 자체에 하자가 있는 행위였다. 1993년에 한솔제지가 한국오미야에 매각한 삼성에버랜드의 주당 가격은 85,000원이었으며, 삼성 특검의 평가액은 127,755원이었다. 그러나 1996년 삼성에버랜드 전환사채의 전환 가격은 주당 7,700원에 불과했다. 이런 전환사채 발행을 위한 이사회 결의에도 하자가 있었다. 삼성에버랜드 정관에 전환사채 발행 관련 조항이 없어 전환사채 발행을 위해서는 주주총회의 의결이 필요했다. 그러나 이사회 의결만으로 전환사채를 발행하였으며, 이 이사회 결의도 의결 정족수 부족으로 결의의 효력이 없는 것이었다.

그런데 이런 비상식적 판결에 앞장섰던 법관들은 승승장구했다. 당시 파기환송 사건을 담당했던 김창석 부장판사는 2012년 이명박 정부에서 대법관이 되었다. 삼성 특검 사건 재판 가운데 최악의 판결로 꼽히는 2심 담당 재판관이었던 서기석 판사는 2013년 박근혜 정부에서 헌법재판관으로 임명되었다. 대법원 판결에서 삼성SDS의 신주인수권부사채 저가 발행에 대해서는 유죄를, 그러나 삼성에버랜드 전환사채 발행에 대해서는 무죄라는 의견을 내, 결국은 이건희의 유무죄를 판결하는 데 결정적인 역할을 한 김지형 당시 대법관은 최근 국정농단 사건에서 이재용의 파기환송심 재판부의 요구로 만들어진 삼성 준법감시위원회의 위원장을 맡았다.

이보다 앞서 2010년 1월에는 삼성 특검을 지낸 조준웅 변호사의 아들 조 씨가 삼성전자 과장으로 입사한 일도 있었다. 삼성전자에선 통상 신입 입사 뒤 과장 진급까지 8년 이상 걸리는데, 사법시험 준비와 어학연수 외에 회사 업무 경력이 없는 조 씨가 과장으로 바로 입사한 것을 두고 의혹이 일었고, 조 씨는 결국 퇴사했다.

2007년 삼성 특검 사건은 이건희에서 이재용으로의 세습 과정이라는 측면에서 본질적으로 최근의 국정농단 사건과도 연계되어 있다. 국정농단 사건에서 이재용의 파기환송심 재판부인 서울고법 형사1부(정준영, 송영승, 강상욱 부장판사)는 2020년 1월 18일에 이재용에게 징역 2년 6개월의 실형을 선고했다. 2017년 2월 17일에 이재용에게 구속영장이 발부되고, 같은 달 28일에 박영수 특검이 이재용 등 17명을 기소한 지 거의 4년 만에 재판이 마무리된 것이다.

국정농단 사건은 2016년 10월 24일 JTBC가 최순실(현 최서원)이 사용한 것으로 추정된 태블릿PC를 공개하고 최순실의 국정운영 개입 의혹을 보도함으로써 시작되었다. 같은 해 11월 8일에 검찰이 삼성전자 본사를 압수수색 했고 13일에는 이재용을 참고인 신분으로 소환조사 하면서, 국정농단 사건은 전형적인 정경유착 비리 사건으로 실체를 드러냈다. 2019년 8월 29일에 국정농단 사건 대법원 전원합의체 선고에서 인정된 정경유착 비리의 요지는 다음과 같다. 2014년 9월 15일에 단독 면담에서 박근혜 전 대통령은 이재용에게 승마 선수였던 최순실의 딸 정유라에 대한 지원을 요구했다. 면담 이후부터 정유라에 대한 승마 지원이 이루어지는 동안에, 이재용은 최지성 부회장, 장충기 사장, 박상진 전무 등에게 박근혜 전 대통령의 요구 사항들을 전달하고 승마 지원에 관한 포괄적인 지시를 했으며, 최지성 부회장과 장충기 사장으로부터 지원 경위를 보고받고 확인하는 등의 방법으로 지원 행위에 관여했다. 또한 이재용과 박근혜 전 대통령 사이에 한국동계스포츠영재센터 지원금과 관련하여 부정한 청탁도 있었다.

그러나 이와 같은 정경유착 비리가 사법적으로 순탄한 과정을 거쳐 인정된 결과는 아니었다. 2017년 8월 25일 이재용 사건의 1심 재판부인 서울중앙지방법원(이하 '서울중앙지법') 형사합의 27부(김진동 부장판사)는 이재용이 전형적인 정경유착 범죄를 저질렀으며, 포괄적 경영 승계를 위한 묵시적 청탁과 적극적인 뇌물 공여가 있었음을 인정했다. 따라서 재판부는 최순실에게 건너간 총 77억 원 중 코어스포츠[6]에 지원한 36억 원과 정유라에게 지원한 36억 원 등 72억 원은 뇌물 제공에 해당한다고 판단했다. 또한 77억 원 가운데 64억 원에 대해서는 횡령 혐의를 인정했고, 재산국외도피 혐의에 대해서도 유죄로 판결했다. 이에 따라 1심 재판부는 이재용에 대해 법정 최저형인 징역 5년의 실형을 선고했다. 참고로, 특경가법상 횡령 금액이 50억

6 최순실이 딸 정유라의 승마 지원 등을 목적으로 설립한 회사이다.

원 이상이면 하한형이 징역 5년이며, 재산국외도피죄는 도피액이 5억 원 이상 50억 원 미만일 때 5년 이상의 징역, 50억 원 이상일 때 10년 이상의 징역으로 처벌하도록 규정되어 있다.

그러나 6개월 후 항소심 재판부는 1심 재판부가 유죄로 인정한 혐의 대부분을 무죄로 판단했다. 2018년 2월 5일에 서울고법 제13형사부(정형식 부장판사)는 삼성그룹 경영권 승계라는 현안과 포괄적 청탁을 인정하지 않았으며, 영재재단 출연금도 뇌물이 아니라고 봤다. 대통령의 승마 지원 요구를 쉽사리 거절하거나 무시하긴 어려웠을 것이고, 따라서 수동적 뇌물을 제공했다고 판단한 것이었다. 따라서 삼성그룹이 정유라에게 제공한 말 3마리의 소유권이 삼성에 있다고 봤으며, 1심에서 뇌물로 산정한 34억 원은 횡령 및 뇌물 공여에서 제외했다. 나아가 항소심 재판부는, 한국동계스포츠영재센터 지원금에 대한 제3자 뇌물 혐의 및 허위 지급 신청과 해외 자금 송금 등의 혐의를 무죄로 선고했다. 결국 이재용에게 징역 2년 6개월에 집행유예 4년이 선고되었고, 이재용은 구속 1년 만에 풀려났다.

2019년 8월 29일에 대법원 전원합의체는 상고심 판결에서 2심의 판결을 파기환송 하면서, 1심 판결의 요지와 거의 유사하게 정유라에게 준 말 3마리와 최순실이 운영한 한국동계스포츠영재센터 후원금을 모두 부정한 청탁에 따른 뇌물이란 취지의 결정을 내렸다. 대법원은 이재용이 준 뇌물의 대가가 당시 삼성그룹의 최대 현안이던 승계작업에 대한 청와대와 정부의 도움이라 봤고, 박 전 대통령과 이재용 사이에 '묵시적 청탁'이 성립했다고 봤다. 이와 같은 대법원의 판결에 따라, 1·2심에서 이재용이 박 전 대통령과 최순실에게 제공한 뇌물이라고 공통적으로 인정한 코어스포츠 용역 대금까지 더해, 이재용의 횡령 및 뇌물 공여액은 총 86억 8081만 원으로 늘어났다. 단, 대법원은 말 3마리의 보험료와 말의 차량 이동 비용은 뇌물로 인정되지 않는다는 취지의 선고를 했다. 또한 1심에서 유죄가 선고됐다가 2심에서 무죄로 바뀐 재산국외도피 혐의에 대해서는 상고를 기각하고 2심 판단을 확정했다. 특경가법상 5년 이상의 징역형에 처하도록 하는 50억 원 넘는 횡령액이 인정된 상황에서, 다시 5년 이상의 징역이 인정되는 도피액까지 인정된다면 이재용 부회장의 입장에서는 극히 불리할 수밖에 없었던 상황이었다.

그런데 1심에서 대법원 상고심에 이르기까지 삼성의 미르·K스포츠재단 출연금 204억 원에 대해서는 무죄 선고가 내려졌다. 롯데그룹 신동빈 회장이 월드타워 면세점 특허 재취득이라는 그룹 차

[표 1-1] 국정농단 사건에서 이재용의 혐의별 유무죄 판단

주요 혐의	1심	항소심	대법원
코어스포츠 용역 대금 (36억 3484만 원)	유죄	유죄	유죄
말 3마리 구입비 (34억 1797만 원)	유죄	무죄 (말 무상 이용 유죄)	유죄
말 보험료(2억 4146만 원)	유죄	무죄	무죄
말의 차량 이동 비용 (5억 308만 원)	무죄	무죄	무죄
한국동계스포츠영재센터 후원금 (16억 2800만 원)	유죄	무죄	유죄
미르 · K스포츠재단 출연금 (204억 원)	무죄	무죄	무죄
뇌물 · 횡령액	89억 2227만 원	36억 3484만 원	86억 8081만 원
재산국외도피	코어스포츠 용역 대금 유죄	무죄	무죄

원의 현안이 존재하는 상황에서 최순실이 주도한 미르·K스포츠재단에 70억 원의 출연금을 건넨 뒤 한 달여 만에 돌려받은 것이 박근혜 전 대통령과 최순실에게 뇌물을 건넨 것으로 인정되어 유죄 판결을 받은 것과는 대비되는 결과다. 삼성은 미르·K스포츠재단에 204억 원을 출연금으로 건넸는데, 당시에 삼성그룹의 최대 현안이던 이재용 부회장의 경영권 승계 작업이 존재했음을 인정했음에도 불구하고, 법원은 삼성그룹의 미르·K스포츠재단에 출연한 204억 원에 대해서는 일관되게 무죄를 선고했던 것이다.

대법원 전원합의체의 선고에 따라, 2019년 10월 25일에 이재용의 형량을 다시 선고할 파기환송심 첫 공판이 열렸다. 그러나 통상 6개월 정도 소요되는 파기환송심 최종 선고는 첫 공판 이후 무려 1년 3개월 만에 이뤄졌다. 그야말로 수많은 우여곡절을 낳고 논란을 불러일으켰다. 대법원 상고심 판결로 비정상의 정상화가 이뤄졌다는 생각은 순진한 것이었다.

파기환송심 재판장인 정준영 부장판사는 첫 공판에서 '치유적 사법'이라는 명목으로 삼성그룹에 준법감시위원회 설치를 주문하면서도, 이는 이재용의 형량과는 무관하다고 밝혔다. 그러나 이후에 정준영 부장판사는 삼성 준법감시위원회 활동을 이재용의 양형에 고려할 것이라고 선언하면서 자신의 말을 뒤집었다. 횡령·뇌물액이 50억 원이 넘으면 법에 따라 5년 이상 징역형을 선고받는데, 이럴 경우에 집행유예는 불가능해진다. 따라서 집행유예를 선고하기 위해서는 재판부가 범죄의 정상에 참작할 만한 사유를 만들어 '작량감경'[7]을 통해 3년 이하의 징역형을 선고해야만 한다. 그래서 불쑥 '치유적 사법'이 튀어나온 게 아니냐는 의심을 받았다.

담당 재판부인 서울고법 형사1부(정준영 부장판사)는 삼성에 "하급 기관뿐만 아니라 고위직 임원과 기업 총수의 비리 행위도 방지할 수 있는 강력한 준법감시제도가 작동돼야 한다"면서 "미국 연방 대법원 양형 기준 제8장 준법감시제도를 참고하라"고 이례적으로 주문했고, 2019년 12월 6일에 열린 양형심리기일(3차 공판)에서 자신이 내준 과제에 대한 답변서 제출까지 요구했다. 실제로 같은 재판부에서 2020년 1월 22일에 판결한 부영그룹의 이중근 회장 횡령 사건에서도 준법감시실을 양형 사유로 들어 감형하는 치밀한 사전 정지 작업(?)도 이뤄졌다.

그러나 준법감시위원회 설치와 같은 치유적 사법은 미국에서도 기업 범죄에 대한 정상 참작 사유로 인정되는 것이지, 개인 범죄에는 적용되지 않는다. 대법원에서 확정된 범죄는 이재용이라는 개인이 삼성전자라는 기업의 돈을 경영권 세습을 위해 뇌물로 횡령·제공한 개인 범죄이다. 삼성전자라는 기업은 이런 개인 범죄의 피해자일 뿐이다.

실질적인 측면에서도, 삼성전자 등 주요 삼성 계열사들은 이미 준법 지원인 등 준법감시제도를 운영하고 있었으나, 준법 지원인은 86억 8천여 만 원에 이르는 삼성전자의 자금 횡령과 허위 용역 계약을 체결해 범행의 은폐를 막진 못했다. 따라서 외부 위원으로 구성되

7 법률적으로 특별한 감경 사유가 없어도, 판사가 피고인의 여러 사정을 참작해서 형기를 법정 최저형의 절반까지 줄여 줄 수 있는 제도다.

고 7개 주요 계열사와만 협약을 체결해 급조한 준법감시위원회가 실효성을 가질 것으로 기대하는 것은 애당초 연목구어(緣木求魚)에 불과했다. 결국 수많은 논란과 엇갈린 세 전문 심리위원의 평가에 직면한 파기환송심 재판부도 한 발 물러서 삼성 준법감시위원회의 실효성을 인정하지 않고, 따라서 양형 조건으로 참작하지 않겠다고 다음과 같이 판결문에서 밝혔다.

"기업 총수에 대한 형사재판에서 기업 총수가 자신도 대상이 되는 준법감시제도를 실효적으로 운영한다는 것은 범행 후 정황에 해당하여 형법상 양형 조건 가운데 하나로서 고려될 수 있다. 새로운 삼성 준법감시제도는 일상적인 준법감시 활동과 이 사건에서 문제된 위법 행위 유형에 맞춘 준법감시 활동을 하고 있으나, 앞으로 발생 가능한 새로운 유형 위험에 대한 위험 예방 및 감시 활동을 하는 데까지는 이르고 있지 않는 것으로 보인다. 삼성그룹에서 콘트롤타워 역할을 하는 조직에 대한 준법 감시 방안이 구체적으로 제시되어 있지 아니하고, 준법감시위원회와 협약 체결한 7개사 이외의 회사들에서 발생할 위법 행위에 대한 감시 체계가 확립되지 못했으며, 과거 정치 권력에 뇌물을 제공하기 위해 사용했던 허위 용역 계약 방식을 독립된 법적 위험으로 평가할 필요가 있는 등 제도를 보완해야 할 점이 있다. 새로운 삼성 준법감시제도가 그 실효성 기준을 충족하지 못하는 이상, 이 사건에서 양형 조건으로 참작하는 것은 적절하지 않다."

그럼에도 불구하고, 동일한 판결문에서 파기환송심 재판부는 적극적 뇌물 공여였다는 대법원의 판결 취지와 모순되게 양형 결정에서는 소극적 뇌물 공여였음을 사실상 인정하였고, 준법감시위원회의 효력이 미비하다고 하였음에도 이재용의 준법 경영 의지를 높이 판단하는 등 모순된 논리로 다음과 같이 작량감경을 적용했다.

> "다만 자금 횡령을 했다는 건 박근혜가 삼성전자 명의로 후원을 요구했기 때문인 점, 업무상 횡령 피해액 전부가 회복된 점, 현실적으로 대통령이 뇌물을 요구하는 경우 이를 거절한다는 것은 매우 어려운 측면이 있는 점 등을 참작할 때, 이재용은 최후 진술에서, '모두가 철저하게 준법감시 틀 안에 있는 회사로 바꾸고, 준법을 넘어 최고 수준의 투명성과 도덕성을 갖춘 회사로 만들겠다'고 다짐한 바와 같이, 이 재판 과정에서 새로운 강화된 준법감시제도를 운영하면서 준법 경영 의지를 진정성 있게 보여 줬다."

비록 이재용 파기환송심에서 준법감시위원회 설치와 전문 심리위원의 평가가 명시적으로는 감형을 위한 도구로 활용되지는 않았지만, 이런 비정상적인 법리가 향후 유사 사례에 적용될 가능성을 보여 줬음은 매우 우려된다. 향후 재벌 총수 개인범죄에 대해 이런 작위적 논리를 적용해, 중대 범죄를 저지른 재벌 총수에게 실형 대신 집행유예를 선고해 온 이른바 3-5 법칙[8]이 되풀이될 수 있다.

8 재벌 총수 일가에게 3년 징역형에 5년 집행유예를 선고하는 사법 관행을 지칭하는 용어인데, 이에 대해서는 다음 소절에서 상세히 다룬다.

준법감시위원회는 전혀 새로운 아이디어도 아니었다. 과거 삼성이 '에버랜드 전환사채 헐값 발행' 사건에 관한 판결과 '삼성 X파일 사건'[9]으로 곤경에 처하게 되자, "8000억 원의 사회 기금 헌납 등을 약속한 삼성은 우리 사회 목소리를 경청하고 이해하려는 노력이 부족했다는 반성에 따라 삼성 경영에 대해 쓴소리해 줄 사회 각계 인사를 모셔 비판적인 여론을 수용해 나갈 계획"을 밝히고, 최열 환경재단 대표, 황지우 한국예술종합학교 총장, 최학래 전 한겨레 신문 사장, 김형기 경북대 경제통상학부 교수, 이정자 전 녹색미래 대표, 안병영 전 교육부총리, 신인령 전 이화여대 총장, 방용석 전 노동부장관 등이 참여한 '삼성을 지켜보는 모임(이하 '삼지모')'을 2006년에 결성했다. 그러나 삼지모는 이후 사실상 거의 역할을 하지 못하였을 뿐 아니라, 삼지모 스스로도 삼성이 자신들까지 속였다고 평가하기에 이르렀다. 상법상 아무런 권한과 책임이 없는 준법감시위원회 역시 그런 전철을 밟게 될 것임을 예상할 수 있다.

이재용은 경영권 세습과 관련해 현재 또 다른 재판을 받고 있다. 2015년 제일모직과 삼성물산의 합병은 이재용으로 삼성그룹의 경영권 세습을 위한 중대한 과정 중 하나였다. 이건희에서 이재용으로의 세습은 거의 30년 이상 치밀하고도 순차적으로 진행되어 왔다. 이에

9 김영삼 정부 시절인 1997년 9월에 삼성그룹이 검사들에게 뇌물(이른바 '떡값')을 제공한 내역을 당시 국가안전기획부가 불법도청을 통해 녹취한 이른바 '삼성 X파일'에 나온 전·현직 검사 7명의 명단을 고 노회찬 의원이 2005년 폭로했던 사건이다. 그러나 당시 이 사건을 담당한 황교안 전 국무총리가 통신비밀보호법 위반으로 오히려 노회찬 의원을 기소했고, 노회찬 의원은 집행유예 1년을 선고 받아 결국 국회의원직을 상실한 바 있다. 이정애, 「10년 만에 다시 떠오른 '삼성 X파일 사건'」, 『한겨레』(2015.06.11.).

대한 상세한 설명은 3장에서 다루기로 한다. 여기서는 제일모직과 삼성물산 합병 및 이후 삼성바이오로직스 분식회계 관련된 이재용 봐주기 의혹만 간단히 살펴보기로 한다.

2018년 11월 20일에 금융위원회 산하 증권선물위원회는 삼성바이오로직스를 분식회계[10] 혐의로 검찰에 고발했다. 그러나 증권선물위원회 고발 사건임에도 재판이 열리는 것조차 쉽지 않았다. 경영권 승계를 위해 자본시장법과 외부감사법률 등을 위반한 혐의를 받고 있던 이재용에 대한 검찰의 구속영장이 기각되고, 이후 검찰수사심의위원회에서 수사 중단 및 불기소 권고가 내려졌던 것이다. 구속영장을 심사한 서울중앙지법 원정숙 부장판사는 "경영권 불법 승계 혐의에 대해선 기본적 사실관계는 소명되었고, 검찰이 그간 수사를 통해 상당 정도의 증거를 확보했다"고 보인다면서도 "불구속 재판의 원칙에 반해 피의자들을 구속할 필요성 및 상당성에 관해서는 소명이 부족하다"고 기각 사유를 밝혔다. 이재용이 관련 혐의를 전면 부인하고 있는 상황에서 증거 인멸의 우려가 크기 때문에 마땅한 구속 사유가 존재함에도 불구하고, 구속할 필요성과 상당성에 관해 소명이 부족하다는 것은 납득하기 어려운 기각 사유였다. 그런데 영장을 기각한 법원조차 "경영권 불법 승계 혐의에 대해선 기본적 사실관계는 소명되었고, 검찰이 그간 수사를 통해 상당 정도의 증거를 확보했다"고

10 기업이 재무제표에 나타난 회사의 경영실적을 좋게 보이기 위해 고의로 자산이나 이익 등을 크게 부풀려 회계장부를 조작하는 것을 말한다. 실현하지 않은 매출의 계상, 자산의 과대평가, 비용과 부채의 과소계상 등의 방법을 쓴다. https://txsi.hometax.go.kr/docs/customer/dictionary/view.jsp?word=&word_id=4935. 삼성바이오로직스 분식회계 사건은 3장 2절에서 상세히 다룬다.

확인했음에도 불구하고, 검찰수사심의위원회에서 수사 중단 및 불기소 권고가 내려진 것이다. 이는 삼성 재벌의 한국 사회에 대한 영향력을 확인해 주는 어처구니없는 해프닝이었다. 고심을 거듭하던 검찰은 마침내 이 부회장을 불구속 기소했다.

3-5 법칙

사법 특혜의 많은 예가 삼성 재벌 총수 일가와 관련된 것이지만, 사법 특혜가 이들에게만 국한된 것은 아니었다. 삼성 이외의 재벌 총수들에게도, 무슨 범죄를 저질러도 3년 징역형에 5년 집행유예를 선고하는 '3-5 법칙'이 대체로 지켜져 왔다.

2007년에 두산그룹의 박용성 회장과 박용만 부회장이 횡령으로 각각 징역 3년 집행유예 5년을 선고받았고, 2008년에는 정몽원 한라그룹 회장이 배임으로 징역 3년 집행유예 5년, 정몽구 현대자동차그룹 회장이 횡령과 배임으로 징역 3년 집행유예 5년, 최태원 SK그룹 회장이 분식회계로 징역 3년 집행유예 5년, 김승연 한화그룹 회장이 보복 폭행으로 징역 1년 6개월 집행유예 5년, 이중근 부영건설 회장이 횡령과 조세 포탈로 징역 3년 집행유예 5년을 각각 선고받았다. 2009년에는 이건희 삼성그룹 회장이 세금 포탈과 배임으로 징역 3년 집행유예 5년, 김준기 동부그룹 회장이 배임으로 징역 3년 집행유예 4년을 각각 선고받았다. 나아가 이들 재벌 총수들은 집행유예로 형이 확정된 이후 곧바로 사면되었다. 이건희, 정몽구, 최태원 회장은 2~3개월 만에 특별사면 되었으며, 박용성 회장과 박용만 부회장은

[표 1-2] 재벌 총수 및 CEO 사면 현황[11]

사면 일자	주요 인물	내용	선고일/형량
2002.12.	조수호 금호아시아나 그룹 전략경영본부 사장	조세포탈죄	2000년 7월 11일 징역 2년 6월 집행유예 3년 벌금 10억 2400만 원
	조양호 대한항공 회장	횡령, 배임	2000년 6월 14일 징역 3년 집행유예 5년 벌금 150억 원
	김선홍 기아그룹 회장	부실계열사 지급보증과 횡령(기아사태 관련)	1999년 6월 징역 4년
	정태수 한보그룹 회장	특혜 대출비리	1997년 징역12년
2005.05.	이학수 삼성그룹 구조조정본부장	불법정치자금사건	2004년 9월 17일 징역 2년 6월 집행유예 4년
	김동진 현대자동차그룹 부회장	불법정치자금 사건	2004년 6월 18일 징역 2년 집행유예 4년
	강유식 LG그룹 부회장	불법정치자금 사건	2004년 5월 11일 징역 1년 6월 집행유예 3년
	신동인 롯데쇼핑 사장	불법정치자금 사건	2004년 7월 23일 징역 1년 집행유예 2년
	임승남 롯데건설 사장	배임	2004년 7월 14일 징역 2년 6월 집행유예 3년
	박찬법 아시아나항공 사장	불법정치자금 사건	2004년 5월 21일 징역 10월 집행유예 2년
	오남수 금호아시아나 그룹 전략경영본부 사장	불법정치자금 사건	2004년 5월 21일 징역 10월 집행유예 2년
2005.08.	김연배 한화그룹 부회장	뇌물공여죄	2005년 7월 1일 징역 2년 6월
2007.02.	박용성 두산그룹 회장	횡령	2006년 7월 21일 징역 3년 집행유예 5년
	박용만 두산그룹 부회장	횡령	2006년 7월 21일 징역 3년 집행유예 4년

2007.02.	장세주 동국제강 회장	배임	2004년 12월 징역 3년 집행유예 4년
	김석원 쌍용그룹 회장	횡령	2005년 3월 16일 징역 3년 집행유예 4년
	김석준 쌍용건설 대표	분식회계 혐의 등	2006년 12월 14일 징역 3년 집행유예 4년
	임창욱 대상그룹 명예회장	횡령	2006년 4월 26일 징역 3년
	김태구 대우자동차 총괄사장	분식회계 혐의 등	2005년 4월 29일 징역 3년 집행유예 4년
	김연배 한화그룹 부회장	배임	2006년 6월 16일 징역 1년 6월
2008.01.	김우중 대우그룹 회장	분식회계, 재산국외 도피 혐의	2006년 11월 4일 징역 8년 6월 벌금 1000만 원 추징금 17조 9253억 원
	정몽원 한라그룹 회장	배임(계열사 불법지원)	2005년 1월 28일 징역 3년 집행유예 5년
	강병호 대우자동차 사장	분식회계	2005년 4월 29일 징역 5년
	장병주 대우 사장	분식회계	2005년 4월 29일 징역 3년 집행유예 5년
2008.08.	정몽구 현대차그룹 회장	횡령, 배임	2008년 6월 3일 징역 3년 집행유예 5년 사회봉사 300시간
	김동진 현대자동차그룹 부회장	횡령, 배임	2008년 6월 3일 징역 2년 6월 집행유예 5년 추징금 2억 8000여 만 원 사회봉사 300시간
	이주은 글로비스 대표	횡령, 배임	2007년 2월 9일 징역 1년 6월 집행유예 2년
	최태원 SK그룹 회장	분식회계	2008년 5월 29일 징역 3년 집행유예 5년

2008.08.	손길승 SK그룹, 전경련 회장	부당내부거래, 분식회계	2005년 5월 10일 징역 3년 집행유예 5년
	김승정 SK글로벌 대표	부당내부거래, 분식회계	2005년 6월 10일 징역 3년 집행유예 4년
	박주철 SK 글로벌 사장	부당내부거래, 분식회계	선고일 미상 징역 1년 집행유예 2년
	윤석경 SK C&C 대표	부당내부거래, 분식회계	2008년 5월 29일 징역 1년 6월
	김승연 한화그룹 회장	보복폭행	2007년 9월 11일 징역 1년 6월 집행유예 3년 사회봉사 200시간
	김윤규 현대건설 대표	분식회계	2008년 6월 19일 징역 2년 6월 집행유예 3년
	이내흔 현대건설 대표	분식회계	2008년 6월 19일 징역 2년 6월 집행유예 3년
	최원석 동아그룹 회장	2건의 분식회계	2005년 7월 15일 각각 징역 3년 집행유예 5년
	김영환 현대전자 사장	분식회계	2005년 4월 28일 징역 3년 집행유예 4년
	김주용 현대전자 사장	분식회계	2005년 4월 28일 징역 2년 6월 집행유예 3년
	최순영 신동아그룹 회장	재산국외 도피	2006년 7월 14일 징역 5년 추징금 1574억 9766여 만 원
	이중근 부영건설 회장	횡령, 조세포탈	2008년 6월 27일 징역 3년 집행유예 5년
	이동보 코오롱TNS 회장	로비, 분식회계	2004년 1월 27일 징역 3년 6월

2008.08.	장치혁 고려합섬 회장	분식회계	2007년 8월 23일 징역 3년 집행유예 5년
2009.12.	이건희 삼성전자 회장	세금포탈, 배임	2009년 8월 14일 징역 3년 집행유예 5년 벌금 1100억원
2010.08.	김준기 동부그룹 회장	배임	2009년 10월 29일 징역 3년 집행유예 4년 사회봉사 200시간
	채형석 애경그룹 부회장	횡령	2009년 4월 23일 징역 2년 6월 집행유예 4년 사회봉사 80시간
	이학수 삼성그룹 구조조정본부장	배임	2009년 8월 14일 징역 2년 6월 집행유예 5년
	박건배 해태그룹 회장	횡령	2008년 3월 28일 징역 1년 6월
	유상부 포스코 회장	배임	2008년 3월 27일 징역 1년 6월 집행유예 2년
	이익치 현대증권 대표	배임	2009년 10월 29일 징역 1년 6월
	조욱래 디에스디엘 회장	배임	2009년 9월 21일 징역 2년 6월 집행유예 3년
2013.01.	조현준 효성 섬유 PG장	횡령, 외국환거래법 위반	2012년 9월 13일 징역 1년 6월 집행유예 2년 추징금 9억 7529만 원
	남중수 KT 사장	배임	2010년 4월 16일 징역 2년 집행유예 3년 추징금 1억 3500만 원
2015.08.	최태원 SK그룹 회장	횡령	2014년 2월 27일 징역 4년
	김현중 한화그룹 부회장	비자금조성 및 특정경제범죄가중처벌법 상 배임	2014년 2월 11일 징역 1년 6월 집행유예 3년

2015.08.	홍동옥 한화그룹 여천NCC 대표이사	비자금조성 및 특정경제범죄가중처벌법 상 배임	2014년 2월 11일 징역 3년 집행유예 5년 벌금 10억 원 사회봉사 240시간
2016.08.	이재현 CJ그룹 회장	횡령, 배임	2015년 12월 15일 징역 2년 6월

7개월도 안 되어 사면되었다.

이런 집행유예와 사면 남발에 대해 '유전무죄-무전유죄'라는 비판이 거세지자 대법원 양형위원회는 횡령·배임 이득액이 300억 원 이상이면 기본 징역 5년에서 8년을 선고해야 하며, 감경되더라도 징역 4년에서 7년, 가중되는 경우 징역 7년에서 11년까지 선고할 수 있는 양형 기준을 만들었다. 또한 2012년 대선 과정에서는 야당 후보자들뿐만 아니라 당시 여당 후보자였던 박근혜 전 대통령도 이런 잘못된 관행을 바로잡겠다고 공약한 바 있다.

경제 민주화와 재벌 개혁에 대한 국민과 정치권의 관심이 고조되었던 2012년 8월에 김승연 한화그룹 회장 사건의 1심 재판부는 2883억 원대의 손해를 끼친 혐의를 인정해 양형 기준의 최소한인 징역 4년을 선고했다. 그러나 대선 이후인 2013년 4월, 항소심 재판부는 양형 기준을 무시하고 1797억 원의 배임을 유죄로 인정하면서도 징역 3년으로 감형했고, 이후 대법원은 일부 법리 오해와 심리 미

11 김정덕·박용선, 「죄질 나빠도 수개월만 살면 '복역 끝'」, 『더 스쿠프』(2014.10.06.); 법무부, 보도자료 「2015년 광복 70주년 특별사면 실시」(2015.08.13.); 보도자료 「'2016년 광복 71주년 특별사면 실시」(2016.08.12.) 참고.

진을 이유로 사건을 서울고법으로 돌려보냈다. 결국 파기환송심은 1585억 원 상당의 손해를 끼쳤다는 배임 혐의를 인정하면서도 김 회장이 1597억 원을 법원에 공탁하였으며, 경제 건설에 이바지한 공로와 함께 건강 상태가 나쁜 점을 참작한다면서 집행유예를 선고했다. 또한 같은 날, 2000억 원대의 사기성 기업어음(CP)를 발행한 혐의로 기소되어 1심에서 징역 3년을 선고받고 법정구속 되었던 구자원 LIG 회장도 항소심에서 집행유예로 석방됐다. '징역 3년-집행유예 5년'이라는 재벌 총수에 대한 사법 처리 공식이 부활한 것이다.

재벌 봐주기는 이후 더욱 노골화되었다. 2015년 8월에는 징역 4년을 선고받고 2년 7개월을 복역 중이던 최태원 SK그룹 회장이, 그리고 2016년 8월에는 이재현 CJ그룹 회장이 징역 2년 6개월의 실형이 확정된 지 8개월이 안 되어 광복절 특별사면으로 풀려났다.

재벌 또는 총수 일가에 대한 사법적 특혜는 보다 광범위한 자료를 활용한 실증 연구에서도 확인되고 있다. 최근 연구에 따르면,[12] 2004년부터 2008년까지 판결문을 분석한 결과, 대규모 기업집단 소속 경영자나 지배주주(총수 일가) 28명이 상장회사에 대한 횡령이나 배임 혐의로 기소되었으나 모두 집행유예를 선고받았다. 이에 반해, 동일한 혐의로 기소된 (재벌 출신이 아닌) 50명 중 19명은 실형을 선고받았다.

12 Choi et al, *Corporate Governance: An International Review*(2016), pp. 85-104.

하청기업 사업주는 형사처벌

사법부가 재벌 총수 일가에게 사법적 특혜를 부여해 온 사법 흑역사의 이면에는, 재벌의 이익에 저항하는 하청기업 사업주에 대한 형사처벌이 있다. 원하청 구조를 이용한 대기업의 하청기업에 대한 착취와 이로 인해 파산으로 내몰리는 하청기업 사례는 자동차 산업에서 특히 두드러지게 발생하고 있다. 자동차 산업의 원하청 구조는 완성차 회사, 모듈업체, 1차 부품업체(협력사), 모듈업체와 1차 부품업체에 납품하는 2차 부품업체(협력사), 소재 및 생산 기반 기술업체 등으로 구성된다.

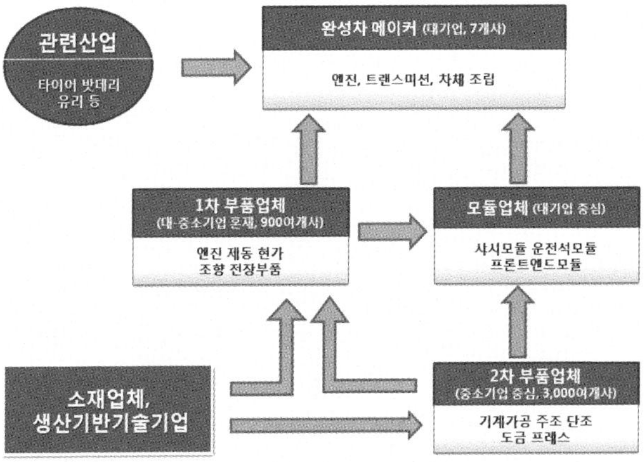

그림 1-1 | 자동차 산업의 원하청 구조[13]

13 산업연구원, 『대기업 협력업체의 수출확대 방안 연구』(2016).

그런데 한국의 경우에는 '부품의 모듈화'[14]에도 불구하고, 완성차 회사의 수직 통합과 계열 중심 거래가 고착화되었다. 산업연구원의 설문조사에 의하면,[15] 2014년 국내 완성차 7개 회사에 대한 1차 협력업체 수는 1,804개로 1995년에 비해 증가하였으나, 한 회사와만 거래하는 비중은 48.9%, 두 개 회사와만 거래하는 비중은 25.4%로 나타났다. 결국 국내 자동차 시장의 70% 이상을 점유하고 있는 현대기아차와의 거래 비중을 고려할 때 지난 20여 년간 전속거래 구조는 거의 바뀌지 않은 것으로 판단된다.

따라서 완성차 회사가 비계열 협력사에 대해 강한 교섭력을 유지하고 있는데, 원하청관계에서 납품단가 인하, 계약 기간 중 추가적 단가 인하, 원가연동 가격제의 형식적인 적용(원자재 가격 상승분을 납품단가에 미반영) 등이 여전히 지속되고 있다.[16]

또한 대·중소기업 동반 성장 취지로 도입된 '원부자재 사급제도'[17]가 협력사의 부품 원가 공개 수단으로 오용되고 있는 실정이다. 『전자신문』의 보도[18]에 따르면, 2000년 중반부터 부자재 사급제도가 시행되어 온 카메라 모듈 업계에서는 대기업들이 핵심 부자재를 구매해 사급함으로써 제조 원가 중 재료비 비중이 대폭 낮아졌으나, 원

14 기능적으로 독립적인 단위로 부품들을 일차적으로 조립하는 것을 의미한다.

15 산업연구원, 『대기업 협력업체의 수출확대 방안 연구』(2016).

16 조성재·조철·김철식, 『자동차부품 업종별위원회 발전방안 연구』(2013).

17 원청기업이 물품 제조에 필요한 원자재와 부자재를 일괄 구매해 협력사(하청기업)에 일정한 가격으로 공급하는 것을 말한다.

18 이형수·안석현, 「대기업 사급제도 확대가 대·중소 동반성장?」, 『전자신문』(2011.01.20.).

가 절감과 동시에 일부 원청 대기업들은 카메라 모듈 협력사들을 대상으로 분기당 5% 수준의 강력한 판매가 인하 정책을 진행해 왔다는 것이다. 결국 원부자재 사급제도는 전속계약하에서 원가 구조를 속속들이 드러나게 해, 판매가 인하 압박용으로 활용된 것이다. 이와 유사하게, 자동차 산업에서도 1차 협력사의 유상 사급제도로 인해 전속계약 관계에 있는 2차 납품업체들은 단가 후려치기에 더 내몰려 정상적인 마진을 기대하기 어려운 처지가 될 개연성이 높다.

가장 피해가 큰 곳은 어디일까?[19]

누구보다 2차 협력사들이 가장 큰 어려움을 겪을 수 있다. 1차 협력사의 경우 납품시장 자체가 커지면서 어느 정도 성과를 내고, 3차 협력사의 경우 자동차 산업만이 아니라 여타 다른 판로를 가질 수 있기 때문에 버틸 여력이 있다. 하지만 자동차 부품의 허리라고 할 수 있는 2차 협력사는 1차 협력사로부터 단가 인하 압력을 받으면서도 사업을 다변화하기 어렵기 때문이다.

원부자재 사급제도와 더불어 직서열 방식(Just In Sequence)의 도입으로 인해, 협력사들은 현대자동차가 정한 스케줄대로 공장을 가동하게 되어 사실상 현대자동차의 일개 생산 부서로 전락했다. 직서열

19 이항구, 「자동차산업 수직계열화의 득실」(2011) 참고.

방식은 현대자동차만의 독특한 모듈 생산 방식으로, 완성차 조립 스케줄에 맞춰 소량으로 생산된 다품종 부품을 사양에 따라 서열 순으로 현대자동차가 공급받는 생산관리 시스템이다. 이를 통해 현대자동차는 재고 관리 비용을 협력사에 전가해 재고 보관 비용과 유통 가격을 줄일 수 있다. 직서열 방식이 도입됨으로써, 예측 불가능한 사출기 고장, 금형(金型)[20] 사고, 제품 또는 원부자재 불량 등의 위험에 대처하기 위해 협력사들은 1~2일 이상의 부품 재고를 유지해야만 했다. 결국 직서열 방식의 도입으로 인해 협력사들이 현대자동차의 재고 관리 비용을 대신 떠맡는 꼴이 된 것이다.

그러나 동시에 직서열 방식으로 인해 한 가지 부품의 공급만 미뤄져도 전체 생산이 중단되는 위험성도 현대자동차가 안게 된다. 따라서 부품업체들에 대한 강력한 통제력을 행사할 수 없는 완성차 회사는 이런 직서열 방식을 도입하기 어렵다. 다시 말하자면, 현대자동차가 직서열 방식을 도입할 수 있었던 것은 모듈업체를 포함한 1차 및 2차 협력사들에 대한 절대적 통제력을 지녔기 때문인 것이다.

이런 원하청 구조를 이용한 재벌 대기업의 착취로 인해, 부도에 직면한 2차 협력사가 더 이상 납품 공급이 어렵다고 1차 협력사에 손실금 요청을 하면, 1차 협력사는 (1) 외부 용역 등을 투입하여 부품 제작에 사용되는 금형을 탈취해 가는 방법, (2) 자금 지원을 해 주는 척하면서 금형을 새로 만든 뒤 2차 협력사를 바꾸는 방법, (3) 부도를 내게 하고 2차 협력사 사업주에게 몰래 위로금을 제공하고 금형을

20 규격이 동일한 제품을 대량 생산하기 위해 금속 재료를 사용해 만든 틀.

가져가는 방법, (4) 고사 상태의 2차 협력사를 헐값에 인수하는 방법 등으로 2차 협력사를 정리해 왔다.

그런데 이런 방법에 순응하지 않는 하청사업자들도 있었다. 태광공업과 태광정밀(이하 두 회사를 합쳐서 '태광')은 자동차 도어트림, 휠가드 등의 부품을 현대자동차 1차 협력사인 서연이화에 납품하는 2차 협력사였다. 단가 후려치기로 경영난에 빠진 태광은 서연이화에 자금 지원을 요청하며, 부품 공급 중단을 통보했다. 자금 지원에 난색을 표한 서연이화의 금형 탈취를 우려한 태광 경영진은 트럭 등을 이용해 회사 출입로를 봉쇄했고, 일부 금형 옆에는 시너통을 놓고 저항했다. 결국 서연이화는 위로금 및 지분 양도 대금으로 50억 원을 현금으로 지급하고 연대보증 채무 463억 원가량을 책임지는 조건으로 회사를 인수하기로 계약했다.

그런데 계약 체결 직후에 서연이화는 태광 경영진을 공갈 및 협박 혐의로 형사고발했다. 서연이화 대표와의 면담 과정에서는 태광 경영진이 시너통과 야구방망이를 비치한 채 검은 상복을 입고 왼쪽 가슴에는 사냥용 칼을 구비해 꽂아 놓았으며, 직원들을 시켜 자사 건물 옥상에서 방화 시위를 벌이기도 했기 때문에, 태광과 체결한 계약이 공갈 및 협박에 의한 계약이었다고 주장한 것이다. 태광 경영진이 불필요한 실력 행사를 한 것은 사실이지만, 이런 시위 때문에 어쩔 수 없이 계약을 하게 되었다는 것은 비상식적 설명이다. 계약 합의는 양측 변호사가 입회한 상황에서 강압적 분위기 없이 이뤄졌다.

실제로 어쩔 수 없는 사정이란 직서열 방식에서 부품 공급이 중단될 경우에 입게 될 1차 협력사와 현대자동차의 금전적 피해라고 보는 것이 합리적이다. 현대자동차의 직서열 방식이라는 생산 관리가 2차 협력사 인수 협상에서 2차 협력사의 협상력을 높이는 결과를 낳은 것이다. 직서열 방식의 생산 관리에서는 2차 협력사가 도산해 부품에 차질이 생길 경우에 완성차 회사의 생산 라인도 중단될 수밖에 없는데, 이 경우에 1차 협력사는 완성차 회사에 대하여 물품 공급 중단에 따른 거액의 손해배상 책임을 부담해야 하고, 나아가 완성차 회사로부터 향후 발주를 받기도 어렵게 되기 때문이다. 현대자동차의 1차 협력사인 서연이화가 2차 협력사였던 태광을 인수한 건은 한국 자동차 산업의 하청 구조하에서 2차 협력사의 도산을 앞두고 1차 협력사가 2차 협력사를 상당히 높은 가격에 인수할 경제적 유인이 있음을 보여 주는 예시라고 할 수 있다.

물론 해악을 끼칠 의도는 없었고, 단지 서연이화의 금형 탈취를 막기 위한 시위였다는 태광 경영진의 설명이 있었지만, 그런 실력 행사는 지나친 행동이었다는 비난을 받을 수 있다. 그런데 국민참여 재판으로 진행된 1심 재판부는 공갈죄가 인정된다고 봤으나, 태광 회장과 사장에게 각각 집행유예 3년(징역 2년 6개월), 집행유예 4년(징역 3년)의 형을 내렸다. 기존의 유사 사례에서 재판부가 실형을 선고했던 것에 비해[21] 이는 국민참여재판에서 하도급 체제의 문제와 계약의 경제적인 합리성이 고려된 결과라고 생각된다. 그러나 2심 재판부인 대구고법은 국민참여재판을 배제하고 각각 징역 2년 6개월과 4년의 실형을 선고했다. 하도급 체제의 구조적 문제에 대한 검찰과 법원의 안

21 곽정수, 「자동차사·1차 협력사 '신종 갑질' 6건 더 있다」, 『한겨레』(2017.07.18.).

일한 인식은, 결국 착취적 하도급 체제의 유지에 검찰과 법원이 도우미 역할을 하고 있다는 비판의 근거가 되고 있다.

2. 미디어 포획

여론주도층 포획

재벌과 총수 일가에 3-5 법칙이 적용되고 곧이어 사면이 이뤄질 수 있었던 것은 재벌과 총수 일가에 대한 언론과 여론주도층의 적극적 비호 덕분이었다.

『뉴스타파』가 2018년 4월에 공개한 장충기 삼성 미래전략실 사장의 문자 메시지에는 국회의원, 전직 장관, 관료, 법조인, 언론인, 교수 등 우리 사회의 이른바 여론주도층 인사들이 등장했다. 이 문자에는 인사청탁, 협찬 요청, 선물 보내기 등의 정황이 포함되어 있었는데, 삼성이 그룹 차원에서 이런 여론주도층 인사들을 관리하고 있었음을 시사한다. 한 가지 흥미로운 것은 장충기의 문자 메시지에 가장 많이 등장하는 직업이 바로 언론인이라는 점이다.

삼성 재벌의 여론주도층에 대한 영향력은 이재용이 국정농단 사건에서 실형을 선고받고 수감된 직후부터 재계 인사를 비롯해 종교인, 정치인, 자치단체장 등 각계각층에서 제기된 사면 요구와 언론의 여론몰이를 통해서 다시 한번 입증되었다. 사실 뇌물을 수수한 박근혜 전 대통령이 이로 인해 15년 징역형을 선고받은 것과 비교해 보

[표 1-3] 장충기 문자 메시지에 등장하는 여론주도층 인사들

유형	세부 유형	성명	총원
정치인	국회의원	(직접적으로 등장) 윤상현, 설훈, 김춘진 (직접 메시지 보냄) 우제창	10인
		(합포 모임 참석 명단에 등장) 김정부, 박성호, 배덕광, 여상규, 이만우	
		(뉴스타파에서 정황만 확인) 박범계	
장관	장관	변양균, 박봉흠, 박재완, 윤증현, 강만수, 권오규, 최경환, 김성진	8인
관료	국정원	이헌수, 도진호	3인
	감사원	문태곤	
법조인	법조계	강민구, 임채진, 이종백, 변창훈, 정점식, 김도균, 문효남, 안영욱 등	8인
언론인	조선일보	강효상	24인
	문화일보	최영범, 김병직, 김영모	
	중앙일보	이철호	
	한겨레	황충연	
	경향신문	이동현, 송영승, 박래용	
	동아일보	배인준, 임채정	
	연합뉴스	조복래, 이창섭	
	매일경제	김대영, 서양원, 위정환, 손현덕, 김세형	
	한국경제	김기웅	
	서울신문	김영만	
	한국일보	이영성, 이준희	
	YTN	조준희, 김태현	
	MBC KBS SBS	특정 인물은 나오지 않았으나, 정황은 확인됨.	
교수 및 학자	서울대	송호근, 장덕진, 강원택, 성낙인, 정영록	8인
	연세대	김호기	
	가천대	신상기	
	숭실대	박태하	

면, 회삿돈을 횡령해 뇌물을 준 이재용이 고작 2년 6개월 징역형을 선고받은 것 자체가 엄청난 사법 특혜였다.

〈질문하는 기자들 Q〉 제작진이 〈KBS 통합뉴스룸〉 이용자관여팀에 의뢰해 2021년 4월 14일부터 5월 12일까지 네이버와 기사 검색 제휴를 맺고 있는 9개 일간지와 4개 경제지 등 13개 매체의 기사 데이터를 분석한 결과, 약 한 달 사이 발행된 기사 중에 '이재용', '사면'이라는 두 키워드가 포함된 기사는 모두 540건에 달했다. 또한, 이재용 사면을 직접적인 주제로 한 기사도 약 300건에 이르렀다. 해당 기간 동안에 13개 매체에서 모두 23건의 오피니언 기사가 나왔고, 이 중에서 이재용 사면에 찬성하는 내용의 기사는 모두 14건, 반대하는 내용의 기사는 겨우 5건이었다.

잇따라 발표된 여론조사에서도 이재용 사면에 대한 찬성 응답 비율은 상당히 높게 나타났는데, 4월 21일 『데일리안』이 의뢰한 여론조사에서는 찬성이 70%, 반대가 26%로 나타났고, 5월 13일 『매일경제』와 MBN이 공동 의뢰한 여론조사에서는 찬성 66.7%, 반대 27.1%로 조사됐다. 그러나 이런 여론조사 결과는 사면 촉구 여론몰이가 반영된 것일 수 있다. 이재용 사면의 사회적 편익과 비용에 대한 충분한 정보 제공 없이 거의 일방적인 언론의 찬성 캠페인에 노출된 일반인에게 단일 문항으로 '이재용 부회장 사면 어떻게 생각하십니까?'라고 물어볼 때 일어날 수 있는 현상이라는 것이다.

그러나 이런 여론몰이는 중대 경제범죄에 대해서는 사면을 하지 않겠다던 문재인 대통령의 공약을 조금씩 바꾸는 계기로 작동했다. 문재인 대통령은 2021년 5월 10일 취임 4주년 특별연설에서 이재용과 관련해 "반도체 경쟁이 세계적으로 격화되고 있어 우리도 반도체 사업 경쟁력을 높여 갈 필요가 있는 것이 사실"이라며 "충분히 많은 의견을 들어 판단해 나가겠다"고 모호한 입장을 밝혔다. 2021년 6월 2일 문 대통령과 4대 그룹 총수 간 회동에서 이재용의 사면 문제가 다시 거론됐었는데, 문 대통령은 그룹 총수들이 이재용 사면을 건의하자 "고충을 이해한다. 국민들도 공감하는 부분이 많다"고 말했다.

그러나 이재용 사면에 대한 시민단체와 노동조합의 반대와 대선 공약 파기라는 부담으로 인해, 문재인 정부는 가석방 심사 기준을 완화해 조기에 이재용을 석방하는 꼼수를 플랜B로 가동하기 시작했다. 박범계 법무부 장관은 2021년 5월 11일에 가석방 심사 기준을 현행보다 5% 정도 완화해 복역률을 60~65%로 낮추는 방안을 결재했다고 밝혔는데, 법령상 가석방 기준은 형기 3분의 1만 채우면 가석방 대상이 되지만 법무부는 예규를 통해 실제로 80% 이상 복역해야 가석방을 허가해 왔다. 그러나 가석방 형기 심사 기준을 60%로 낮춤으로써 이재용이 8월 광복절에 가석방으로 풀려날 수 있게 만든 것이다.

이재용 사면의 필요성을 주장했던 사람들은 코로나19 백신 확보나 반도체 투자에 대한 결단 등에 이재용이 필요하다고 말해 왔다. 그러나 이는 터무니없는 주장이었다. 2021년 5월 13일 오후, 문재인 대통령이 참석하고 경기도 평택시 삼성전자 평택단지 3라인 건설 현장에 마련된 야외무대에서 열린 'K-반도체 전략 보고' 행사에서, 삼성전자, SK하이닉스, 네패스, 리벨리온 등 주요 반도체 기업들이 2021년부터 2030년까지 10년 간 총 510조 원 이상 규모의 투자를 진행한다는 계획을 발표했다. 또한 5월 하순 대통령 방미 기간에, 삼성전자는 신규 파운드리(반도체 위탁 생산) 공장 구축에 총 170억 달러를 미국에 투자하고, SK하이닉스는 실리콘 밸리에 AI(인공지능), 낸드 솔루션 등 신성장 분야 혁신을 위한 대규모 연구개발(R&D) 센터를 설립키로 했다. 또한 삼성바이오로직스는 미국 워싱턴 DC에서 백신 개발사 모더나와 mRNA 백신 원액을 들여와 송도 공장에서 병에 주입한 뒤 밀봉하는 위탁생산(CMO) 계약을 체결했다. 이재용이 투옥된 상황에서도 반도체 관련 대규모 투자와 백신 위탁 생산 계약 등이 차질 없이 진행된 것이다.

정의당 소속 배진교 의원이 2012년 6월 21일에 법무부로부터 받은 「이 부회장 접견 기록」을 보면, 이재용은 '국정농단 뇌물 사건'으로 재구속된 2021년 1월 18일부터 6월 9일까지 143일간 서울구치소에서 외부인을 총 183회 접견했다. 변호인 접견이 166회로 가장 많았고, 일반 접견은 17회였다. 변호인 접견은 일평균 1.16회로, 사실상 하루에 한 번꼴로 변호인을 만난 것이다. 이재용이 2017년 처음 수감됐던 353일 동안 변호인을 일평균 1.24회 만난 것과 유사한 빈도다

그런데 이재용은 특경가법 위반으로 유죄 판결을 받아 현재 취업이 제한된 상태이므로, 변호인을 통해 경영에 개입했다면 불법 행위가 된다. 이에 대해 한 로펌 변호사는 "변호인 접견은 수감자의 법적 권리"라며 "이 부회장 사건은 규모가 어마어마하기에 매일 만나 상의해도 모자랄 것"이라고 말했고, 삼성 측은 "현재 진행 중인 재판 준비를 위한 접견"이라며 "회사 경영 활동과는 관련 없다"고 밝혔다고 경향신문이 보도한 바 있다.[22]

사실 법무부가 이재용의 형이 최종 확정된 지 3주 만에 이재용에

게 그가 취업제한 대상자라는 사실과 취업승인 신청 절차 등을 통보한 바 있다.[23] 특경가법에는 5억 원 이상 횡령·배임 혐의로 유죄 판결을 받을 경우, 해당 범죄와 관련된 기업에 징역형의 경우 집행이 종료된 이후에도 5년간, 집행유예를 받았을 때도 집행유예 기간이 종료된 이후 2년간 취업할 수 없도록 명시돼 있다. 다만 취업제한 통보 후 법무부에 취업승인 신청을 하면, 법무부 장관 자문 기구인 '특정경제사범 관리위원회'가 회의를 열어 심의하고, 이를 법무부 장관이 최종 승인할 수 있다.

이재용이 옥중 경영이 아닌 현재 진행 중인 재판 준비를 위해 매일 변호인을 접견할 수밖에 없는 상황이라면, 사면이나 가석방을 받아도 진행 중인 재판 준비에 상당한 시간을 보내야 하기 때문에, 정상적인 경영 활동을 할 수 없음을 고백한 것이라 볼 수 있다. 아니면 실제로는 옥중 경영을 하였으나, 이것이 불법이므로 거짓말을 한 것일 수도 있다.

재벌 총수에 대한 사법적 특혜의 논거는 항상 '경제 살리기'였으며, 사면된 재벌 총수들은 경제 살리기에 매진하고 투자를 늘리겠다고 맹세해 왔다. 그런데 과연 재벌 총수들의 사면 이후에 해당 재벌 기업들이 더 좋은 성과를 냈고 한국 경제가 살아났는가? 재벌이나 보수 언론에서 실제로 재벌 총수의 사면이 한국 경제에 미친 효과에 대한 어떤 실증적 근거를 제시한 적은 없다. 2014년 한 월간지 기사[24]

22 박광연, 「이재용, 하루 한 번꼴 변호인 접견 '옥중 경영' 눈총」, 『경향신문』(2021.06.22.).

23 옥기원·송채경화, 「이재용 경영 어려워지나… "5년간 취업제한" 통보」, 『한겨레』(2021.02.16.).

에 의하면, 이재현 CJ그룹 회장이 구속되기 전인 2013년 6월 28일 CJ 제일제당 종가는 25만 9,500원, 구속 당일 종가는 25만 5,000원, 다음 날에는 27만 원으로 오히려 상승 마감했다. 또한 최태원 SK그룹 회장이 2013년 1월 31일에 횡령 혐의로 구속됐을 때도 주요 계열사의 주가는 큰 변동이 없었다. 그런데 2017년 초에 이재용에 대한 구속영장이 특검에 의해 청구되었을 때 이재용이 구속되면 삼성이 흔들리고, 삼성이 흔들리면 대한민국에 경제 위기가 발생할 수 있다는 불안감을 부추기는 기사들이 쏟아졌다. 그러나 반도체 슈퍼사이클로 인한 특수로 삼성전자의 주가는 연일 상승했으며, 2017년 11월 16일 기준으로 삼성그룹펀드의 연초 이후 수익률은 38.85%에 달했다.

이럼에도, 결국 가석방 심사위원회의 추천과 법무부 장관의 승인으로 이재용은 2021년 8월 13일에 형기의 60%를 채운 상태에서 가석방되었다. 아이러니하게도 2015년 1월 13일, 문재인 대통령은 당시 박근혜 전 대통령이 새해 기자회견에서 언급한 재벌 가석방 문제에 대해 다음과 같이 말했다.[25]

> "박 대통령이 답변에서 '재벌이라고 해서 특혜도 아니지만 역차별도 안 된다'고 했다. 말씀은 원론적이지만 뜻은 가석방을 추진한다는 것으로 해석되고 있다. 그런데 재벌 대기업의 총수나 임원들은 그동안 국가 경제에 기여해 온 공로나 앞으로 국가 경제에서 차지하고 있는

24 정혜연, 「재벌 총수 不在 때 오히려 주가가 오르는 이유는」, 『월간조선』(2014.10.03.).

25 이완, 「이재용 가석방이 법무부 소관? 6년 전 '문 대통령'은 달랐다」, 『한겨레』(2021.08.09.).

비중 때문에 이미 법원에서 형량을 정할 때부터 엄청난 고려를 받고 있고, 국민들이 볼 때는 특혜를 받고 있다. 이미 형량에서 많은 특혜를 받고 있는데 가석방 특혜까지 받는다면 그것은 경제 정의에 반하는 일이다. 경제 정의라는 관점에서 더 분명한 원칙이나 기준들을 세워야 경제 정의가 살면서 기업도 발전하고 국민들도 함께할 수 있을 것이다."

언론의 광고 의존도와 언론인의 전직

재벌의 언론, 특히 주요 일간지에 대한 영향력은 기본적으로 신문사들의 광고 수입이 거의 전적으로 재벌 기업들에 의존하는 데에서 비롯된다. 닐슨코리아가 매월 제공하는 100대 광고주의 4대 매체(TV, 라디오, 신문, 잡지) 월별 광고비 데이터를 살펴보면, 2017년 8월부터 2018년 1월까지 기간에 100대 광고주 중 5대 재벌 기업에 속한 계열사의 광고비 비중이 34.10%에 달했다. 삼성그룹은 5대 재벌 기업 중 광고비 지출이 가장 많았는데, 특히 신문 광고비 지출이 다른 재벌 기업에 비해 높았다. TV 광고비도 LG에 이어 두 번째로 높게 나타났는데, 이후에 삼성의 TV 광고비 비중은 더 커지고 있다. 해당 기간 동안 삼성전자가 가장 많은 광고비(약 1226억 원)를 지출한 것으로 파악되며, 2위는 LG전자(약 1027억 원), 3위는 KT(약 379억 원)로 나타났다. 그러나 2021년 상반기 동일 자료를 살펴보면, 삼성전자의 광고비는 LG전자 광고비보다 두 배 이상으로 커졌음을 알 수 있다.[26]

많은 언론인이 정년을 채우지 않고 재벌 대기업에 재취업하는

[표 1-4] 5대 재벌 기업의 매체별 광고비 비중(2017.09.~2018.01.)

(단위: 천 원, %)

	TV		라디오		신문		잡지		광고비 계	
	금액	비중	금액	비중	금액	비중	금액	비중	금액	비중
LG	101,468,042	12.33	1,760,151	5.69	21,816,736	5.16	2,431,890	8.12	127,476,820	9.76
SK	25,337,731	3.08	645,805	2.09	40,854,634	9.67	140,500	0.47	66,978,669	5.13
롯데	31,014,041	3.77	606,563	1.96	19,737,941	4.67	751,580	2.51	52,110,123	3.99
삼성	87,806,367	10.67	2,066,651	6.68	44,174,509	10.45	2,539,900	8.48	136,587,425	10.46
현대 자동차	35,874,214	4.36	3,844,913	12.42	21,638,777	5.12	918,000	3.07	62,275,904	4.77
5대 재벌 기업	281,500,395	34.2	8,924,083	28.8	148,222,597	35.1	6,781,870	22.7	445,428,941	34.1
100대 광고주 계	822,956,967		30,949,566		422,546,597		29,937,290		1,306,390,409	

경우가 빈번한 것도 재벌의 미디어에 대한 영향력이 큰 이유 중 하나이다. 금융감독원 전자공시에 나타난 주요 기업 임원 중 언론사 이력이 기재된 임원 343명을 추려 내, 10대 일간지, 3개 지상파 방송사, 4개 종편사로 나누어 출신을 분석한 『뉴스타파』의 보도에 따르면,[27] 기업으로 이직한 경우가 가장 많은 언론사는 KBS로, PD, 기술직 출신 포함 56명이 기업 임원직을 맡았으며, 동아일보 41명, 조선일보 37명, 중앙일보 34명 등으로 뒤를 이었다. 진보 성향의 언론사인 경향신문과 한겨레 출신도 각각 20명이 넘었다. 기업이 선호하는 영입

26 한국광고정보센터 제공 2021년 9월 광고통계. https://www.adic.or.kr/stat/main/getStats.do?className=AdvertiserAdOutlay

27 오대양, 「기업으로 간 언론인들」, 『뉴스타파』(2020.03.10.).

대상은 언론의 논조를 좌지우지할 수 있는 국장급(31.8%)이나 언론사의 속사정을 알고 있는 경영진(27.7%)이었으며, 언론인 출신 임원들이 주로 맡게 되는 보직은 사외이사, 감사, 고문 등이었다.

재벌 그룹 가운데 언론인 출신 임원이 가장 많은 곳은 SK(15명)였으며, 삼성(11명), CJ(7명), 현대자동차(6명)가 뒤를 이었다. 상대적으로 규모가 작은 효성·태광(각 5명)도 언론인 영입이 많았다. 그런데 재벌 그룹이 언론인 영입에 나선 시기는 '오너리스크'가 불거진 시점과 일치했다. 삼성의 경우, 삼성에버랜드 전환사채 저가 배정 사건으로 총수 일가가 수사선상에 오르면서 언론인 영입이 많아졌는데, MBC 메인뉴스 앵커 출신인 이인용 삼성전자 사장을 비롯, 이수형(동아일보), 박효상(한겨레신문), 박천호(한국일보) 등이 모두 이 시기에 영입되었다. 2014년 미래전략실을 개편하고 본격적인 승계 작업에 나섰을 때도 이준 TV조선 보도본부 부본부장, 이형섭 한겨레신문 기자 등이 영입됐다. CJ그룹은 이재현 회장 구속 시기에 언론계 인사를 영입했는데, 총수의 사면 복권을 위해 그룹이 전방위 노력을 기울이던 시기에 김종율 KBS 보도본부장, 김상영 동아일보 전무가 CJ로 자리를 옮겼다.

이와 같이 자금 통제력과 인적 네트워크를 이용해, 삼성 등의 재벌은 기사의 논조를 좌지우지하기도 했다. 보도에 따르면,[28] 제일모직과 삼성물산 합병 및 이후 삼성바이오로직스 분식회계 관련 이재

28 장슬기, 「삼성, '이재용' 보도에 제목·내용까지 꼼꼼한 '가이드라인'」, 『미디어오늘』(2020.07.05.).

용에 대한 구속영장 실질심사 하루 전인 2020년 6월 7일에, 삼성전자 홍보(커뮤니케이션팀) 관계자가 기자들에게 보도를 부탁한 이후에, 「대외리스크, 사법리스크 동시다발… 창사 이래 최대 위기 맞은 삼성」, 「삼성 불법 없었다… 대내외 리스크 동시다발로 경영정상화 절실」, 「삼성, 동시다발 대내외 리스크에 정상적 경영 위축… 위기 극복 도움 호소」 등 기사 제목 예시 3개를 남겼다. 또한 삼성 관계자는 문자메시지에서 기자들이 기사 작성에 참고할 만한 『연합뉴스』 등 뉴스통신사들의 기사를 링크까지 달아서 첨부했다. 삼성이 기자들에게 기사에 어떤 내용을 써야 하는지도 사실상 전달한 것이다. 이런 적극적인 관리 덕분인지 몰라도, 이재용이 영장 실질심사를 받기 하루 전날에 삼성이 국내외에서 경영 위기 상황이라는 내용의 기사가 많이 나왔다.

3. 정부 포획

사법부와 언론이 재벌에 의해 포획되면서 법 앞에 만인이 평등하다는 '법의 지배'가 무너졌다면, 법 제정 자체가 재벌과 총수 일가에게 특혜를 주기 위해서 이뤄지거나, 이미 제정된 법규를 규제 완화의 명분으로 유명무실화하는 일들 역시 비일비재하다. 그런데 입법부와 행정부를 포괄하는 정부 포획의 대표적인 사례들 역시 삼성 재벌에서 찾을 수 있다.

삼성 특별법

참여연대는 2005년에 삼성그룹이 「금융산업 구조 개선에 관한 법률」(이하 '금산법') 제24조를 위반하고 있는데도 금융감독 당국이 아무런 조치를 취하고 있지 않다며 금융감독위원장 등을 직무유기 혐의로 검찰에 고발했다. 금산법 제24조는 금융 계열사가 다른 비금융 계열사 주식을 5% 이상 소유하는 것을 금지하고 있다. 앞서 살펴보았듯이, 1996년 10월에 이재용 남매가 삼성에버랜드 전환사채를 인수한 후, 같은 해 12월 17일에 전환권을 행사하여 총 62.75%의 삼성에버랜드 지분을 보유하게 되었다. 이후 1998년에 중앙일보사는 삼성카드와 삼성캐피탈에 삼성에버랜드 주식 34만 주(17.1%) 전량을 매도하고 계열 분리 과정을 밟았다. 2000년에는 삼성카드와 삼성캐피탈이 삼성에버랜드의 유상 증자에 참여하여 삼성에버랜드 신주(新株) 30만 주를 인수하여 25.6%의 지분을 보유하게 되었다. 이와 더불어, 삼성 재벌 소유지배 구조의 핵심이었던 삼성생명의 삼성전자 주식 보유량도 6.3% 정도였다([그림 1-2] 참조). 따라서 2005년 기준으로 삼성생명과 삼성카드 및 삼성캐피탈은 명백히 금산법 제24조를 위반하고 있었다.

그런데 삼성생명 등 삼성그룹 금융계열사의 금산법 제24조 위반에 대응해, 노무현 정부와 국회는 금산법 개정을 통해 삼성생명의 삼성전자 지분 보유를 합법화시켰다. 노무현 정부는 삼성생명의 삼성전자에 대한 지분 중 금산법 한도 초과분에 대해서만 의결권을 제한하고, 삼성카드의 삼성에버랜드에 대한 지분 중 금산법 한도 초과분

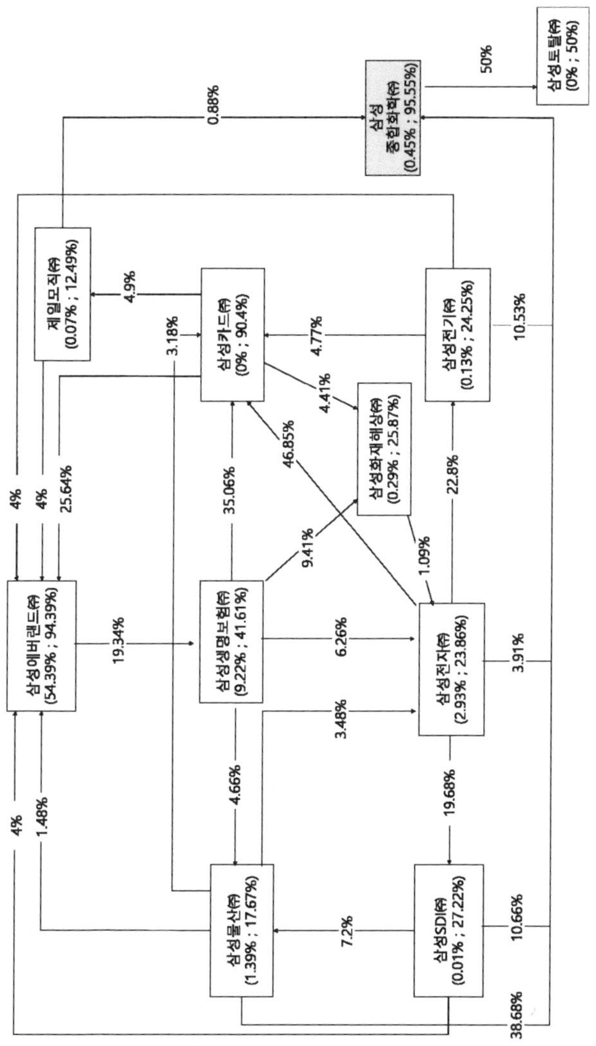

그림 1-2 | 2005년 4월 삼성 순환출자 구조[29]

29 범례는 1장 말미의 「더 알아보기」 참고.

은 유예기간을 두고 단계적으로 매각하도록 한다는 입법 예고를 했다. 그러나 최종적인 법 개정에서는 삼성그룹의 입장을 대폭 반영한 부칙 조항을 추가했는데, 이 개정안 부칙에 의해 삼성생명이 보유한 삼성전자 지분은 금산법 제24조 적용에 예외가 되었고, 삼성캐피탈을 인수한 삼성카드는 2013년에 삼성에버랜드 지분 5%만 남기고 나머지를 처분하였다. 또한 삼성카드와 삼성생명이 과거 위법 행위에 대한 승인 신청을 한 것만으로도 벌칙이나 과태료 부과를 면제해 주었다.

금산법 개정이 전형적인 삼성을 위한 법 개정 사례라면, 「보험업법 감독 규정」은 행정 입법을 통해 만들어진 '삼성 특별조항' 사례라고 할 수 있다. 보험업법 제106조는 자산운용의 방법과 비율을 규제하고 있는데, 제6호에서 대주주 및 대통령령으로 정하는 자회사가 발행한 채권 및 주식 소유의 합계액이 자기 자본의 60%와 총자산의 3%를 초과하지 않도록 규정하고 있다. 이 규정은 거의 모든 선진국이 특정 기업에 보험 회사의 자산을 '몰빵'하지 않도록 규율하는 자산 운용의 건전성에 관한 규제이다. 그러나 우리나라 보험업법은 총자산과 계열사의 채권 및 주식 소유 합계액의 계산 기준을 명시하고 있지 않다. 대신 「보험업 감독 규정 별표 11」에서 총자산은 시가를 반영해 작성한 재무제표상의 가액을 기준으로 하되 다른 회사의 채권 또는 주식의 소유 금액은 취득원가를 평가 기준으로 적용하고 있다. 즉, 비율 산정에 있어서 분자와 분모의 기준을 다르게 적용하는 편법을 동원하고 있는 것이다. 이는 삼성생명의 삼성전자 주식 과다 보유를 허용하기 위해 만든 행정입법의 결과이다. 물론 이런 감독 규정은 보험 회사가 보험 계약자로부터 받은 보험금을 적시에 계약자에게 지급하기 위해 자산 운용을 안정적이고 효율적으로 수행해야 할 의무를 부여하는 보험업법의 기본 정신과도 배치되는 것이다.

'삼성 특별법'은 노동 분야에도 존재한다. 삼성전자 반도체와 LCD 공장의 유해한 작업 환경으로 노동자들에게 암, 백혈병, 불임 등 각종 질병이 발생했고, 피해자 측과 '반올림' 등 시민단체는 공장이 배출하는 인체 유해 물질과 환경파괴 물질 등에 대한 정보가 들어 있는 「작업환경 측정결과 보고서」에 대해 정보공개 청구소송을 진행했다. 2018년 2월, 삼성전자 아산캠퍼스 디스플레이 공장의 「작업환경 측정결과 보고서」에 대한 정보공개 청구소송에서 법원은 "「산업안전보건법」상의 「작업환경 측정결과 보고서」는 사업 활동에 의하여 발생하는 위해로부터 사람의 생명·신체 또는 건강을 보호하기 위하여 공개할 필요가 있는 정보에 해당한다"는 판결[30]을 내렸다. 2심 법원도 노동자의 생명과 직결되는 만큼 정보공개가 타당하다고 판결했다.

그러자 삼성전자는 2018년 3월 26일 산업통상자원부(이하 '산자부') 장관에게 자사 반도체 공장의 「작업환경 측정결과 보고서」의 내용에 대해 국가핵심기술 사전 판정을 신청하였고, 산자부 장관은 「산업기술의 유출방지 및 보호에 관한 법률(산업기술보호법) 제9조 6항」에 따라 「작업환경 측정결과 보고서」 중 측정 위치도, 부서/공정명, 단위 작업 장소, 화학 물질명(상품명), 월 취급량이 반도체 분야의 국가핵심기술에 해당한다고 판정했다.

이어서 자유한국당(현 국민의힘)의 주도로 「작업환경 측정결과 보

30 대전고등법원 제1행정부 허용석 부장판사, 2017누10874.

고서」상 국가핵심기술로 지정된 모든 정보를 비공개하도록 「산업기술보호법」의 개정이 추진되었고, 2019년 9월에 개정안이 국회를 통과했다. 이 개정법에 따르면, 산자부가 국가핵심기술이라고 지정하기만 하면 「작업환경 측정결과 보고서」 대부분의 정보가 비공개된다. 그리고 2020년 2월 19일, 반올림 등이 삼성전자 화성 공장과 기흥 공장의 「작업환경 측정결과 보고서」에 대해 제기한 정보공개소송에서 서울행정법원은 이미 고등법원이 「작업환경 측정결과 보고서」 공개의 필요성을 인정한 기존 판례를 뒤집고, 국회의 산업기술보호법 개정 취지에 따라 삼성 측의 손을 들어 비공개하는 퇴행적 판결을 내렸다.

규제 완화 포획

한국은 1960년대 이후 정부 주도-재벌 중심의 경제 발전 전략으로 유례없는 경제 성장을 달성했다. 그러나 이런 재벌 중심의 발전 전략이 지속되면서 재벌의 경제력 집중이라는 문제가 부각되기 시작했으며, 결국 1986년에 「독점금지 및 공정거래에 관한 법률」(이하 '공정거래법') 제1차 개정에서 대기업집단 규제가 도입되기에 이르렀다. 그러나 이후 35년 간, 재벌의 경제력 집중은 오히려 심화되었고, 재벌의 사회적·정치적·경제적 영향력은 지속적으로 확대되고 있다.

1986년 공정거래법 제1차 개정 시에 도입된 '경제력 집중을 억제하기 위한 규제'는 지주회사의 설립 및 전환을 금지하고, 대기업집단(동일인이 사실상 그 사업 내용을 지배하는 2개 이상의 회사의 집단)의 개념을 도입하여 이러한 기업집단 소속 회사에 대해 (1) 계열회사 간 상호출자를 금지하고, (2) 자기 순자산의 40%를 초과하여 국내 다른 회사의 주식을 취득할 수 없도록 하고, (3) 금융·보험사가 취득 또는 소유 중인 국내 계열회사 주식의 의결권 행사를 금지하였다. 또한 1997년 경제위기를 겪고 난 후 제6차 법 개정에서는 차입 경영을 통한 무리한 기업 확장이 기업집단 소속 회사들의 동반 부실화로 인한 연쇄 도산을 초래하였다는 인식에 따라 채무보증을 전면 금지하였다.

그러나 공정거래법상의 경제력 집중 규제의 변천은 규제 완화 포획의 전형이었다. 제1차 법 개정에서 도입된, 자기 순자산의 40%를 초과하여 국내 다른 회사의 주식을 취득할 수 없도록 한 「출자총액제한제도」의 변천이 대표적인 사례이다. 채무보증이 금지되었고 상호출자도 금지되었으나, 간접적 상호출자인 순환출자에 대한 명시적 규제가 없었으므로, 출자총액제한제도가 재벌들의 경제력 집중 억제에 가장 유력한 규제 수단이 되었다. 따라서 경제력 집중 규제 완화의 초점은 출자총액제한제도의 완화에 맞춰졌다.

상호출자와 순환출자

'상호출자'란 기업 A가 기업 B에 출자(자금을 냄)하고, 다시 기업 B가 기업 A에 출자하는 상황을 의미한다. 따라서 상호출자가 허용되면, 이론적으로 기업 A가 최소 자기 자본으로 명목 자본금을 무한대로 늘릴 수 있다.

'순환출자'란 기업 A가 제3의 기업에 출자하고, 이 제3의 기업이 (직접적으로 또는 다른 기업을 경유해) 기업 B에 출자하고, 다시 기업 B가 기업 A에 출자하는 간접적 상호출자를 의미한다.

1997년 경제 위기 직후인 1998년부터 2000년까지 기업 구조조정을 원활히 한다는 명분으로 출자총액제한제도가 폐지되기도 하였다. 그러나 출자총액제한제도가 재도입된 이후에도 재계의 지속적인 요구로 '예외 사유'와 '적용 제외 사항'들이 늘어났다([표 1-5] 참조). 2007년에는 자산 총액이 10조 원 이상인 대규모 기업집단에 소속된 회사 중 자산이 2조 원 이상인 회사를 규제 적용 대상으로 규정하고, 출자 한도를 25%에서 40%로 상향함으로써 출자총액제한제도의 적용을 받는 기업의 수가 크게 줄어들었다. 결국 출자총액제한제도는 기업의 투자 활성화 및 공시 제도 도입을 통한 사후 규제 강화를 명분으로 2009년 3월 공식적으로 폐지되었다.

한편 1999년 제8차 법 개정에서는 순환출자 구조 기업집단들을 지주회사 체제로 전환하도록 유인한다는 취지로, 종래 금지되던 지주회사의 설립 및 전환을 허용했다. 그러나 지주회사를 통한 경제력 집중을 방지하기 위해서, 공정거래법은 지주회사의 부채 비율 제한, 비계열회사 주식 소유 제한, 자회사 외의 계열회사 주식 소유금지, 금융 지주회사의 비금융회사 주식 소유 금지 및 일반 지주회사의 금융회사 주식 소유 금지 등의 행위 제한 규정을 두었다. 또한 지주회사가 자회사 주식의 30%(비상장 자회사는 50%) 이상을 보유하도록 했으

[표 1-5] 출자총액제한제도의 규제 완화 포획[31]

개정 시기	출자총액제한제도의 주요 변동 사항
1986.12.31. 법 개정	• 출자총액제한제도 도입 및 시행(1987.04.) -적용 대상: 자산 규모 4000억 원 이상 기업집단에 속하는 회사(금융 · 보험사 제외) -타회사 출자 한도: 순자산의 40% -예외 인정: 산업 합리화, 유상 증자, 담보권 실행, 외국인 투자 기업 또는 정부 출자 기업에 대한 출자 등
1992.12.08. 법 개정	• 예외 인정 출자 확대 -산업의 국제 경쟁력 강화를 위한 출자, 보유 주식의 평가액 증가로 인한 출자 증가
1994.12.12. 법 개정	• 타회사 출자 한도: 순자산의 40% → 25% • 예외 인정 기간 연장 -국제 경쟁력 강화(업종 전문화): 5년 → 7년 -유상 증자: 1년 → 2년 / 순자산 감소: 1년 → 3년 • 적용 제외 회사 확대 -사회간접자본 시설 사업 영위 회사 -소유분산 우량회사
1998.02.24. 법 개정	• 출자총액제한제도 폐지 -'98.2.3. 비상경제대책위원회에서 적대적 M&A의 허용과 이에 따른 경영권 방어를 위해 폐지 결정
1999.12.28. 법 개정	• 출자총액제한제도 재도입(시행: 2001.04.01.) -30대 대규모 기업집단 소속회사의 순자산 25% 초과 타회사 주식 취득 금지 -예외 인정: 유상 증자, 담보권 실행, SOC, 기업 구조조정, 외국인 투자 유치, 중소기업과의 기술협력 관련 출자 등
2001.01.16. 법 개정	• 예외 인정 대상 확대 -지주회사 전환을 위한 출자
2002.03.30. 시행령 개정	• 출자총액제한 대상 기업집단 범위 변경 -30대 대규모 기업집단 → 자산 규모 5조 원 이상 기업집단
2004.12.31. 법 개정	• 『시장개혁 3개년 로드맵』에 따른 출자총액제한제도 개편 -자산 규모 5조 원 이상 기업집단 → 6조 원 이상 -4가지 졸업 제도 도입(①지배 구조 모범기업, ②지주회사 및 그 소속 자회사, 손자회사, ③계열사간 출자 단계가 2단계 이하이고 계열회사수가 5개 이하인 기업집단, ④소유지배 괴리도가 25%p 이하이고 의결권 승수가 3배 이하인 기업집단) -적용 제외 및 예외 인정 보완(남북교류 사업 · SOC 사업 · 기업 도시 시행 출자에 대한 적용 제외 신설, 차세대 성장동력 사업 · 현물 출자 · 물적 분할 · 임직원 분사 등 구조조정 관련 출자 예외 인정)

2006.04.14. 시행령 개정	• 구조조정 기업에 대한 출자 예외 인정 추가, 졸업 기준 보완 등 –정부출자 기관이 30% 이상 지분 보유 중인 구조조정 대상 기업에 대한 출자 예외 인정 –동일인이 자연인이 아닌 기업집단에도 소유지배 괴리도 졸업 기준 적용 –내부거래위원회 구성 요건 완화(4인 이상, 전원 사외이사일 것 → 사외이사 3인 이상, 위원 총수의 2/3 이상이 사외일 것)
2007.04.13. 법 개정	• 적용 대상 축소: –자산 총액 6조 원 이상 → 자산 총액 10조 원 이상 기업집단에 속하는 회사 • 출자 한도 상향: 순자산액의 25%에서 40%로 변경 • 예외 인정 회사 확대: –외국인투자법인 출자 시 취득 또는 소유한 날로부터 5년 이내에만 예외를 인정하던 것을 요건 충족 시 계속 적용 예외
2007.07.13. 시행령 개정	• 적용 대상 회사 축소: –소속 모든 회사 → 기업집단 소속 회사 중 자산 2조 원 이상의 회사로 변경
2009.03.25. 법 개정	• 출자총액제한제도 폐지 –사전적 총량 규제인 출총제를 폐지하여 기업의 투자 유인을 높이고 시장 참여자에 의한 자율적 감시 기능 강화를 위해 상호출자제한 기업집단의 주식 소유 현황 등에 대한 공시 제도 도입

며, 자회사가 사업 연관성이 있는 회사의 지분 100%를 보유할 경우에 예외적으로 손자회사를 인정했다.

그러나 2007년에 노무현 정부는 지주회사의 설립 및 전환을 촉진하고 재벌의 단순 투명한 소유지배 구조 정착을 유도한다는 목적 하에, '지주회사 행위 제한 규정'을 대폭 완화하였다. 지주회사의 부채 비율 한도가 100%에서 200%까지 상향 조정되었으며, 자회사가 상장회사일 경우에는 30%, 비상장회사일 경우에는 50% 이상의 지분을 보유하도록 했던 규정도 각각 20%와 40% 이상으로 완화되었다.

31 김주현, 『한국 재벌의 비주력 업종 진출 요인에 관한 연구』(2019).

또 자회사와 손자회사 간 사업 관련성 요건이 폐지되었으며 자회사의 손자회사 지분 의무 보유율도 지주회사와 자회사의 수준으로 완화되었고, 손자회사는 100% 지분 보유 시 증손회사도 거느릴 수 있게 허용되었다. 사실상 2층 출자 구조의 지주회사 체계를 3층 구조로 대폭 완화한 것이다.

결국 2007년 규제 완화 이후 지주회사의 수가 본격적으로 늘어나기 시작하였으나, 이러한 지주회사의 증가 추세 속에 지주회사 제도 도입 당시 기대했던 기업집단 소유지배 구조 개선 효과는 미미했고, 총수 일가의 과도한 지배력 확대 등과 같은 부작용은 커지고 있다.[32] 문재인 정부에 들어와 지주회사에 대한 규제 완화는 지속되었다. 이에 관해서는 4장에서 상세히 다루기로 한다.

32 김주현·박상인, 『공정거래 행정과 정책의 역사』(2020) 참고.

더 알아보기

○ 출자 구조 범례

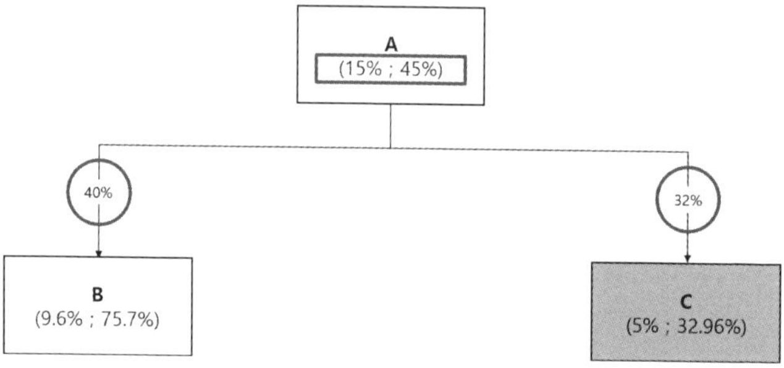

15%: 총수 일가의 지분율 (동일인, 혈족, 인척지분율의 총합) : 45%: 내부지분율 (총수 일가, 비영리법인, 임원, 자기주식, 계열회사 지분율의 총합)

A는 B에 대한 지분율이 40%, C에 대한 지분율이 32%임. 지분율은 보통주와 우선주를 합한 총 발행 주식을 기준으로 계산한 수치임.

음영 표시된 네모는 지주회사를 의미함.

○ 분식회계가 왜 문제일까?
- 엔론과 사티암의 분식회계 사건

엔론

자본시장법 위반과 분식회계는 자본주의 시장경제의 기본 질서를 흔드는 매우 중대한 경제 범죄다. 2001년 미국에서 이른바 '엔론(Enron) 스캔들'이 불거졌다. 엔론은 1985년에 설립된 에너지 회사였는데, 엔론 주가는 1990년부터 1998년까지 무려 311%나 올랐고 2000년 말 엔론의 시가 총액은 600억 달러에 이르렀다. 그러나 엔론의 이런 외형적 성장은 수십억 달러의 부채를 숨긴 분식회계 덕분이었다. 엔론 분식회계 스캔들이 터지자, 엔론의 주가는 2000년 중반 90달러에서 2001년 11월 말에는 1달러로 폭락했고, 주주들은 약 110억 달러의 손실을 입었다. 마침내 2001년 12월 2일에 엔론은 파산 신청을 하게 되는데, 엔론의 파산은 그때까지 미국 역사상 가장 큰 규모의 기업 파산 사례였다. 엔론 분식회계에 책임이 있었던 경영진들은 모두 실형에 처해졌다. 엔론 재무이사였던 패스토(A. Fastow)는, 엔론 사장이었던 스킬링(J. Skilling)과 회사의 설립자이자 회장이었던 레이(K. Lay)

에게 불리한 증언을 하는 조건으로 가석방 없이 10년 징역형을 선고받았다. 스킬링은 증권 사기 등이 유죄로 인정되어 24년 4개월 징역형을 선고받았으며, 레이는 최대 45년 징역형을 선고받을 수 있었으나, 선고 전에 사망하였다.

Satyam

사티암

한편 2009년 인도판 엔론 사태라고 할 수 있는 '사티암(Satyam Computer Services Limited) 회계부정 사건'은 인도 기업 지배 구조에 대한 신뢰도 하락과 함께 인도 경제에 커다란 충격을 안겨 주었다. 사티암 사건은 2009년 1월 7일에 인도의 IT 소프트웨어 서비스 회사인 사티암의 라마린가 라주(R. Raju) 회장이 지난 7년 간 약 10억 달러(USD) 이상의 회계부정을 고백한 사건이다. 라주 회장은 이사회에 보낸 서한에서, 지난 수년간 이익 규모를 부풀리고 채무 규모를 축소 발표해 왔으며 이제 감당하기 어려운 수준이 되었다고 밝히면서 사임을 표명했다. 구체적으로, 라주 회장은 2008년 9월 말 기준의 사티암의 장부 자산 536억 루피(약 12억 달러) 중 94%가 부풀린 금액이며, 실제 영업

이익은 3%임에도 불구하고 24%로 허위 작성한 것이라고 밝혔다. 라주 회장은 체포되었고, 사티암 이사회는 해산되었다. 사티암 회계부정 사건을 수사한 인도 중앙수사국(CBI)은 사티암의 분식 규모가 당초 알려진 것보다 많은 30억 달러에 달한다고 밝혔고, 라주 회장은 2015년 4월에 인도 특별법원으로부터 7년 징역형을 선고받았다.

이처럼 분식회계와 주가 조작 사건은 중형이 선고되는 반체제적 경제범죄이다. 이재용이 자본시장법과 외부감사법률 등을 위반한 혐의를 받고 있는 재판에서 유죄 선고를 받으면 실형을 회피하기 어려울 것이다. 물론 정상적인 사법 절차가 적용된다면 말이다.

2장

재벌 공화국은 이렇게 만들어졌다

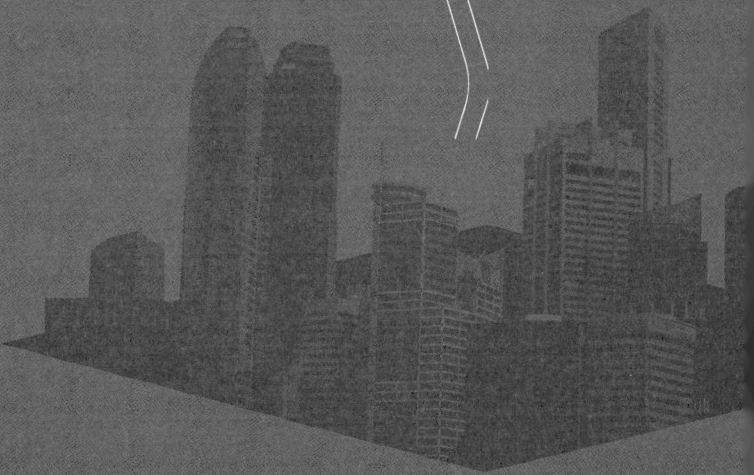

"여러 계열사를
거느린 재벌이라는
엄연한 현실을 애써 외면한
비상식적인 법규가 있기에
가능한 일이었다."

1장에서는 특정 재벌을 위한 법률이나 규정이 만들어져 왔고, 재벌 총수 일가는 일반 국민과 다른 사법적 특혜를 누리고 있으며, 언론은 재벌과 총수 일가에 대한 감시보다는 이들에 편승하고 있음을 살펴보았다. 정치·행정·사법·언론이 재벌에 의해 포획되면서, 재벌 총수 일가는 사실상 '사회적 특수 계급'이 된 것이다.

이런 재벌 공화국이 만들어진 근본적 이유가 바로 재벌 중심의 경제력 집중 때문이다. 여기서는 재벌의 경제력 집중이 1960년대 이후 한국의 경제 발전을 이끌어 온 정부 주도-재벌 중심의 발전 전략의 결과임을 논의한다. 또한 1987년 군부 독재의 종식과 재벌의 경제력 집중의 심화는 한국의 정치 엘리트가 군부에서 재벌로 바뀌는 계기가 되었고, 재벌 세습을 통해 재벌 공화국이 지속되고 있음을 살펴본다.

1. 한국 재벌의 형성과 경제력 집중

경제 발전과 재벌의 형성

1960년대 이후 경이로운 경제 발전을 이끈 박정희 개발체제는 '정부 주도-재벌 중심'의 발전 체제라고 정의할 수 있다. 박정희 개발 체제는 수출을 많이 하는 기업들에 특혜를 주는 보상 체계를 구축했는데, 이는 매우 친경쟁적인 보상 체계였다. 기업들은 정부가 배정한 사업에서 성과를 올려야만 더 많은 혜택을 받을 수 있었고, 이때 정부가 제시한 성과의 주요 기준은 수출 실적이었다. 사실 경제 개발 초기에는 국내 유효 수요가 충분하지 않았고, 또 투자를 위해 도입한 외채를 상환하기 위해서도 수출에 주력할 수밖에 없었다. 따라서 정부 주도-재벌 중심의 발전 전략은 수출주도형 공업화 전략이 되었다. 수출시장은 상대적으로 매우 경쟁적인 시장이었는데, 수출시장에서 경쟁해야 하는 기업들은 조직과 인사에서 효율성을 담보하는 경영 관리와 기술 경쟁력을 강화하는 혁신을 할 수밖에 없었다. 결국 수출 실적에 따른 보상 체계는 기업 내부의 생산 효율성을 증대시키고 경제 전반에서는 효율적인 기업이 더 성장하도록 하는 긍정적인 역할을 수행했던 것이다.

재벌은 총수가 있는 대기업집단이라고 정의할 수 있으며, 총수는 대기업집단을 실질적으로 지배하는 특정 자연인이나 가문을 지칭한다. 대기업집단은 원칙적으로 경제력 집중의 우려가 있는 수준의 기업집단이라고 할 수 있다. 경제력 집중의 우려가 정확히 무엇을 의미하는지는 다음 장에서 다루기로 하고, 일단 경제에서 차지하는 비중이 큰 기업집단을 대기업집단이라고 생각하자.

이와 같은 재벌의 정의를 따르면, 한국에서 재벌이 형성되기 시작한 것은 1970년대 중화학공업 육성 정책이 본격화되면서라고 할 수 있다. 물론 그 이전에도 총수가 있는 기업집단이 존재했으나, 경제력 집중을 우려할 만한 수준의 기업집단이 존재했다고 보기는 어렵다.

물론 1945년 해방 이후 일본 기업의 귀속재산에 대한 불하(拂下)와 미국을 중심으로 한 해외 원조의 할당이 다수 한국 재벌의 물적 토대가 된 것은 사실이다. 예를 들어, 1987년 기준으로 10대 기업집단 중에서 대우그룹을 제외한 나머지 9개 그룹은 1950년대 중반에 이미 상당한 규모의 기업을 보유하고 있었다. 비록 5·16 쿠데타로 집권한 박정희의 상업은행 국유화 정책으로 실패했지만, 삼성그룹은 1950년대 후반에 상업은행의 인수를 통해 상업은행과 종합 무역회사를 중심으로 하는, 제2차 세계 대전 이전 일본의 재벌과 유사한 기업집단을 형성하려는 시도도 했다. 그러나 이들 기업집단이 경제에서 차지하는 비중이 큰 대기업집단이라고 할 수준은 아니었다. 1970년에도 여전히 한국 사회는 농업 중심 사회였는데, 농업이 GDP의 30% 정도를 차지하고 있었으며, 제조업은 경공업 중심이었기 때문이다.

그러나 중화학공업 중심의 산업화가 진전되면서 농업의 비중은 급격히 줄어들어 1990년에는 9% 미만이 되었다. 이에 반해, GDP 대비 10대 재벌의 매출액의 비중은 1974년에는 15.1%에 불과하였으나,

[표 2-1] 10대 기업 집단(1960-2013)[1]

순위	1960년	1972년	1979년	1987년	1994년	2008년	2013년
1	삼성	삼성	현대	현대	삼성	삼성	삼성
2	삼호	럭키	럭키	삼성	현대	현대자동차	현대자동차
3	개풍	한진	삼성	럭키	LG	SK	SK
4	대한	신진	대우	대우	대우	LG	LG
5	럭키	쌍용	효성	선경	선경	롯데	롯데
6	동양	현대	국제	쌍용	쌍용	GS	현대중공업
7	극동	대한	한진	한화	한진	현대중공업	GS
8	한국유리	한화	쌍용	한진	기아	금호 아시아나	한진
9	동립산업	극동해운	한화	효성	롯데	한진	한화
10	태창방직	대농	선경	롯데	한화	한화	두산

1980년에는 48.1%, 1987년에는 68.8%로 급증했다. 따라서 한국에서 경제력 집중을 우려할 만한 재벌이 나타나기 시작한 것은 1970년대 수출주도형 중화학공업 육성 정책이 성과를 내기 시작한 1980년대라고 할 수 있다.

[표 2-1]은 1960년부터 2013년까지 한국의 10대 기업집단을 보여 주는데, 1960년의 10대 기업집단 중에서 1979년에도 여전히 10대 기업집단에 잔류한 기업집단은 삼성과 럭키(현 LG) 두 개밖에 없음을

1 공정거래위원회.

알 수 있다. 또한 새로이 진입한 대부분의 기업집단들은 정부의 중화학공업 육성 정책에 적극 호응한 기업집단들임을 알 수 있다. 한편 1987년 이후에는 대우를 제외하면 상위 5위에 속한 재벌 구성에 변동이 없음을 알 수 있는데, 1980년대에 와서 상위 재벌들의 순위가 안정화되고 공고해졌음을 알 수 있다.

재벌의 경제력 집중이라는 문제가 부각되기 시작하면서 1986년에 공정거래법 제1차 개정에서 대기업집단 규제가 도입되었다. 따라서 공정거래법에서 재벌의 경제력 집중 규제와 헌법에 경제민주화 조항이 도입된 1980년대 중반부터, 경제력 집중을 우려할 만한 총수가 있는 대기업집단인 재벌이 한국 사회에 공고히 자리를 잡은 것으로 추정해 볼 수 있다.

1997년 경제 위기와 재벌 규제의 변질

1997년 경제 위기는 외환보유고의 급격한 감소로 촉발된 외환위기와 은행 위기라는 쌍둥이 위기였다. 그러나 1960년대 이후 지속된 정부 주도-재벌 중심의 발전 전략에서 발생한 경제력 집중과 과도한 차입으로 과잉 투자를 지속한 것이 보다 근본적인 원인이었다. 사실 1990년대에 한국 경제는 초과 설비 보유로 기업의 수익성이 악화되는 과잉투자의 양상을 나타냈다. 국내 기업들의 총자산 회전율(매출액 ÷ 총자산)은 1984년의 1.3을 정점으로 하락하기 시작하여 1990년대 줄곧 1 이하에 머물러 있었으며, 1997년에는 0.90을 기록했다. 총자산회전율이 낮다는 것은 과잉투자 등으로 기업의 자산이 효율적으로 운용되지 않고 있음을 의미한다.

경제 위기 이전에 재벌들은 기업가치의 극대화보다 그룹 규모의 확대를 추구하는 투자를 지속했다. 현대와 기아가 삼성자동차의 진입을 저지하기 위해서 생산 능력을 확대하면서 자동차 산업의 과잉 설비 문제는 더욱 심각해졌다. 한보그룹은 경제성이 전혀 없는 미니밀[2] 기술에 투자를 했고, 진로그룹은 은행의 대출금을 이용하여 유통 사업으로 급격한 확장을 시도했다. 1997년에 발생한 한보철강과 진로그룹 등 일부 재벌의 도산은 한국의 재벌 체제에서 발생할 수 있는 시스템 위기의 전조였다.

재벌의 과잉 투자는 김영삼 정부에서 적극 추진된 규제 완화와 글로벌화를 통해 더욱 심화되었다. 재벌 기업들은 해외시장에서 자유롭게 채권과 주식을 발행하였으며, 은행들도 자유롭게 국제 자본시장으로부터 단기 자금을 차입하였다. 1997년 이전에 재벌들은 장기 고정 투자인 생산설비에 대한 투자를 위해 단기 부채에 주로 의존했는데, 30대 재벌들의 평균 부채 비율은 600%였고 심지어 몇몇 재벌 기업들의 부채 비율은 4,000%에 육박하였다.

이런 배경에서, 태국 바트화의 급락으로 동아시아 국가들의 외환 시장이 불안정해지자, 외국인 투자자들이 국내 금융기관에 단기 대출을 일시에 상환할 것을 요구했다. 이에 국내 외환보유고는 급격히 감소하였고, 이는 외환 위기와 은행 위기를 촉발했다. 결국

2 철광석과 연료탄을 녹여 쇳물을 뽑아내는 고로(용광로)와 달리, 고철을 녹여 쇳물을 만드는 제철 설비.

1997년 11월 21일 한국 정부는 IMF(국제통화기금)에 구제 금융을 요청했고, 12월 3일에 한국 정부와 IMF는 3년 간 총 580억 달러 규모의 구제 금융 합의문에 서명했다. 1997년 경제 위기로 인해, 1998년에 한국의 실질 GDP 성장률은 −6.7% 그리고 설비투자율은 −39.3%로 폭락했으며, 1999년 2월에는 실업자가 180만 명을 초과하는 등 한국 경제는 6·25 전쟁 이후 최악의 침체를 겪었다. 1997년 기준으로 30대 재벌 중에서 12개 재벌이 1999년 12월 시점에서 부도가 났거나 워크-아웃[3] 중이었다.

그러나 재벌이 1997년 경제 위기의 주범이라는 초기의 국내외 문제의식에도 불구하고, 경제 위기 이후에 재벌 개혁의 초점은 오히려 경제력 집중의 해소에서 미국식 기업 거버넌스(지배 구조) 제도의 도입으로 변질되었다. 재벌 개혁 정책은 2003년 12월 30일에 발표된 「시장개혁 3개년 로드맵」과 후속 조치로서 이루어진 2004년 12월, 2005년 3월의 공정거래법 및 시행령 개정으로 분기점을 맞았다.

2003년 말에 발표된 「시장개혁 3개년 로드맵」은 대기업집단 정책의 초점을 기업 거버넌스 개선과 지주회사제도 도입에 두고, 이를 위한 구체적 집행 계획을 제시했다.[4] 우선 기업집단의 소유지배 구조에 관한 정보공개 정책의 일환으로서, 계열사 및 친인척 간 지분 보유관계, 기업별·기업집단별 의결권 승수[5] 및 소유지배 괴리도[6]를 매

3 Work-out. 채권 금융기관이 주도적으로 기업 구조조정작업을 수행하는 기업회생 프로그램이다.

4 재정경제부·공정거래위원회, 「시장개혁 3개년 로드맵」(2003.12.31.).

5 의결권(voting right)을 배당청구권(cash flow right)으로 나눈 값을 의미하는데, 배당청구

년 공개하고, 대기업집단 소속 비상장·비등록 기업의 공시 의무를 강화하였다. 그리고 소유지배 괴리도 개선의 구체적 정책 목표로 의결권 승수를 2003년 말 현재 자산 5조 원 이상 민간기업집단을 기준으로 기존 6.1 수준에서 2006년까지 3.0으로 줄이는 목표를 제시하였다.

이와 함께, 기업 거버넌스 개선과 경제력 집중 억제 정책의 완화를 연동시키기 시작했다. 1장에서 논의했듯이, 소유지배 구조의 개선 및 투명한 경영을 유도한다는 명분하에서 출자총액제도에 각종 예외 조항을 늘리고 졸업 기준이 마련되었다. 2004년의 공정거래법과 시행령 개정에서는 네 가지 출자총액제한 규정 졸업 제도를 도입하였다. 이에 기업집단 차원에서 소유지배 괴리도가 25% 이하이고 의결권 승수가 3배 이하인 기업집단과 계열회사 수가 5개 이하이고 출자 구조가 2단계 이하인 기업집단을 지정 제외하고, 계열회사 차원에서 지주회사·자회사 및 사업 관련 손자회사에 서면투표제, 집중투표제, 내부거래 위원회, 사외이사 후보 추천 위원회 중 세 가지 이상을 설치·운영하는 회사에 대해서는 제도 적용을 면제하였다.

권은 기업의 지분을 보유함으로써 직접적으로 또는 그 기업의 지분을 보유한 다른 기업 지분을 보유함으로써 간접적으로 그 기업의 배당을 받을 수 있는 권리를 의미한다.

6 의결권에서 배당청구권을 뺀 값을 의미한다.

대기업집단 규제 대상은 어떻게 변해 왔을까?

- 2002년 공정거래법 개정: 일괄적으로 자산 순위 30대 기업집단을 규제 대상에 포함하던 것을, 세부 정책에 따라서 상호출자제한 및 채무보증제한 대상은 자산 규모 2조원 이상으로, 출자총액제한 대상은 5조 원 이상으로 전환.
- 2008년 시행령 개정: 자산 총액 5조 원 이상인 기업집단을 상호출자제한 기업집단으로 지정.
- 2016년 9월 시행령 개정: 상호출자제한 기업집단 지정 기준을 자산 규모 10조 원 이상으로 변경. 공기업은 대규모 기업집단 지정에서 제외.
- 2017년 7월 시행령 개정: 자산 규모 5조 원 이상인 기업집단을 공시대상 기업집단으로 지정하여 소속회사 등에 자료 제출을 요청할 수 있도록 하고, 소유지배 구조 등과 관련된 주요 사항을 공시하도록 규정.
- 2020년 공정거래법 전부 개정: 상호출자제한 기업집단 지정 기준을 자산 규모 10조 원에서 GDP의 0.5%로 개편.

경제 위기 이후 재벌의 경제력 집중 심화

재벌 대기업의 과잉 투자로 인한 수익성 악화와 높은 부채 비율이 경제 위기의 원인 중 하나로 지적되면서 김대중 정부는 이른바 빅딜(Big Deal) 정책을 추진하였다. 정부와 금융권의 전방위 압박에 5대 재벌 기업은 1998년 12월 7일 대통령이 직접 주재하는 재계·정부·금융기관 합동 간담회에서 구조조정 추진 합의문을 채택하기에 이르렀다.

그러나 이 합의문은 지켜지지 않았다. 빅딜은 해당 그룹 간의 이해득실과 대규모 감원 문제 등으로 난항을 거듭했고, 결국 현대전자(현 SK하이닉스)가 LG반도체를, 현대정유가 한화에너지 정유 부문을 각각 인수하고, 항공 부문에서는 삼성, 현대, 대우중공업 등 3사를 통합해 한국우주항공을 설립하는 것으로 매듭지어졌다. 특히 삼성과 대우는 삼성자동차 인수가격과 자동차 생산조건을 놓고 첨예하게 대립했는데, 삼성은 삼성자동차의 법정관리를 신청하면서 이건희 회장이 자신의 삼성생명 주식 400만 주를 주당 70만 원씩에 채권단에 내놓겠다고 선언해 버렸다. 결국 삼성자동차는 프랑스 기업 르노에 2000년에 매각되었다.

김대중 정부의 빅딜 정책은 재벌의 경제력 집중 해소와는 무관한 것이었다. LG그룹은 반도체를 현대그룹에 넘기고 받은 자금으로 지주회사 체제로 전환하면서 GS그룹 및 LS 그룹을 계열 분리 하면서도 총수 일가의 지배력을 더 공고히 할 수 있었다. 한화그룹 또한 정유 부문을 현대정유에 넘기고 대한생명(한화생명)을 인수해 오히려 외형을 불렸다. 한편 LG반도체를 떠안은 현대그룹은 현대반도체의 인수 대금을 치르느라 자금난에 빠졌고 곧 이어진 반도체 불황에 10조 원의 빚을 지고 침몰했다.

그 결과, IMF와 국제사회로부터 재벌 해체라는 근본적인 경제개혁을 주문받았음에도 불구하고, 경제 위기 이후에도 한국 경제에

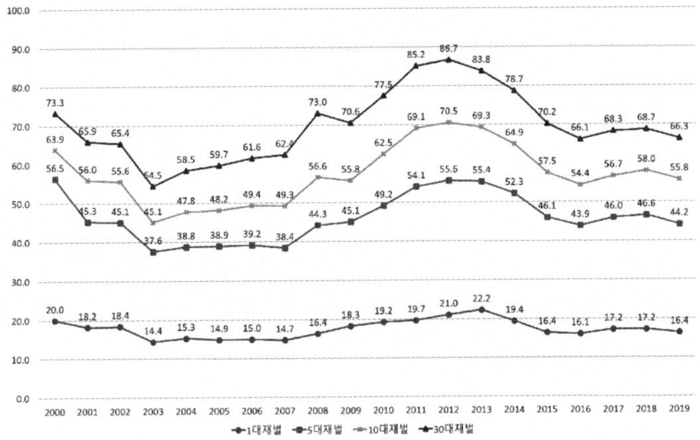

그림 2–1 | GDP 대비 재벌의 매출액(2000~2019, 단위: %)[7]

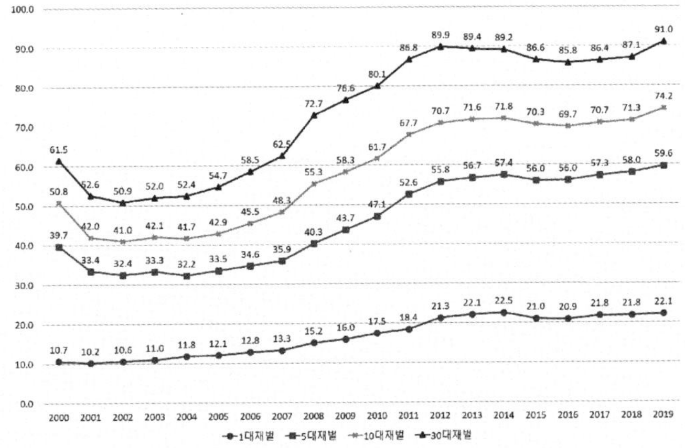

그림 2–2 | GDP 대비 재벌의 자산 총액(2000~2019, 단위: %)

7 재벌의 연도별 자산 총액 자료 출처는 공정거래위원회이며, 연도별 명목 GDP 자료 출처는 한국은행이다. 박상인, 『이스라엘의 2013 반경제력 집중법』(2021) 참고.

서 재벌이 차지하는 비중은 나날이 높아졌다. 2000년대 초반부터 재벌의 문어발식 사업 확장은 다시 시작되었다. 재벌 계열사의 수는, 1998년부터 2000년 사이에 IMF 외환위기로 인한 구조조정을 겪으면서 일시적으로 급감했던 시기를 제외하면, 전반적으로 꾸준히 증가하고 있다.

[그림 2-1]은 2000년부터 2019년까지 재벌들의 GDP 대비 자산 총액을, 그리고 [그림 2-2]는 재벌들의 GDP 대비 매출액을 보여 준다. 재벌들이 한국 경제에서 차지하는 비중은 경제 위기 이후인 2000년대 초반부터 증가하다가 2010년대 초반에 정점을 찍었다. 이후에 GDP 대비 자산 총액은 2017년 이후 다시 증가세로 돌아섰으나, GDP 대비 매출액은 2016년 이후 일정 수준을 유지하고 있다.

특히 1987년부터 삼성, 현대(계열 분리 후 2001년부터 현대자동차), SK(구 선경), LG(구 럭키금성) 4개 기업집단은 연속적으로 상위 5위 재벌 안에 포함되었다.[8] [그림 2-1]과 [그림 2-2]에서 볼 수 있듯이, 이들 상위 재벌들의 전체 재벌들에서 차지하는 비중은 지속적으로 증가하고 있다. 즉, 이들 4대 상위 재벌 중심으로 경제력 집중이 갈수록 공고화되고 있음을 보여 준다.

1997년 경제 위기 이후에 지속된 재벌의 외형 확장과 경제력 집중의 심화는 재벌의 문어발식 사업 확장의 결과이기도 하다. 기업집단의 다각화 정도를 나타내는 방법으로 주로 사용되는 지수로는 엔

8 장세진, 『외환위기와 한국 기업집단의 변화: 재벌의 흥망』(2003); 조동성, 『한국재벌연구』(1990); 최정표, 『한국재벌사연구』(2014) 등 참고.

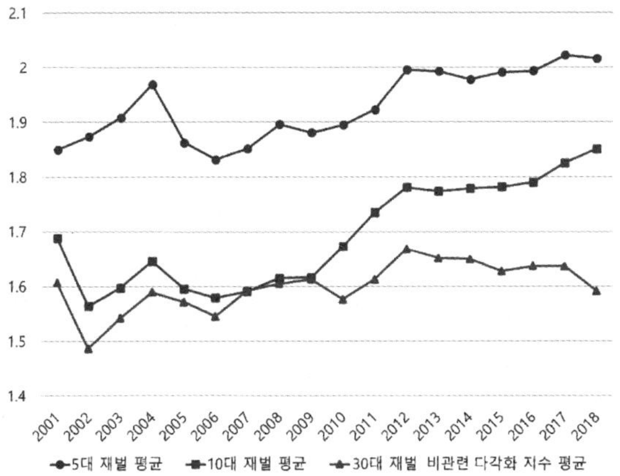

그림 2-3 | 재벌의 문어발식 확장[9]

트로피 지수가 있다. 표준 산업 분류의 중분류 업종(두 자리 산업 분류)에 속하는 소분류 업종(세 자리 산업 분류)이 동일하면 '관련 산업'으로, 서로 다른 중분류 업종에 속하는 소분류 업종은 '비관련 산업'으로 보고 엔트로피 지수를 계산한다. 그 결과는 [그림 2-3]에서 확인할 수 있다.

엔트로피 지수를 이용하여 30대 이내 재벌의 비관련 다각화 지수[10]를 측정한 후 평균값을 살펴본 결과, 2001년부터 2018년까지 재벌들의 비관련 다각화 지수의 평균값은 다소 등락은 있으나 전반적으로 지속적인 증가 양상을 보이고 있었다. 5대 재벌과 전체 분석 대상 재벌들의 평균값을 비교해 보면 5대 재벌 기업의 비관련 다각화

9 김주현, 『한국 재벌의 비주력 업종 진출 요인에 관한 연구』(2019).

10 비관련 다각화란 기존 사업과 다른 새로운 산업에 진출하는 것으로, 지수의 값이 커질수록 비관련 다각화 정도가 높음을 의미한다.

지수 평균값이 30위 이내 재벌 전체의 평균값보다 매년 높은 것으로 나타나 기업집단의 규모와 비관련 다각화 지수 간 정(+)의 상관관계가 존재함을 짐작할 수 있다.

2. 재벌 세습

1987년 군부 독재의 종식은 한국의 정치 엘리트가 군부에서 재벌로 바뀌는 계기가 되었고, 재벌의 경제력 집중의 심화와 재벌 세습으로 재벌 공화국은 공고해지고 있다. 여기서는 재벌 총수 2세에서 3세로의 세습의 대표적인 사례인 삼성그룹 사례를 통해 재벌 세습 과정에 어떤 문제가 있는지를 논의한다. 또한 현대자동차그룹이 당면하고 있는 세습 문제도 살펴본다.

삼성그룹의 세습 과정

삼성 재벌의 3세대 세습은 재벌 총수 2세에서 3세로의 세습의 전형적인 예인데, 종잣돈으로 종자기업을 지배하고, 부당한 내부거래와 계열사 출자 그리고 기업 상장과 합병 등을 통해 종자기업을 키우고, 궁극적으로 이 종자기업 중심으로 출자 구조를 변경하는 과정을 거쳤다.

① 3세 세습 1단계

이재용은 1994년부터 1996년 사이에 부친인 이건희 회장으로부터 61억 4000만 원을 증여받았다. 이 61억여 원의 '종잣돈'을 이용해 이재용은 비상장회사였던 에스원, 삼성엔지니어링, 제일기획 등의 주식·신주인수권·전환사채 등을 인수하고 유상 증자에도 참여했다. 그리고 이들 계열사가 상장한 후에는 주식을 매각하여 상장차익으로 종잣돈을 늘리게 되는데, 3개 회사 주식을 매각한 자금으로 약 800억 원을 확보하게 되었다.

1장에서 이미 살펴보았듯이, 이재용은 이 자금의 일부로 세습의 '종자기업'인 삼성에버랜드 전환사채를 인수하게 된다. 자매인 이부진, 이서현, 이윤형 등도 삼성에버랜드 전환사채 인수 직전인 1996년에 각각 16억 1000만 원을 이건희 회장으로부터 증여받아 전환사채 인수에 참여하였다. 삼성에버랜드 지분을 전혀 보유하지 않았던 3세들은 1996년 12월 17일에 전환권을 행사하여, 이재용 31.37%, 이부진 등 세 딸이 각각 10.46%씩, 총 62.75%의 삼성에버랜드 지분을 보유하게 되었다. 이재용 등 삼성 재벌가 3세는 또한 1999년 2월에 저평가된 행사 가격(7,150원)으로 230억 원 규모의 삼성SDS 신주인수권부사채(BW)를 제3자 배정 방식으로 인수했다. 이 삼성SDS 신주인수권부사채는 세습의 또 다른 종잣돈으로 활용되는데, SI(System Integration)회사인 삼성SDS에 대한 삼성 계열사들의 일감 몰아주기로 인해 삼성SDS의 기업가치는 급성장하기 시작했다. 마찬가지로 삼성에버랜드의 사내급식과 보안관리 사업 부문에 대한 계열사 일감 몰아주기로 삼성에버랜드의 기업가치도 상승하였다. 삼성에버랜드의 사내급식 일감 몰아주기 사례는 뒤에서 별도로 다루기로 한다.

이 외에도 이재용, 이부진, 이서현 등은 1999년 삼성생명이 저가로 양도한 삼성투자신탁운용(현 삼성자산운용) 주식을 인수하였다. 또 이재용은 1997년 3월에 삼성전자가 발행한 사모 전환사채 600억 중 450억 원을 인수하였고, 1996년 11월에 서울통신기술의 전환사채를 인수하여 지분 50.67%를 보유하게 되었다.

이재용 등 3세가 삼성에버랜드에 대한 지배를 확고히 한 1998년부터, 삼성에버랜드를 중심으로 하는 삼성그룹의 출자 구조의 변경이 시작되었다. 1997년까지는 이건희 회장이 삼성생명을 실질적으로 지배함으로써 삼성그룹 전체를 지배하고 있었는데, 삼성생명은 삼성전자의 최대주주였고, 삼성전자는 삼성카드와 삼성전기의 최대주주였다. 1998년에 삼성에버랜드는 이건희 회장으로부터 삼성생명의 주식 345만 주를 취득했는데, 이 거래로 삼성에버랜드는 삼성생명 2.3%의 지분을 가진 주주에서 20.7%의 지분을 가진 최대주주가 되었다. 즉, 이건희가 자신의 삼성생명 지분을 자녀에게 증여하는 방식이 아니라, 삼성에버랜드라는 종자기업을 이용해 간접적으로 증여한 것이다. 이를 통해, 이재용은 삼성그룹 계열사 전체의 경영권을 장악할 기반을 마련하게 된다.

삼성에버랜드는 1963년에 중앙개발이라는 회사명으로 설립되었으며, 놀이공원과 골프장 운영, 부동산 관리 유지, 단체 급식 및 식자재 공급 등을 주요 사업으로 하고 있었다. 1996년에 이재용 등 3세가 전환사채를 인수하여 최대주주가 되기 전까지 중앙일보사가 최대주주였다. 그러나 삼성에버랜드가 삼성생명의 주식을 인수해 삼성생명의 최대주주가 된 이후인 1998년에, 중앙일보사는 삼성카드와 삼성캐피탈에 삼성에버랜드 주식 34만 주(17.1%) 전량을 주당 10만 원에 매도하였다. 나아가, 2000년에는 삼성카드와 삼성캐피탈이 삼성에버랜드의 유상 증자에 참여하여 삼성에버랜드 신주 30만 주를 주당 10만 원에 인수하여 각각 14%와 11.6%의 지분을 보유하게 되었고, 삼성전기와 삼성SDI도 각각 신주 10만 주를 주당 10만 원에 인수하여 4%씩의 지분을 보유하게 되었다. 이 유상 증자를 통해 삼성에버랜드는 자본금을 확충했고, 삼성에버랜드를 중심으로 하는 삼성그룹의 지배 구조가 1단계로 완성되었다. 이후 2004년 2월에 삼성카드가 삼성캐피탈을 합병하면서 삼성카드 지분이 25.6%로 변경되는 것 외에는 삼성그룹 지배 구조에 중요한 변화는 2013년까지 없었다.

삼성 특검에서 밝혀진 주요 정황

(1) 이건희 회장은 차명으로 16% 정도의 삼성생명 지분을 보유하고 있었으므로, 1997년 당시 삼성생명은 총수 일가에 의해 유효하게 지배되고 있었다.
(2) 삼성에버랜드가 1998년 이건희로부터 삼성생명의 지분을 획득할 때 지불한 가격은 주당 9,000원에 지나지 않았다. 반면, 다음 해 삼성정밀화학, 삼성전기, 삼성 SDS 등이 삼성생명의 주식을 취득할 때에는 주당 2만 원을 지불했다. 또한 삼성차가 법정관리를 신청하면서 이건희 전 회장이 사재를 출연해 삼성생명 주식 400만 주를 주당 70만

원씩에 채권단에 내놓았던 것과 비교하면, 터무니없는 가격으로 이건희 전 회장이 삼성생명 주식을 삼성에버랜드에 판매한 것이라고 생각할 수 있다.

② 3세 세습 2단계

이재용으로의 세습 2단계는 2011년부터 시작되었다. 이 2단계에서는 이재용이 삼성물산(구 삼성에버랜드)과 삼성생명을 실질적으로 지배할 수 있는 지분을 확보하는 것이 궁극적 목적이었다.

ⓐ 삼성물산과 제일모직의 합병

2010년쯤 금산복합[11] 및 순환출자에 대한 규제 강화와 삼성에버랜드의 금융 지주회사 전환 가능성이 대두됐는데, 이런 규제를 회피하면서도 이재용의 그룹 지배력을 최대한 확보할 수 있는 방안을 마련할 필요성이 생겼다. 이재용과 미래전략실(이하 '미전실')은 2011년 11월 초순경 골드만삭스와 함께, 첫째, 이재용이 최대주주인 삼성에버랜드 상장 후 삼성에버랜드의 주가가 높게 형성되고 상승 흐름을 이루는 시기에 삼성물산과 합병을 추진하였다. 둘째, 이러한 합병 추진 시 삼성물산 주주들의 합병 반대와 주식매수 청구권 행사를 최소화하기 위해 합병 결의 후부터 주식매수 청구권 행사 기간까지 주가

11 기업집단이 금융 회사와 비금융 회사를 동시에 보유하고 있는 상황을 의미한다.

를 부양하는 방안을 논의했다. 이후 2012년 10월부터 12월쯤 미전실은 '프로젝트 G'(G는 Governance를 지칭)라는 승계 계획안을 마련해, 금산분리 강화, 순환출자 금지, 일감 몰아주기 과세, 이재용의 삼성물산에 대한 지배력 취약 등의 문제를 해결하고자 했다. 또한 2015년 4월경에는 제일모직[12]과 삼성물산의 합병안인 'M사 합병추진안'이 마련되었다.

금산분리와 은산분리

금산분리(金產分離)는 기업집단이 금융 회사와 비금융 회사를 동시에 보유하는 것을 금지하는 것을 의미한다. 한편 은산분리(銀產分離)는 기업집단이 은행과 비은행 금융회사 및 비금융 회사를 동시에 지배하는 것을 금지하는 것을 의미한다.

일감 몰아주기 과세

본인 및 자녀 등 특수관계인이 지배주주로 있는 법인에게 특수관계법인이 일감을 몰아주어 특수관계인이 얻게 된 간접적인 이익을 증여로

12 제일모직의 패션 사업 부문을 양도받은 후, 삼성에버랜드는 2014년에 상장하면서 사명을 제일모직으로 변경했다. 또한 2015년에 제일모직이 삼성물산을 합병한 이후에 제일모직의 사명을 삼성물산으로 변경했다. 따라서 삼성에버랜드가 제일모직에 이어 삼성물산으로 사명을 변경한 셈이다.

의제해 과세하는 것으로, 수혜법인의 사업 연도 매출액 가운데 특수관계법인에 대한 매출액 비율이 30%(중소기업 50%, 중견기업 40%)를 초과하고, 수혜법인의 특수관계인의 직간접 보유지분율이 3%(중소 중견기업 10%)를 초과한 비율에 비례해 수혜법인의 세후 영업이익에 과세된다.

결국 삼성그룹은 제일모직과 삼성물산의 합병을 성사시키고, 순환출자를 해소했으며, 이건희 회장의 지분 상속을 통해 이재용의 세습을 완성했다. 이런 일련의 과정이 이재용의 경영권 승계를 위한 것임은 국정농단 사건 재판에서 법원이 경영권 승계 작업의 존재를 인

[표 2-2] 국정농단 사건에서 경영권 승계 작업 인정

피고인	혐의	2심	상고심	파기환송심	재상고
박근혜	뇌물 수수	징역 25년 벌금 200억 원	뇌물혐의 분리 선고 필요	징역 15년 벌금 180억 원	원심판결확정 (2021.01.14.)
	국정원 특수활동비 상납	징역 5년 추징금 27억 원		직권남용권리행사방해 등 혐의로 징역 5년, 추징금 35억 원	
이재용	뇌물 공여, 횡령	징역 2년 6월 집행유예 4년 (뇌물 형령액: 36억 원)	일부 무죄 부분 유죄취지 파기환송 (뇌물의 대가가 당시 상섬그룹의 최대 현안이던 승계 작업에 대한 청와대와 정부의 도움이라 봤고, 박 전 대통령과 이 부회장 사이에 '묵시적 청탁'이 성립)	징역 2년 6월 (뇌물 형령액: 약 87억 원) (2021.01.18.)	

정한 데서도 알 수 있다([표 2-2] 참조).

이재용으로 세습을 완결하는 2단계 세습 과정에서 가장 핵심적인 내용은 제일모직과 삼성물산의 합병이었다. 삼성물산은 삼성전자의 주식 4.06%를 갖고 있었지만, 제일모직은 삼성전자의 주식이 없었다. 2015년 7월 합병 당시 이재용 등 삼성 총수 일가는 제일모직의 주식 42.15%(이재용 23.23%, 이건희 3.44%, 이부진, 이서현 각각 7.74%)를 보유하고 있었지만, 삼성물산 주식 보유율은 이건희 회장의 1.37%뿐이었다. 따라서 삼성생명 다음으로 삼성전자 주식을 가장 많이 보유하고 있던 삼성물산을 이재용 등 3세의 직접적인 지배하에 둘 필요가 있었다. 또한 합병 시 기업규모가 커져서 제일모직의 일감 몰아주기 과세 문제도 해결할 수 있었다. 그런데 삼성물산의 최대주주인 국민연금 지분율은 11.21%에 달하였고, 외국인 지분율도 33.5%였으므로, 국민연금 등 국내외 주요 투자자를 상대로 합병에 대한 찬성 의결권 확보가 중요했다.

이재용으로서는 제일모직의 가치가 높게 평가되고, 삼성물산의 가치는 낮게 평가된 상태에서 두 회사가 합병한다면, '통합 삼성물산'의 지분을 더 많이 확보하게 되어 그룹의 핵심인 삼성전자에 대한 지배력을 강화할 수 있었다. 결국 제일모직과 삼성물산 두 기업은 이사회에서 삼성물산 주식 1주를 제일모직 주식 0.35주로 교환하는 비율로 합병하기로 의결했다.

그러나 이는 이재용 남매가 대주주로 있는 제일모직 주주에게 너무 유리하게 정해진 비정상적 합병 비율이라는 비판이 국내외에서 쏟아졌다. 유수의 국내외 의결권 자문기관들도 국민연금에 주주총회에서 합병안에 반대할 것을 권고했다. 참고로, 세계 최대 의결권 자문기관인 ISS는 삼성물산의 주식 가치를 네 배 정도 더 높이 평가해 1대 1.21을 적정 합병 비율로 분석하기도 했다.

국민연금도 내부적으로는 적정한 합병 비율이 1대 0.46이라고 평가하고 있었다. 따라서 삼성물산 주식을 상대적으로 많이 가지고 있던 국민연금은 합병이 그대로 진행될 시 약 3500억 원의 부당한 손실을 입게 됨을 알고 있었던 것이다. 또한 국민연금의 내부 평가를 따르더라도, 이재용 일가는 약 7400억 원의 부당 이득을 얻는 것이어서 사실상 합병을 통해 국민연금 가입자의 자산을 삼성그룹 총수 일가에게 무상으로 이전하는 셈이었다. 그럼에도 국민연금공단 투자위원회는 합병에 찬성하기로 의결했고, 국민연금의 찬성으로 인해 합병안은 주주총회에서 통과되었다.

그렇다면 제일모직과 삼성물산은 합병 비율을 어떻게 결정한 것일까? 「자본시장법 시행령」에서는 이사회가 의결하기 이전, 일정 기간의 주식 종가를 의결일에 근접할수록 가중치를 높게 부여하는 방식으로 가중평균해 합병 비율을 계산하도록 규정하고 있다. 삼성은 합병 비율이 이 기준을 충족했으므로 불법이 아니라고 주장했다. 그러나 합병에 반대한 주주들이 청구한 주식 매수 가격 결정 판결에서 서울고등법원은 1대 0.414를 적정 비율로 제시한 바 있다.

왜 이런 차이가 발생하는가? 자본시장법 관련 규정은 합병 대상 기업의 이사회가 각 회사의 주주 이익을 극대화시키기 위해 충실히 합병 협상을 할 것이라는 가정을 깔고 있다. 그런데 이런 가정은 동일한 총수에 의해 지배되는 재벌 계열사 간에는 성립되지 않는다. 제일모직과 삼성물산의 합병에서 볼 수 있듯이, 양 기업의 이사들은 총수 일가의 이익을 극대화하기 위해 삼성물산 주가가 제일모직 주가에 비해 최저치로 내려간 시점을, 합병 비율을 산정하는 기준일로 선택했던 것이다. 결국 이런 불합리는 여러 계열사를 거느린 재벌이라는 엄연한 현실을 애써 외면한 비상식적인 법규가 있기에 가능한 일이었다.

더 심각한 문제는 합병 비율 산정 시기에 삼성물산의 주가를 의도적으로 저평가되도록 한 정황이 있는데, 여기에도 국민연금이 동원된 것이 아니냐는 합리적 의심이 제기되었다는 것이다. 삼성물산과 제일모직의 기업 합병 이사회 의결 이전 시점까지 국민연금은 삼성물산 주식을 지속적으로 대량 매도해 삼성물산 주가의 급격한 하락을 주도했다. 그리고 이사회 의결 이후에는 삼성물산 주식을 다시 집중 매입했는데, 삼성물산 주가가 합병 비율에 비해 높게 평가된 상태에서였다. 주주총회에서 합병을 찬성할 요량이었다면 이는 매우 비상식적인 매입이었다. 이처럼 국민연금의 비상식적인 매도·매입 행위가 비상식적인 합병 결정에 선행했던 것이다.

이와 같은 비상식의 연속을 합리적으로 이해할 수 있게 해 준 계기가 박근혜·최순실의 국정농단 사건이었다. 국민연금의 합병 찬성 결정 막후에 이재용과 박근혜·최순실 사이에 뇌물수수라는 거래가 있었던 것이다. 국민연금 관리공단이 삼성물산과 제일모직의 합병에 찬성하도록 압력을 넣은 혐의로 기소된 문형표 전 보건복지부 장관과 홍완선 전 국민연금공단 기금운영본부장은 2017년 11월 14일에 2심에서도 각각 징역 2년 6개월을 선고받았다. 1심 법원은 국민연금

관리공단이 압력을 행사하는 과정에 청와대의 개입이 있었는지를 따로 판단하지 않았지만, 2심 법원은 청와대의 개입이 문 전 장관의 범행 동기였다고 인정했다.

그런데 2020년 8월에 정의당 배진교 의원이 국회에서 「엠(M)사 합병 추진(안)」이라는 문건을 전격 공개함으로써, 합병 공개 한 달 전인 2015년 4월에 삼성 미전실이 합병을 위한 '주가 조작' 계획을 미리 마련했음이 드러났다. 미전실은 두 회사의 합병 비율에 대한 삼성물산 주주들의 문제 제기를 예상하고, 이를 막기 위한 전략까지 짰는데, 합병 결의 전 악재를 털어 내고 결의 뒤 호재를 쏟아 내는 식으로 '주가 관리'를 하겠다는 것이었다.

미전실은 이 문건에서 "주가 악재 요인은 1분기 실적에 반영 또는 합병 이사회 공시 전에 시장에 오픈해 주가에 선반영"하고 "주가 호재 요인은 합병 이사회 후 7~8월에 집중하여 주가(를) 부양"해야 한다고 제시했는데, 삼성물산과 제일모직은 미전실의 이 전략을 충실히 따랐다. 2015년 상반기는 주택 경기가 활황이었지만 삼성물산은 합병 결의 공개일(5월 26일) 이전엔 아파트를 300여 가구만 공급했다가, 합병 결정 뒤인 7월 이후부터 서울에 1만여 가구의 아파트를 공급할 계획이라고 밝혔다. 또 합병 결의 전 2조 원 규모의 카타르 복합화력발전소 공사를 수주해 놓고도 합병 뒤인 7월 말이 되어서야 관련 정보를 공개했다. 이런 행위들은 자본시장법으로 금지된 시세 조종 행위(주가 조작)에 해당될 수 있다.

한편 통합 삼성물산이 출범한 뒤인 2015년 9월 9일, 삼성바이오로직스의 감사인인 삼정(KPMG삼정) 회계법인의 회계사가 문건 보고

하나를 삼성물산에 보냈다. 삼성바이오로직스의 자회사인 삼성바이오에피스(이하 '에피스')에 미국의 제약회사 바이오젠이 보유한 콜옵션[13]을 원래 '부채'로 인식해야 했는데 이것이 지난 3년간 누락됐고, 따라서 모회사인 삼성바이오로직스의 재무제표를 2012년까지 모두 소급해서 수정해야 한다는 내용이었다. 그런데 수조 원대 '콜옵션 부채'가 재무제표에 반영되면, 제일모직의 자회사였던 삼성바이오로직스는 합병 당시 적자폭이 커져 납입자본금이 상쇄되는 '자본잠식' 상태였던 회사가 되는 것이었다.

삼정의 '콜옵션 부채' 반영 요구로 급박해진 삼성의 사정은 2015년 11월 10일 삼성바이오로직스 재경팀이 미전실에 보고한 「바이오, 바이오젠사 콜옵션 평가 이슈」 문건과 같은 달 18일 작성된 내부문건인 「바이오, 바이오젠사 콜옵션 평가 관련 회계 이슈」 문건에 잘 나타나 있다. 이들 문건은 삼정의 요구대로 "1.8조 원의 (콜옵션) 부채 및 평가 손실"을 반영하면 "(삼성바이오)로직스는 자본잠식(이) 예상"된다고 명시했다. 구 제일모직이 지분 45.7%를 보유했던 핵심 자회사 삼성바이오로직스가 삼성물산 합병 당시부터 자본잠식 상태였다는 사실을 뒤늦게 공개해야 할 처지에 몰렸던 것이다. 합병이 삼성바이오로직스의 '콜옵션 부채'가 누락된 채 이뤄졌다는 사실이 알려질 경우, '1대 0.35'라는 합병 비율이 잘못되었다는 논란이 다시 불거질 수밖에 없었고, 합병 자체가 무효라는 얘기까지 나올 수 있는 상황이었다.

13 Call Option. 옵션 만기일에 특정 상품을 정해진 가격대로 구매할 수 있는 권리인데, 만약에 정해진 가격대로 구매할 때 손해를 보게 되면 이 권리를 포기하면 된다.

삼성은 바이오젠과 협의해 콜옵션을 소급 수정하는 방법, 에피스의 평가를 줄여 부채 규모를 줄이는 방법 등 서로 모순적인 회계처리 방식을 두고 고민하다, 결국 콜옵션 부채 1조 8천억 원을 재무제표에 반영하되 삼성바이오로직스가 에피스에 대한 지배력을 상실한 것으로 회계처리하여 에피스의 가치를 부풀리는 방법을 택했고, 여기에는 삼정·안진 등 국내 굴지 회계법인들도 '공모자'로 가담했다.[14]

회계 기준상 '지배력 상실'을 위해서는 기업의 본질적 가치에 중대한 변화가 있어야 한다. 삼성바이오로직스는 2015년 말부터 에피스의 엔브렐(자가 면역 치료제) 등 바이오 복제약이 국내외에서 판매 승인을 얻었기 때문에 미국 바이오젠이 지분 50% - 1주(50% 지분에서 한 주를 차감)를 확보할 수 있는 콜옵션을 행사할 가능성이 높아져 '지배력을 상실'했다고 판단했음을 주장했다. 그러나 이후 검찰 조사에서 삼성바이오로직스 최고재무책임자(CFO)는 바이오 복제약 판매승인이 "회계처리를 변경하기 위해 급조한 '이벤트'였다"는 취지로 진술했다. 자회사 에피스를 관계기업으로 변경하면서 에피스의 장부금액을 2천 9백억 원대에서 4조 8천억 원대로 재평가했고, 이러한 회계상 투자 이익을 장부에 반영해 4조 5천억 원의 분식회계를 한 것이다. 이것이 금융 당국과 검찰이 지적하는 삼성바이오로직스 '분식회계' 사건이다.

2018년 11월 20일 금융위원회 증권선물위원회는 삼성바이오로직스를 분식회계 혐의로 검찰에 고발했고, 12월 13일 서울중앙지검

14 삼성회계법인과 회계사들에 대한 1차 공판은 2022년 2월 25일에 열렸다.

특수2부(현 반부패수사2부)는 삼성바이오로직스와 삼성물산 등 삼성계열사와 삼정·안진 등 회계법인을 압수수색하면서 삼성바이오로직스 회계 사기에 대한 강제수사에 돌입했다. 회계 사기 의혹과 관련해 삼성바이오로직스 및 에피스의 내부 문건을 은폐, 조작하도록 지시하거나 실행한 혐의로 이미 삼성전자 부사장 등에 대해 1심에서 징역 2년의 실형이 선고됐다. 1장에서 살펴본 대로, 자본시장법상 부정거래행위 및 시세조정, 업무상 배임 혐의로 기소된 이재용 삼성전자 부회장, 최지성 전 미전실장, 김종중 전 미전실 전략팀장은 불구속 기소됐고, 현재 관련 재판이 진행 중이다.

ⓑ 순환출자 해소

순환출자 삼성그룹의 아픈 손가락 같은 문제였다. 따라서 승계 과정에서 순환출자 문제도 해소하는 작업은 2013년 말부터 시작되었다. 이 과정은 (1) 주요 비상장계열사들의 상장, (2) 비금융 계열사와 금융 계열사 간의 출자 정리, (3) 계열사 합병 및 매각을 통한 계열사 정리로 요약할 수 있는데, 이는 실물 지주회사와 금융 지주회사로 삼성그룹의 소유지배 구조를 재편하려는 의도로도 보였다.

먼저, 2013년 12월 1일에 삼성에버랜드가 제일모직의 패션 사업 부문을 넘겨받았다.[15] 동시에 일감 몰아주기 규제 관련 공정거래법 시행령 개정에 대응해, 삼성에버랜드의 급식 사업 및 식자재 유통 관

15 이후 제일모직은 삼성SDI에 흡수합병되었고(2014.03.31.), 삼성SDS도 삼성SNS(삼성네크워크서비스)를 흡수합병 했다(2013.12.17.).

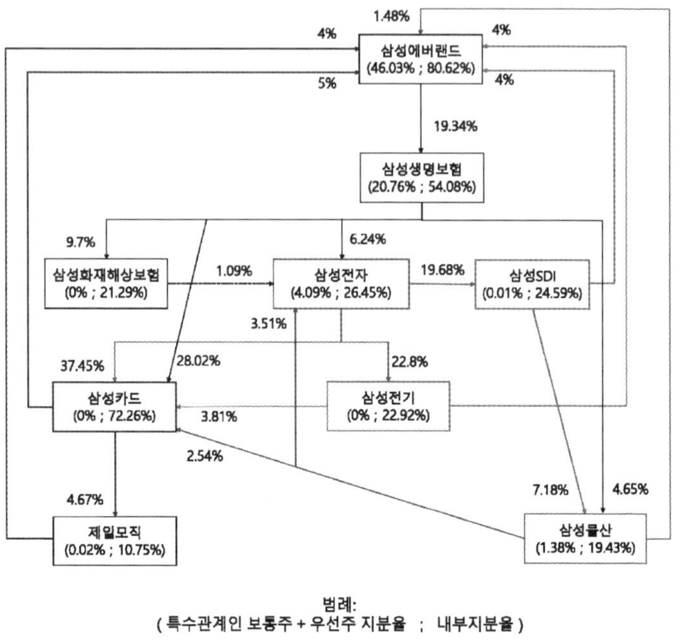

그림 2-4 | 삼성그룹 순환출자 구조(2013. 04. 01.)

련 사업 일체를 분할하여 삼성웰스토리(분할 신설 회사)를 설립했으며, 한 달 뒤에는 건물관리 사업 부문을 에스원에 양도했다.

2014년 5월 10일에 이건희 삼성전자 회장이 서울 이태원 자택에서 급성 심근경색으로 쓰러졌는데, 이후 이재용의 경영권 승계를 위한 2단계 소유지배 구조 개편이 급물살을 탔다. 앞서 살펴보았듯이, 2014년 6월에 이 부회장 등 총수 일가와 특수관계인의 지분율이 과반이 넘는 삼성에버랜드의 상장이 결정됐다.[16] 상장 후 삼성에버랜드는 제일모직으로 사명을 변경하고, 제일모직의 유상 증자를 실시

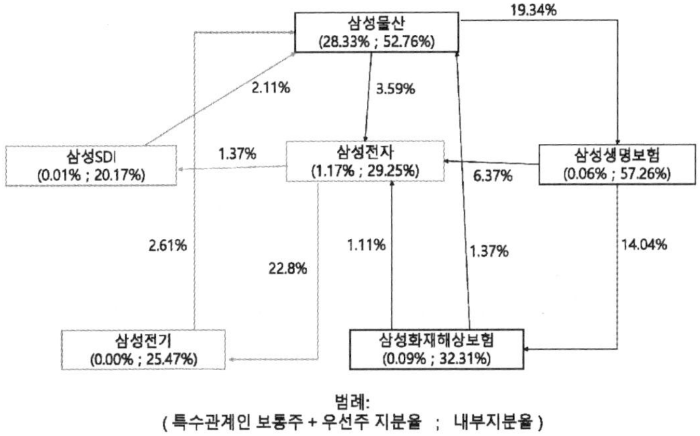

그림 2-5 | 삼성그룹 순환출자 구조(2016. 04.)

한 이후인 2014년 12월 18일에 유가증권 시장에 제일모직이라는 이름으로 다시 상장되었다. 2단계 소유지배 구조 개편의 핵심은 이듬해인 2015년 5월부터 8월까지 이어진 제일모직과 삼성물산의 합병이었다. 이 합병으로, 이재용 일가는 삼성물산 지분을 28.33% 확보했고, 삼성물산은 삼성전자 주식 3.59%를 보유하게 되었다([그림 2-5] 참조).

금융 계열사 지분 정리에서 주목되는 것은 삼성생명을 중심으로 금융 계열사들의 지배관계가 단순화되었다는 점이다. 구체적으로 삼성생명은 삼성카드 주식과 삼성화재해상 보험 주식을 추가로 인수했으며, 삼성증권은 삼성생명과 삼성화재해상 보험으로부터 삼성선물

16 삼성SDS도 2014년 11월 14일에 상장되었다.

지분 100%를 인수했다. 또한 삼성전자를 제외한 삼성그룹 비금융 계열사들이 보유한 삼성카드 주식 전량을 삼성생명에 매각하고, 삼성에버랜드를 제외한 삼성그룹 비금융 계열사들의 삼성생명 주식 전량을 처분했다. 한편 삼성생명은 2011년부터 2015년까지 매년 자사주를 취득해, 보통주 8.71%를 자사주로 보유하게 되었다. 이런 계열사 간 지분 조정은 삼성생명을 중심으로 금융 지주회사를 설립하기 위한 준비 과정으로 이해될 수 있었다. 한편 2015년에 삼성그룹은 한화그룹과 롯데그룹에 방산 부문과 석유화학 분야 계열사들을 매각했다.

이런 준비 작업 끝에 마침내 2016년 11월 29일에 삼성전자는 지주회사 전환을 공식화했다. 그러나 박근혜-최순실 국정농단 사건이 확대되어 이재용 삼성그룹 부회장이 뇌물 공여 혐의로 구속됨으로써

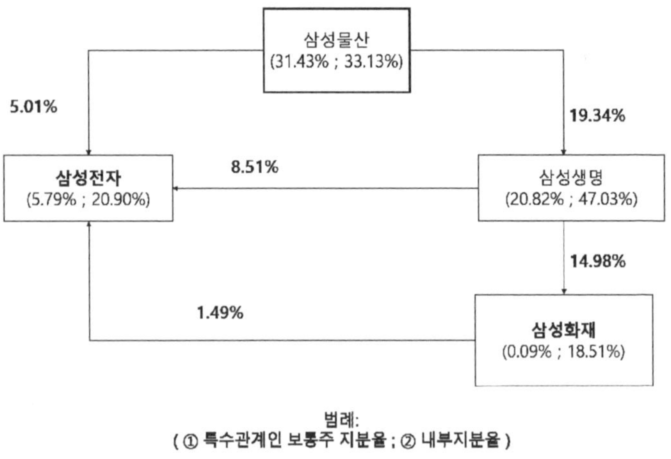

그림 2-6 | 삼성그룹 순환출자 구조(2019.12.)

삼성그룹의 지주회사 체제 전환 계획은 차질을 빚을 수밖에 없게 되었고, 결국 2017년 4월 27일에 삼성전자는 지주회사 전환 철회를 발표하게 된다.

그럼에도 이런 출자 구조 단순화 과정을 거쳐 삼성그룹의 순환출자 구조는 해소되기에 이른다. 2015년 12월 22일에 보도된 공정거래위원회와 민관 합동 태스크포스(TF)의 자료에 따르면, 삼성그룹의 순환출자 개수는 2013년 4월 1일 기준 2,555개에서 2015년 10월 31일 기준 7개로 대폭 감소했다. 결국 삼성SDI와 삼성전기의 삼성물산 지분 보유분을 모두 처분함으로써, 2018년 9월에 삼성그룹의 순환출자는 모두 해소되었다([그림 2-6] 참조).

ⓒ 지분 상속

이재용이 삼성물산과 삼성생명을 실질적으로 지배하기 위한 지분을 확보한다는 2단계 세습의 궁극적 목적은 고 이건희 회장의 주요 계열사 지분에 대한 상속으로 마무리되었다. 삼성전자 등 삼성 주요계열사가 2021년 4월 30일 금융감독원 전자공시 시스템을 통해 최대주주 소유 주식 변동 신고서를 공시한 내용을 살펴보면, 이재용 등 상속인의 주요 삼성계열사 지분 상속은 법정 상속 비율을 대부분 지키면서도 삼성생명 지분 상속만 예외적으로 이뤄졌다. 구체적으로 살펴보면, 이건희 회장이 남긴 주식 재산 중 가장 규모가 큰 삼성전자 지분과 삼성물산 및 삼성SDS 지분도 법정상속 비율대로 이건희 회장의 부인인 홍라희 여사가 9분의 3, 나머지 세 남매가 9분의 2씩 상속받았다. 그러나 삼성전자 지배의 핵심 연결고리인 삼성생명 지

[표 2-3] 고 이건희 회장 지분 상속에 따른 삼성 총수 일가의 지분율 변화[17]

	삼성생명	삼성전자	삼성물산	삼성SDS
이재용	2075만 9,591주 상속	5539만 4,046주 상속	120만 5,720주 상속	2,158주 상속
	0.06% → 10.44%	0.7% → 1.63%	17.33% → 17.97%	
이부진	1383만 9,726주 상속	5539만 4,044주 상속	120만 5,718주 상속	2,155주 상속
	0% → 6.92%	0% → 0.93%	5.55% → 6.19%	
이서현	691만 9,863주 상속	5539만 4,044주 상속	120만 5,718주 상속	2,158주 상속
	0% → 3.46%	0% → 0.93%	5.55% → 6.19%	
홍라희	없음	8309만 1,055주 상속	180만 8,577주 상속	3,233주 상속
		0.91% → 2.3%	0% → 0.96%	

분은 이재용 · 이부진 · 이서현이 각각 3:2:1로 차등 상속받고, 홍라희 여사는 상속에서 제외됐다.

이와 같은 지분 상속 결과, 이재용 일가는 삼성그룹 지배의 정점에 있는 삼성물산 (보통주 기준으로) 지분 31.43%를 확보하는데, 이재용 단독으로는 18.13%를 보유하게 되었다. 따라서 어머니인 홍라희 여사와 두 여동생의 삼성물산 지분을 모두 합친 것보다 약 5%p나 더 보유하게 된 것이다. 또한 이재용은 (보통주 기준으로) 삼성생명 주식 10.44%를 보유하게 됨으로써, 삼성물산의 삼성생명 지분 19.43%와 합해서 단독으로 사실상 30%가량의 의결권을 확보했다. 이로써 이재용이 삼성물산과 삼성생명을 실질적으로 지배할 수 있는

17 금융감독원 전자공시시스템.

지분을 확보한 것이다. 물론 향후에 여동생들에 의한 계열 분리나 보험업법 개정으로 삼성생명의 삼성전자 주식 처분 등의 문제가 발생하면, 주요 계열사들에 대한 지분 변동이 있을 수 있으나, 이재용은 이런 변동에도 큰 무리 없이 대응할 수 있는 기반을 마련한 것으로 평가된다.

삼성웰스토리의 일감 몰아주기

재벌 세습 과정에서 종자기업의 기업가치를 키우거나 캐시카우[18]로 활용하기 위해서 일감 몰아주기가 주로 사용되었다. SK그룹 최태원 회장의 세습 과정에서 SK C&C, 현대자동차그룹 정의선 회장의 세습 과정에서 현대글로비스 등의 일감 몰아주기가 사회적으로 문제가 되었듯이, 삼성그룹 이재용의 세습 과정에서도 삼성에버랜드와 삼성SDS로 일감 몰아주기가 활용되었다는 합리적 의심이 있었다. 그런데 삼성에버랜드의 급식 부문(삼성웰스토리)에 대한 계열사들의 일감 몰아주기를 통한 부당지원 행위가 최근에 공정위에 의해 적발되었다.

삼성웰스토리는 단체급식 및 식자재 유통 사업 등을 영위하는 사업자로, 삼성에버랜드의 FC(Food Culture) 사업부가 2013년 12월 1일에 물적 분할되어 설립된 삼성에버랜드의 100% 자회사이다. 삼성에버랜드가 삼성웰스토리를 물적 분할한 것은 2013년 공정거래법 개정

18 Cash cow. 돈벌이가 확실히 되는 사업이나 상품을 말한다.

으로 도입된 (구)제23조의2(특수관계인에 대한 부당한 이익제공 등 금지) 규제를 회피하기 위해서였다. 삼성물산-제일모직 합병 이후에 삼성웰스토리는 통합 삼성물산의 100% 자회사로 편입되었다.

인적 분할과 물적 분할

회사를 분할하는 방식은 인적 분할과 물적 분할이 있다. 인적 분할할 경우 분할된 회사들의 주주 구성이 분할 전 회사의 주주 구성과 동일하게 된다. 이에 반해 물적 분할을 하면 물적 분할된 회사는 분할 전 회사의 100% 자회사가 된다.

삼성에버랜드 FC 사업부가 삼성 계열사 사내식당에 제공하는 급식 물량 100%를 수의계약 방식으로 몰아받는 방식을 통해 성장하면서 삼성에버랜드의 캐시카우 역할을 하고 있었다는 의혹은 상당 기간 지속되었다. 그런데 2012년 10월 이후 삼성에버랜드(삼성웰스토리)가 제공하는 급식 품질에 대한 직원들의 불만이 급증함에 따라, 삼성에버랜드는 불만에 대처하기 위해 식재료비를 추가 투입하게 되었고, 그 결과 이윤율이 급감하게 되었다.

이러한 상황에서 삼성그룹 미전실의 개입하에, 삼성전자, 삼성디스플레이, 삼성전기, 삼성SDI 등 삼성그룹 4개 계열사는 2013년 이후 식재료비 마진율을 25% 보전하는 조건과 동종업계 단가제 계약 방식에는 없는 위탁수수료 지급 등의 거래조건이 포함된 「급식 단가 계약구조 변경안」을 확정했고, 이런 조건에 따라 2013년 이후 2019년까지 자신들의 급식거래 물량 100%를 삼성웰스토리에 위탁했다.

삼성웰스토리는 비경쟁 방식의 내부거래를 통해 현저한 규모의 물량을 파격적으로 유리한 조건으로 거래함으로써, 상위 11개 급식사업자들의 영업이익률(3.1%)보다 매우 높은 영업이익률(15.5%)을 실현하였다. 삼성웰스토리가 2013년부터 2019년까지 삼성전자 등 4개사와의 거래를 통해 얻은 총 영업이익(4859억 원)은 같은 기간 단체급식 시장 전체 영업이익 합계액의 39.5%에 달했다. 삼성웰스토리는 부당지원 행위를 통해 높아진 경쟁여건과 내부시장의 안정적 이익을 바탕으로 2013년부터 2019년까지 단체급식 시장에서 매출액 기준 1위 사업자의 지위를 유지했고, 2013년을 기점으로 2014년부터 웰스토리가 단체급식 시장 전체 영업이익에서 차지하는 비중은 11개 경쟁 사업자들의 단체급식 시장 전체 영업이익에서 차지하는 비중을 상회하기 시작했다.

2021년 6월 24일 공정위 전원회의는 2013년 4월부터 이들 4개 계열사가 삼성웰스토리에 사내급식 물량 100%를 수의계약 방식으로 몰아주면서 부당지원 한 것으로 결론 내리고, 총 2349억 원의 과징금을 부과하는 동시에 삼성전자와 최지성 전 미전실장을 고발 조치한다고 발표했다.

삼성에버랜드의 사업 부문(자회사 포함) 중 계열사와 대규모 거래를 통해 안정적 영업이익을 창출할 수 있는 부문은 삼성웰스토리가 사실상 유일했는데([표 2-4] 참조), 부당지원 행위를 통해 확보한 삼성웰

[표 2-4] 삼성물산 사업부별 영업이익 기여도(단위: 백만 원)[19]

부문		구분 금액	'15년(52기)		'14년(51기)		'13년(50기)	
			비중	금액	비중	금액	비중	
舊 삼성물산 부문	건설	매출액	4,243,962	31.80%	–	–	–	–
		영업손익	–130,154	–	–	–	–	–
	상사	매출액	3,596,942	26.95%	–	–	–	–
		영업손익	52,337	–	–	–	–	–
제일모직 (삼성에버랜드) 부문	패션	매출액	1,738,256	13.03%	1,850,961	36.02%	171,635	4.82%
		영업손익	–8,943	–	56,044	26.24%	4,566	2.63%
	건설	매출액	1,598,842	11.98%	1,288,133	25.07%	1,546,719	43.45%
		영업손익	52,784	–	75,124	35.18%	129,420	74.52%
	레저	매출액	426,063	3.19%	429,649	8.36%	409,331	11.50%
		영업손익	–18,599	–	13,677	6.40%	20,520	11.82%
	급식	매출액	1,686,661	12.64%	1,569,594	30.55%	1,432,091	40.23%
		영업손익	109,564	295.0%	117,883	55.20%	86,464	49.49%
	바이오	매출액	53,949	0.40%	–	–	–	–
		영업손익	–19,851	–	–	–	–	–
합계 영업손익		매출액	13,344,675	100.00%	5,138,337	100.00%	3,559,776	100.00%
		37,138	–	213,548	100.00%	173,672	100.00%	

스토리의 수익을 바탕으로, 삼성에버랜드는 바이오, 패션 등 신사업에 투자할 수 있었다.[20]

삼성웰스토리로의 역대급 일감 몰아주기는 이재용 일가에 안정적인 배당을 주었고, 2015년 7월 제일모직과 삼성물산의 합병 때 제일모직의 고평가된 합병 비율을 합리화하는 빌미가 되었다. 2015년부

19 공정거래위원회 심사보고서, 2018내부2188.

20 삼성에버랜드는 2011년 4월 21일부터 2015년 8월 20일까지 삼성바이오로직스에 총 5457억 원을 출자했다.

터 2019년까지 총수 일가가 최대주주로 있던 삼성물산은 웰스토리가 벌어들인 당기순이익의 상당 부분을 배당금(총 2758억 원)으로 수취하였다. 또한 제일모직이 합병을 앞두고 2015년 5월경 삼정 회계법인 등에 의뢰하여, 제일모직과 삼성물산의 주당가치를 평가한 보고서를 작성했는데, 제일모직의 전체 영업가치 14조 3611억 원에서 바이오 부문(삼성바이오로직스)이 8조 5643억 원(59.6%), 삼성웰스토리 부문이 2조 7860억 원(19.4%), 패션 부문이 1조 5079억 원(10.5%)으로 이들 3개 부문이 전체 영업가치의 약 90%를 차지했다. 따라서 삼성웰스토리 부문의 가치(약 2조 8000억 원)가 피합병회사 삼성물산의 가치(약 3조 원)와 큰 차이가 없을 정도로 높게 평가되었던 것이다.

합병 이후에도 삼성웰스토리는 대규모 자금 수요와 배당 확대 정책에 대응하기 위한 자금조달 창구로서의 역할을 계속했다. 통합 삼성물산은 해외건설 부문의 적자(7223억 원), 대규모 자사주 매입, 주식매수청구권 대응에 따른 자금집행, 삼성바이오로직스 유상증자 참여 및 실적 부진 등으로 현금 흐름이 악화된 상황에서, 주식매수청구권 방어 및 합병 성사를 위해 2015년 7월 24일부터 10월 8일까지 삼성물산은 자사주 250만 주를 약 4090억 원에 매입했다. 또한 엘리엇 메니지먼트 등 합병에 반대하는 주주들의 주식매수청구권 행사에 대응하여 6751억 원, 합계 1조 841억 원을 투입했다. 여기서 그치지 않고, 삼성물산은 2018년 1월 8일 이사회를 열어 향후 3년간 매년 3300억 원(주당 2,000원)을 주주들에게 배당하기로 결정했다. 그런데 이러한 배당 정책이 실현되기 위해서는, 삼성물산이 삼성전자로부터 3년 평균 3709억 원의 배당을 받고, 삼성물산이 3년 평균 매년 1조 1759억 원의 세전이익(자회사 포함)을 실현해야 했으며, 3년 평균 1116억 원에 해당하는 금액이 삼성웰스토리로부터 확보되어야 했다.

삼성웰스토리 일감 몰아주기에 대한 공정위 전원회의는 5월 26일과 6월 2일 두 차례나 열렸고, 두 번째 전원회의 이후 곧바로 공정위는 삼성 측의 동의 의결[21] 신청을 받아들이지 않기로 결정했다. 그러나 최종 제재 결정이 나오기까지 3주가 더 걸렸다. 결국 삼성웰스토리 부당지원에 대해 역대 최대 과징금이 부과되었으나, 형사처벌과 관련해서는 삼성전자와 최지성 전 미전실장을 고발 조치 하는 데 그쳤다. 공정위 조사에 불응해도 고발당하지 않는다는 선례를 남길 수 있다는 우려에도 불구하고, 2018년 5월에 삼성전자 수원 사업장의 경쟁 입찰 중단을 지시했음이 확인되었으나 소환 조사에 불응한 정현호 삼성전자 사업지원TF 사장을 고발 조치 하지 않은 것은 이해하기 힘든 결정이었다.

또한 역대급 일감 몰아주기가 이재용 일가에 안정적인 배당을 보장하는 핵심 캐시카우 역할을 했고, 제일모직과 삼성물산의 합병 때 고평가된 제일모직의 합병 비율을 합리화하는 빌미가 되었다는 판단에도 불구하고, 공정위는 삼성웰스토리 일감 몰아주기와 이재용 경영권 승계 사이에 관련성은 없다고 방어막을 쳤다. 백번 양보해도, 경영권 승계와의 관련성이 명확히 입증된 것은 아니라고 말할 수는

21 사업자 행위의 위법 여부를 확정하지 않고 문제가 되는 행위를 사업자가 자발적으로 시정하도록 하는 조치다.

있겠지만, 관련성이 없다는 판단은 비합리적이었다. 만약 논란에 휩싸인 기업집단이 삼성이 아니고 이재용 승계와 관련하여 현재 진행 중인 재판이 없었다면, 동일한 사안에 대해 공정위 전원회의가 이런 결론을 내렸을지 의문이다.

현대자동차그룹의 딜레마

여러 가지 논란과 사법적 문제를 일으켰던 SK그룹의 최태원 회장은 세습이 이미 마무리되었고[22] 삼성그룹 이재용도 세습이 어느 정도 마무리 단계에 접어든 것과 대조적으로, 현대자동차그룹의 정의선 회장의 세습은 아직도 진행 중이다.

현대자동차그룹은 2018년 봄에 현대모비스와 현대글로비스의 분할합병을 추진했다. 정몽구가 10억 원, 정의선이 15억 원을 출자하여 설립된 자본금 25억 원의 현대글로비스는 현대자동차그룹의 일부 계열사 제품의 생산·판매에 부수하는 완성차 배달 탁송, 철강 운송 등 각종 물류 업무를 비경쟁적인 사업 양수 또는 수의계약의 방식을 통하여 계열사들로부터 일감을 몰아 받아 폭풍 성장을 했다. 2013년 공정거래법 개정으로 사익 편취를 위한 일감 몰아주기가 규제되면서, 현대글로비스에 대한 총수 일가의 지분은 29.99%로 줄어들었으나,[23] 여전히 현대글로비스는 정의선으로의 세습에서 핵심적인 역할

22 자세한 내용은 박상인, 『벌거벗은 재벌님』(2012) 참고.

23 한편 현대글로비스는 2022년 1월 5일에 정의선 부자가 현대글로비스 지분 약 10%를 국제 사모펀드 운용사 칼라일그룹에 매각했다고 공시했다. 이번 매각으로 정의선 회장 지분

을 하는 기업이다.

현대모비스와 현대글로비스의 분할합병안은 현대모비스의 모듈 및 AS부품 사업부를 인적 분할하여 현대글로비스와 합병하는 방안으로, 제일모직과 삼성물산의 합병처럼 정몽구로부터 정의선으로의 현대자동차그룹 세습을 위한 소유지배 구조 재편의 핵심이었다. 현대모비스와 현대글로비스는 이러한 분할합병 계약을 2018년 3월 28일에 체결하였고, 같은 날 각각 이사회를 개최해 이 분할합병안을 승인했다. 분할합병은 최종적으로 두 회사 주주총회의 승인을 받아야 하는데, 그 주주총회는 5월 29일에 예정되어 있었다.

분할합병안의 핵심인 현대모비스 분할 사업 부문과 현대글로비스의 합병 비율은 0.61대 1로 결정됐다. 비상장회사로 간주되는 현대모비스 분할 사업 부문과 상장회사인 현대글로비스의 합병 비율은 전문 회계법인이 자본시장법에 준거, 각각 본질가치 및 기준 주가를 반영해 산정했다고 현대자동차그룹은 발표했다. 분할합병 이후에 총수 일가는 기아자동차에 합병 현대글로비스 지분을 매각하고, 그 대금으로 기아자동차, 현대글로비스, 현대제철 각 사가 보유한 현대모비스 지분을 매입함으로써 정의선의 세습을 완성하는 계획이었던 것이다. 총수 일가와 그룹사 간 지분 매입·매각을 통해 기존 순환출자 고리도 모두 끊게 된다.

그러나 이 분할합병 비율도 정의선에게 유리하고 현대모비스 소

만 19.99%만 남아도, 2021년 12월 30일부터 시행된 개정 공정거래법에 따른 총수 일가 사익편취 규제 대상에서 제외됐다.

수주주들에게는 불리한 수치라는 비판이 거세게 제기되었다. 현대글로비스의 1주당 가치는 154,911원으로 계산되었으므로, 이 분할합병 비율은 현대모비스 분할 사업부의 가치를 주당 95,242원(154,911 × 0.6148203)으로 인정했다는 의미가 된다. 이는 현대자동차그룹이 현대모비스의 분할 사업부의 가치를 전체 현대모비스의 40.12%라고 계산했음을 함의한다. 그런데 홍순탁 회계사의 분석에 따르면,[24] 분할 사업부가 현대모비스 영업이익의 대부분을 차지하며, 현대모비스 존속법인의 영업이익률이 0%에 가까울 정도로 존속법인 영업 자산의 수익성이 매우 낮았다. 또한 별도 재무제표나 연결 재무제표[25] 기준으로 기업가치 재구성 시, 분할 사업부는 현대모비스 전체 가치의 53.1~57.7%의 비중을 차지하고 있어, 현대자동차그룹이 제안한 40.12%의 비중과는 큰 괴리를 보였다. 결국 현대모비스 분할 사업부의 가치가 심각하게 저평가되었을 수 있다는 것이다. 합병 결의 당시에 현대모비스의 기업가치는 23.11조 원, 현대글로비스의 기업가치는 5.81조 원이었다. 따라서 합병 글로비스로 이전되는 현대모비스 분할 사업부의 실제 가치가 11.55조 원(전체의 50%)이라면, 현대모비스 주주는 2.28조 원(11.55조 원-전체의 40.12%인 9.27조 원)만큼 손해를 보게 되고, 합병 현대글로비스 주주는 그만큼의 이득을 보게 된다. 총수 일가의 두 회사 지분율 차이는 8.88%이므로 이러한 총 이득의 8.88%

24 홍순탁, 「현대글로비스·현대모비스 분할합병비율 적정성 검토」(2018).

25 연결 재무제표는 지배기업과 종속기업의 (자산, 부채, 자본, 이익 등) 재무정보를 하나로 합산한 후 내부거래 등을 제거한 재무제표인 반면에, 별도 재무제표는 지배기업의 재무정보만 표시한다.

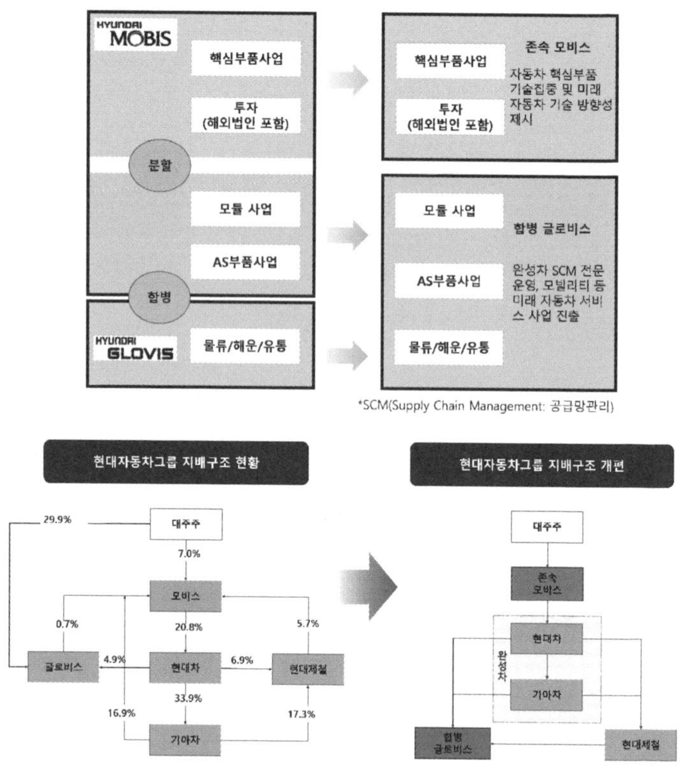

그림 2-7 | 2018년 현대모비스-현대글로비스 분할합병 계획[26]

인 2027억 원은 총수 일가에 귀속되는 것이었다.

결국 합병 비율에 대한 논란으로 현대자동차그룹은 현대모비스와 현대글로비스의 분할합병안을 포기하게 되었다. 제일모직-삼성물산 합병 비율에 대한 문제 제기와 이를 둘러싼 주가 조작 및 분식

26 현대·기아차, 보도자료「현대자동차그룹, "출자 구조 재편" 추진」(2018.03.28.).

회계 수사가 진행 중이라는 사실이 정의선에게 부담이 되었을 뿐 아니라, 실제 현대모비스 주주총회에서 분할합병 계획이 승인을 받을 수 있을지도 불확실했기 때문이었다.

그런데 이와 같은 방법으로 현대자동차그룹이 분할합병을 시도한 또 다른 이유는 지주회사 규제를 회피하기 위해서였다. 현대자동차그룹 총수 일가는 지주회사 지정제도의 맹점을 이용해 금산분리·공동출자 문제 해소 등 각종 지주회사 관련 규제를 회피하려고 한 것이다. 현재 현대자동차와 기아차는 많은 계열사에 공동으로 출자하고 있는데, 이를 해소하기란 쉽지 않다. 또한 지주회사가 규제를 받게 되면, 현대캐피탈과 현대카드 같은 금융회사를 동시 보유할 수도 없게 된다. 현대자동차그룹이 존속 현대모비스를 지주회사가 아닌 '지배회사'라고 부른 것은 지주회사 체제로 전환하지는 않겠다는 의중을 보인 것이라고 판단된다.

현대자동차그룹의 경우에는 정의선이 회장으로 취임해 실제로 경영권을 행사하고 있으나, 그룹 지배 지분의 세습까지는 아직 이뤄지지 않은 실정이다. 현대자동차그룹의 세습 문제와 더불어 삼성그룹의 향후 남매간 계열 분리와 보험업법 개정 문제까지 고려할 때, 재벌의 소유지배 구조에 대한 개혁 정책을 효과적으로 실행할 수 있는 정책 공간은 아직 열려 있다고 판단된다.

더 알아보기

○ 지주회사 규제의 변천

지주회사는 주식 소유를 통하여 국내 회사의 사업 내용을 지배하는 것을 주된 사업으로 하는 회사를 의미한다. 현행 공정거래법(법 제2조 및 시행령 제13조)은 자산 총액이 5천억 원 이상인 회사가 자회사를 소유하면서 자회사의 주식 가액의 합계액이 해당 회사의 자산 총액의 50% 이상이면 지주회사로 지정한다. 따라서 지주회사 체제 재벌이라고 해도 모든 계열사가 지주회사 밑에 속하지 않을 수 있고, 실질적으로 지주회사 역할을 하는 기업도 지정 요건을 회피해 지주회사로 지정되지 않을 수 있다는 맹점이 발생한다.

1980년 12월 31일 「공정거래법」 제정 당시에는 지주회사에 관한 규정이 없었고, 1987년 제1차 공정거래법 개정으로 지주회사의 설립이 원칙적으로 금지되었다. 그러나 1997년 외환위기 이후 기업 구조조정이 추진되면서 지주회사 제도가 구조조정에 효율적이며 투명한 기업구조 정착에 기여할 수 있다는 이점이 부각되었고, 일본이 1997년 「독점금지법」 개정으로 지주회사 설립을 허용한 점도 영향을 미쳐 1999년 2월 공정거래법 개정으로 지주회사 설립이 허용되었다.

그러나 지주회사는 피라미드 구조를 이용하여 적은 비용으로도 여러 개의 자회사와 손자회사 등을 거느릴 수 있어 과도한 계열 확장과 경제력 집중의 수단으로 악용될 우려가 있으므로, 대신 각종 행위에 제한 규정을 두어 지주회사 체제를 이용한 무분별한 계열 확장과 경제력 집중의 폐해를 방지하고자 하였다. 구체적으로, 공정거래법은 지주회사에 대해 일정 비율 이상으로 자회사 주식을 소유하도록 하고 부채비율 제한, 비계열회사 주식 소유 제한, 자회사 외의 계열회사 주식 소유 금지, 금융지주회사의 비금융회사 주식 소유 금지 및 일반 지주회사의 금융회사 주식 소유 금지 등의 행위 제한 규정을 두고 있다. 자회사 역시 손자회사에 대하여 유사한 행위 제한을 받는다.

그런데 지주회사 설립 또는 전환이 법적으로 허용된 이후에도 지주회사를 설립하거나 지주회사로 전환하는 기업이 많지 않자, 정부는 2007년 지주회사의 설립 및 전환을 촉진하고 재벌의 단순 투명한 소유지배 구조 정착을 유도한다는 목적하에 지주회사 행위 제한 규제를 상당히 완화하였다. 2007년 법 개정으로 지주회사의 부채비율 한도가 100%에서 200%로 완화되었으며, 지주회사로 하여금 자회사가 상장회사일 경우에는 30%, 비상장회사일 경우에는 50% 이상의 지분을 보유하도록 했던 규정도 각각 20%와 40%로 완화되었다. 또 자회사와 손자회사 간 사업 관련성 요건이 폐지되었으며, 100% 지분을 보유할 시 손자회사가 거느릴 수 있게 되었다. 결국 지주회사 제도 도입 시의 지주회사-자회사 2층 구조를 지주회사-자회사-손자회사 3층 구조로 완화한 것이다.

3장

재벌 공화국이 왜 나쁜가?

“경제력 집중은 결국
경제 권력을 낳고,
경제 권력이 된 재벌은
민주주의와 시장경제에
근본적인 위협이 되고 있다.”

1장에서는 사법·정치·행정·언론이 재벌에 의해 포획된 증거와 사례들을 통해서 재벌 공화국의 실상을 살펴봤다. 이런 재벌 공화국이 만들어진 근본적 이유가 바로 재벌에 의한 경제력 집중 때문인데, 2장에서는 1960년대 이후 한국의 경제 발전을 이끌어 왔던 정부 주도-재벌 중심의 발전 전략의 결과로 재벌의 경제력 집중이 심각해졌고 재벌 세습을 통한 재벌 공화국이 지속되고 있음을 살펴보았다.

그렇다면 경제력 집중과 재벌 공화국이 왜 나쁜 것인가? 여기서는 재벌의 경제력 집중이 민주주의와 시장경제에 대한 근본적 위협임을 20세기 초 미국의 진보적 운동과 뉴딜 정책을 통해 살펴보고, 이것이 현재 한국 경제에서 총수 일가의 사익 편취와 경제적 불평등의 심화라는 해악으로 구체적으로 드러나고 있음을 살펴본다.

1. 경제력 집중과 경제 권력

경제력 집중의 의미[1]

20세기 초 미국에서는 장치 산업을 중심으로 거대 기업이 출현하면서 경제력의 존재 자체가 가져올 경제적·정치적 폐해에 대한 우려가 일기 시작했다. 당시 윌리엄 제닝스 브라이언(William J. Bryan), 우드로 윌슨(Thomas W. Wilson) 등의 민주당 지도자들과 시어도어 루즈벨트(Theodore Roosevelt) 같은 공화당의 개혁적 세력의 지지를 받은 진보적 운동(Progressive Movement)은 특정인에 의한 경제력 집중이 초래할 문제점으로 다음 두 가지를 제기했다.[2]

먼저, '금권 신탁(Money Trust)'에 의한 경제력 집중이 발생한다면 결국 모든 개인의 경제적 미래가 이 신탁을 실질적으로 지배하는 특정인에 의해 사실상 결정될 것이라는 점이다. 즉, 이 특정인의 경제적, 정치적 영향력이 과도하게 커져 결국 사회적 의사결정을 자신의 이해에 따라 좌지우지할 수 있는 게이트키퍼(gatekeeper)가 된다는 것이다. 실제로 진보적 운동의 지도자였던 루이스 브랜다이스(Louis D. Brandeis) 연방 대법원 판사는 '과연 누가 감히 록펠러(John D. Rockefeller)나 모건(John P. Morgan)의 판단에 반대하거나 의문을 표할 수 있을 것인가'라고 반문한 바 있다.

1 박상인, 『이스라엘의 2013 반경제력 집중법: 집행과 함의』(2021)의 일부 내용을 발췌해 재정리한 내용이다.

2 Becht & DeLong, "Why Has There Been So Little Block Holding in America?"(2005).

둘째, 이해충돌의 문제가 발생한다는 점이다. 실제로 JP모건(J. P. Morgan)사가 뉴욕생명(New York Life)에 주식을 판매할 때 JP모건사의 파트너였고 동시에 뉴욕생명의 부사장이었던 퍼킨즈(George W. Perkins)는 높은 가격에 주식을 팔려는 JP모건사와 낮은 가격에 주식을 사려는 뉴욕생명 사이에서 이해충돌을 겪게 되었다. 그러나 결국 뉴욕생명 고객의 대리인으로서 충실의 의무보다 JP모건사의 주인으로서의 이해에 경도되는 이해충돌의 문제가 발생했다는 것이다.

20세기 초반에 미국은 일련의 입법과 사법적 판결을 통해 경제력 집중의 문제를 해소했는데, 가장 대표적인 사례가 바로 미국 대법원이 1911년에 스탠더드오일(Standard Oil)을 분할한 사건이다. 스탠더드오일은 록펠러가 1870년에 미국 오하이오주에 설립한 석유 생산, 운송, 정유 및 판매 회사였다. 스탠더드오일은 정유사업 부문에서 수평적 기업결합과 수직적 통합을 통해 석유 제품 시장의 지배적 사업자가 되었고, 1899년에 지주회사인 뉴저지스탠더드오일회사(Standard Oil Co. of New Jersey)로 법적 지위를 변경한 후 피라미드 출자 구조를 이용해 41개의 계열사를 거느린 기업집단이 되었다. 1904년 스탠더드오일은 미국 정유 생산의 91%와 판매의 85%를 차지했는데, 결국 1909년 미국 법무부에 의해 셔먼법(Sherman Antitrust Act, 1890년 제정)[3] 위반 혐의로 법원에 제소되었다. 4년간의 심리 끝에 미국 대법원은

3 셔먼법은 1880년 오하이 오주 상원의원인 존 셔먼(John Sherman)에 의하여 법안이 제출되어 1890년에 제정되었으며, 미국의 각 주간 또는 외국과의 거래를 제한하는 생산 주체들의 연합을 제한하고 미국에서 이루어지는 거래 또는 통상에 대한 독점을 제한한다. https://m.lawtimes.co.kr/Content/Opinion?serial=142441

1911년 5월 15일에 스탠더드오일을 90개의 독립 기업으로 분할할 것을 명령했다.

그런데 스탠더드오일의 분할이 이뤄진 이후에, 피라미드 구조를 가진 기업집단들이 1920년대에 급속히 증가했다. 관련 연구[4]에 의하면, 1930~40년대 미국에는 대규모 피라미드 조직을 가진 기업집단이 50개 이상 있었고, 이들 기업집단에 소속된 회사들은 주로 제조업, 철도, 전기·가스 등의 공공 유틸리티 산업에서 사업을 영위하고 있었다. 또한 미국 제조업 회사 중 상위 절반 정도에 속하는 회사와 큰 금융회사들이 이런 기업집단에 포함되어 있었다. 그런데 당시 미국 대기업집단은 몇 가지 독특한 특성도 가지고 있었다. 첫째, 몇몇 기업집단은 다각화된 사업 영역을 지닌 반면, 대다수는 철도나 공공 유틸리티 산업에서만 대부분의 계열사를 보유했다. 둘째, 절반 정도의 기업집단이 가문에 의해 지배되었으나, 나머지 절반 정도는 지배 가문 없이 상장회사가 소유지배 구조의 정점에 있었다.

기업집단에 의한 경제력 집중이 민주주의와 시장경제에 심각한 위협이 된다는 우려는 루즈벨트(Franklin D. Roosevelt) 대통령의 1938년 의회 연설에서 다음과 같이 잘 표현되어 있다.[5]

"첫 번째 진실은, 사적 권력이 민주 국가 자체보다 더 강력해지는 지

4 Kandel, Kosenko, Morck & Yafeh, "The Great Pyramids of America: A Revised History of US Business Groups, Corporate Ownership and Regulation, 1930-1950"(2018).

5 루즈벨트 대통령은 1938년 연설은 1942년에 *American Economic Review*라는 학술지에 게재되었다.

점까지 이르도록 커지는 것을 용인한다면 민주주의의 자유는 더 이상 안전하지 않다는 점입니다….

오늘 우리 가운데 사적 권력의 집중이 역사상 유래없이 커지고 있습니다. 이런 (경제력)집중은 노동자를 고용하고 자본을 사용하고 국민들 전체에게 소득과 수입을 더욱 공평하게 분배하는 민간 기업의 경제적 효과성을 심각하게 저해합니다…."

이런 문제의식에 따라 뉴딜(New Deal) 기간에 기업집단 해체를 위한 개혁 조치들이 시행되었는데, 피라미드 구조의 기업집단의 해체는 단 하나의 법안만으로 단기간 내에 이뤄진 것은 아니었다. 우선, 1935년에 입법된 「공공 유틸리티 산업 지주회사법(PUHCA: Public Utility Holding Company Act)」은 전기·가스 등 공공 유틸리티 산업에서 상장 지주회사가 상장 자회사에게 출자할 수 있으나, 이 자회사가 다른 상장회사에 출자하는 것은 금지했다. 즉, 상장기업 2층 구조를 이루도록 출자 단계를 직접적으로 제한한 것이다. 또한 공공 유틸리티 기업집단은 오직 하나의 산업에서만 사업을 할 수 있으며, 물리적으로 연결된 인프라구조를 가져야 한다고 규정함으로써 두 개 이상의 주(state)로 기업집단이 확장하는 것을 사실상 금지했다.[6] PUHCA의 집행에 대한 저항은 상당했지만, 1940년 연방 대법원의 판결을 통해 PUHCA가 본격적으로 적용될 수 있었다.

6 이 조항은 "Death Sentense Clause"로 불렸다. Morck, *A History of Corporate Governance Around the World*(2005)에 의하면, 당시 미국의 공익 산업에서는 출자 단계가 10단계나 되는 피라미드식 기업집단도 상당수 있었다고 한다.

공공 유틸리티 산업에서 기업집단의 해체는 PUHCA라는 단일 법안이 시행된 이후 비교적 단기간에 이뤄진 것에 반해서, 그 외의 산업에서는 다양한 법을 통해 좀 더 오랜 기간에 걸쳐 기업집단의 해체가 이뤄졌다. 루즈벨트 정부는 1935년 6월 세법 개정을 통해 기업 간의 배당에 10%의 세율을 부과했는데,[7] 이로 인해 피라미드 단계가 늘어날수록 과세율도 높아지게 됐다. 그런데 이 세법은 자회사에 대한 지분율이 85%를 초과하면 배당소득세에 대한 이중과세를 감면해 주는 당근도 포함하고 있었다. 한편, 1940년에 입법된 「투자회사법(Investment Company Act)」은 지주회사들이 자회사의 지분을 50% 이상 보유하지 않을 경우 이들 지주회사를 폐쇄형 투자펀드(closed-form mutual fund)로 의제하였다. 이 법이 시행된 이후부터 대부분 자회사에 대한 지분은 50% 이상으로 유지되었다. 이 외에도, 1933년 「증권법(Security Act)」과 1934년 「증권거래위원회법(Security and Exchange Act)」의 도입은 주주의 권리를 크게 향상시켜 기업 투명성을 제고하고, 1920년대에 만연했던 터널링(tunneling)[8]을 억제해 기업집단의 해체를 촉진했다는 견해도 있다.[9] 또한 상속세나 경쟁 정책의 시행도 대기업집단에게 우호적이지 않은 환경으로 작용했을 수 있다. 「글래스-스

7 1936년에 이 세율은 15%로 인상되었다.

8 지배주주가 의결권(voting right)과 배당청구권(cash flow right)의 차이를 이용해 자신의 이익청구권이 낮은 계열사로부터 이익청구권이 높은 계열사로 부(富)를 이전함으로써 자신의 이익을 극대화하는 행위이다.

9 Kandel, Kosenko, Morck & Yafeh, "The Great Pyramids of America: A Revised History of US Business Groups, Corporate Ownership and Regulation, 1930-1950"(2018).

티걸법(Glass-Steagall Act)」으로 더 알려진 1933년의 「은행법」[10]은 상업은행과 투자은행의 겸업을 금지하고 은행 산업 내의 계열화나 은행과 비은행 기업 사이의 복잡한 계열화를 은행 지주회사로 단순화하여 기업집단 전반이 연방준비제도의 감독과 규제를 받도록 했다. 이후 1956년 「은행지주회사법(Bank Holding Company Act)」에 따라 은행을 지배하는 회사(즉, 은행지주회사)는 직간접적으로 비은행회사를 지배할 수 없고, 비은행 업무에 종사할 수 없다는 규정이 도입됨으로써 은산분리가 확립되었다. 관련 연구[11]에서는 이러한 점들을 강조하면서 미국 기업집단의 해체가 15년 이상 소요되었고 여러 규제와 정치적 환경이 종합적으로 작용한 결과라는 결론을 내렸다.

경제력 집중과 정치 엘리트의 교체

앞에서 살펴본 것처럼, 슬프게도 20세기 초 미국의 진보적 운동에서 우려하고 경고했던 경제력 집중의 폐해가 현재 한국 사회에서 고스란히 일어나고 있다. 재벌의 경제력 집중은 법의 지배를 무너뜨리고, 언론의 독립성마저 흔들고 있다. 재벌 총수의 사익을 위한 입법과 정책도 이뤄지고 있는 실정이다. 시장경제와 민주주의의 실체는 사라지고 이름만 남게 되는 것이다. 그런데 이런 재벌 공화국이

10 이 외에도 은행법은 예금자 보호 기관인 FDIC(Federal Deposit Insurance Corporation)의 설립 조항을 포함하고 있었다.

11 Kandel, Kosenko, Morck & Yafeh, "The Great Pyramids of America: A Revised History of US Business Groups, Corporate Ownership and Regulation, 1930-1950"(2018).

만들어진 근본적 이유가 바로 재벌에 의한 경제력 집중 때문이고, 1960년대 이후 한국의 경제 발전을 이끌어 온 정부 주도-재벌 중심의 발전 전략의 결과로 재벌의 경제력 집중이 심각해진 것이다.

1960년 이후 한국의 경제 발전을, 제2차 세계대전 이후 독일의 경제 발전을 '라인강의 기적'이라고 부른 것에 빗대어, '한강의 기적'이라고 부르기도 한다. 1960년 이후 지속적인 고도성장의 결과로, 2010년의 1인당 GDP는 실질소득 기준으로 1960년 수준의 15배 정도로 급성장했으며, 인구도 50년 간 2배로 증가했다. 인구 증가와 1인당 GDP 증가를 고려하면, 1960년에 비해 2010년에 국내총생산은 실질소득 기준 30배 이상 증가했다.[12] 사실 제2차 세계대전 이후의 신생 독립국들 중에서 한국은 예외적으로 지속적인 경제 성장을 이룩한 국가이다. 따라서 한국의 경제 발전은 많은 경제학자들과 언론의 주목을 받았던 것이다.

그렇다면 '한강의 기적'이라고 불린 경제 성장은 어떻게 가능했던 것일까? 1961년 이후 한국 경제의 성장과 산업구조의 변경은 박정희 개발 체제를 통해 이뤄졌는데, 박정희 개발 체제는 '정부 주도-재벌 중심'의 발전 전략이라고 요약할 수 있다. 사실 독재정부가 정부 주도의 경제 발전 전략을 채택한 것은 제2차 세계대전 이후 신생 독립국들에서 흔한 일이었다. 그럼에도 불구하고, 이들 국가들이 지속적으로 경제 발전에 성공한 예는 드물다. 예를 들어, 1970년대에 필리핀의 독재자였던 마르코스 대통령도 박정희의 개발 전략을 수용

12 박상인, 『왜 지금 재벌 개혁인가?』(2017).

해 경제 발전을 이룩하려고 노력한 적이 있다. 그러나 필리핀은 한국과 같은 경제 성장에 이르지 못했다. 한국과 필리핀의 차이점은 무엇이었을까? 이에 대한 필리핀 학자들의 설명은 단순했다. 마르코스 대통령은 사업 특혜를 친인척이나 친구들에게 나눠줬다는 것이다. 따라서 박정희 개발 체제가 성공할 수 있었던 가장 중요한 요소는 바로 친경쟁적 보상체계로 작동한 수출 실적을 바탕으로 한 특혜 정책이었다고 하겠다.

그렇다면 박정희 정권이 수출 실적을 보상의 기준으로 삼았던 이유는 무엇일까? 경제학에서는 경제 성장의 요인으로 물적 자본의 축적, 인적 자본의 축적, 생산기술 향상 및 제도 개선 등을 꼽는다. 그런데 자본, 노동, 기술 등의 요인은 경제 성장의 '근인(根因, proximate cause)'이라고 불린다. 즉, 경제 성장이 이런 요인들에 의해 이뤄지기는 하나, 이런 물적 및 인적 자본 축적과 기술 혁신이 왜 특정 국가 또는 특정 시점에서만 일어나는지에 대한 근본적인 설명이 필요하다는 것이다. 예를 들어, 1960년대 이후 한국의 경제 발전이 물적 및 인적 자본 축적으로 이뤄진 것이라면 왜 필리핀도 동일한 자본 축적을 달성하지 못했는지를 설명할 수 있어야 한다는 것이다. 이런 맥락에서 경제 발전론에서는 경제 발전의 근인의 변화를 가져오는 근본적인 원인을 '심인(深因, fundamental cause)'이라고 부른다.

그런데 경제발전론과 정치경제학의 중흥기를 이끌고 있는 미국 MIT 대학의 아세모글루(D. Acemoglu) 교수와 동료 학자들은 2000년대에 이르러 경제 발전의 심인으로 경제적 제도의 중요성을 실증적으로 입증한 바 있다.[13] 이때 경제적 제도란 경제 주체들의 투자·소비

등에 유인을 제공하는 정책, 규칙, 법 등을 포함하며, 문화와 달리 사회적 의사결정에 의해 즉시 변경 가능하다는 특징을 가진다. 이런 경제적 제도의 핵심은 사유재산권 보호 제도, 특히 사회적 약자가 착취당하지 않도록 보장하는 수직적 의미의 재산권 보호라고 할 수 있다. 아세모글루와 동료 학자들은 서유럽의 식민지배를 경험했던 국가들의 통계 자료를 이용해 이런 수직적 재산권 보호가 잘된 국가들이 경제 발전을 이룩했다는 실증적 증거를 제시했던 것이다.

아세모글루와 동료들이 연구 대상으로 삼았던 사례들에서는 영국에서 발달된 수직적 재산권 보호 제도가 주로 유럽 이민자들로 구성된 정주형(定住形) 식민지에 더 발전된 형태로 이식되었고, 이런 신(新)유럽이라고 불린 국가들에서 경제 발전이 이뤄졌던 것이다. 이에 반해 착취형 식민지에는 착취에 더 적합한 제도가 도입되었고, 이런 착취형 식민지에서 형성된 기득권 세력이 현재까지 득세하는 구조가 지속되고 있다. 따라서 아세모글루와 동료 연구자들의 결과를 좀 더 일반화시켜 이해하자면 실질적으로 사회적 의사결정을 하는 집단인 정치 엘리트의 이해관계에 부합하는 제도가 형성되고, 이런 제도가 결국 경제 발전을 촉진하거나 저해하게 된다는 것이다. 정주형 식민지에서는 공중(公衆)이 정치 엘리트였다면, 착취형 식민지에서는 소수의 식민지 관료들이 정치 엘리트였다고 할 수 있다.

이런 맥락에서 볼 때, 경제 발전 초기 단계에서 한국의 정치 엘리

13 Acemoglu, Johnson & Robinson, "The Colonial Origins of Comparative Development: An Empirical Investigation"(2001).

트를 형성한 군 출신 정치인의 이해관계가 경제 발전과 일치했다고 이해할 수 있다. 부존자원[14]과 해외 원조가 충분하지 않고 경제적 기득권층도 공고하지 않았던 상태에서 자신들의 정치적 정당성을 확보해야 했던 정치 엘리트가 수출주도적 경제 발전 전략에 충실할 수밖에 없었을 것이라는 추론이 가능하다.

그러나 정부 주도-재벌 중심의 발전 전략의 결과로 재벌의 경제력 집중이 심각해지고 1987년 이후 정치적 민주화의 진전으로, 한국 사회의 정치 엘리트가 재벌로 바뀌었다고 판단할 수 있다. 즉 20세기 초 미국의 진보적 운동에서 우려했던 민주적 통제에서 벗어난 경제 권력이 탄생한 것이다. 고 노무현 전 대통령이 "권력은 시장으로 넘어갔다"고 이야기한 적이 있는데, 보다 정확히 말하자면 "권력은 재벌로 넘어갔다"라는 의미였을 것이다.

2. 사익 편취와 황제 경영

경제력 집중은 결국 경제 권력을 낳고, 경제 권력이 된 재벌은 민주주의와 시장경제에 근본적인 위협이 되고 있다. 2장에서 다뤘듯이, 재벌 총수 일가는 경제 권력을 이용해 사익 편취로 막대한 이득을 올리고 이를 불법·편법적 세습에 악용하고 있다. 이 과정에서 기업 거버넌스는 유명무실화되고 있다.

14 경제적으로 이용할 수 있는 지질학적 자원.

총수 일가의 사익 편취

총수 일가의 사익 편취는 다양한 형태로 이뤄지고 있다. 먼저, 2장에서 논의한 삼성그룹 세습 과정에서 제일모직과 삼성물산이라는 계열사 간 기업합병을 통해 총수 일가의 사익 편취가 발생할 수 있음을 살펴봤다. 즉 총수 일가의 배당청구권이 높은 계열사의 주식 교환 비율을 더 유리하게 만듦으로써 다른 계열사 소수주주에게 귀속되어야 할 이익을 편취할 수 있다.

최근에 언론에서 부쩍 많이 보도되고 있는 사익 편취 유형은 총수 일가가 계열사 임원을 지나치게 많이 겸직하거나 급여 및 퇴직금을 지나치게 높게 받아 가는 행위로, 이런 유형의 사익 편취는 해당 계열사의 이익에 반하는 것이다. 한진그룹 조원태 회장의 2020년 보수는 전년 대비 40%가 늘어난 30억 9800만 원이었는데, 코로나19 대유행으로 인한 순환 휴직 등으로 대한항공 사원들의 급여가 평균 15% 감소한 것과 대조적이었다. 호텔신라의 2020년 매출은 3조 1881억 원으로 44.2% 감소했고, 영업손실은 1853억 원이었으나, 이부진 사장의 연봉은 급여 11억 8400만 원과 상여금 37억여 원 등 모두 48억 9000여 만 원으로 전년보다 52.6% 증가했다. 이에 반해, 호텔신라 직원들의 연봉은 평균 15.3% 감소했다.

지나치게 관대한 퇴직금도 계속 논란이다. 회삿돈 49억 원을 횡령해 실형을 받은 전인장 삼양식품 전 회장은 2020년에 퇴직금만으로 141억 원을 받았으며, 허창수 GS 명예회장은 퇴직금 97억 원을 포함해 159억 원의 보수를 받았다. 2019년 4월 별세한, 조원태 한진그룹 회장의 부친인 고 조양호 회장도 대한항공과 한진칼 등 5개 계열사로부터 퇴직금 647억 원을 지급받았다. 2018년에는 이웅열 전 코오롱그룹 회장이 퇴직금을 포함해 모두 455억 원의 보수를 받아 논란이 일었다. 재벌 총수들의 퇴직금이 이처럼 엄청난 것은 퇴직금 적립 배수가 높기 때문인데, 평사원의 경우 해마다 1개월 치 급여가 퇴직금으로 적립되는 반면에 총수들은 월평균 급여의 3~6배로 적립받고 있다.

그러나 2장에서 살펴본 삼성웰스토리 사례처럼, 총수 일가 사익편취의 대표적 유형은 계열사 간 내부거래를 통한 터널링이라고 할 수 있다. 재벌 계열사 간의 일감 몰아주기를 통해 총수 일가가 사익을 편취하는 행위는 2012년 대선에서도 주요 경제 이슈 중 하나였다. 여야 대선 후보 공히 이에 대한 규제를 공약했는데, 그 결과로 2013년 8월에 공정거래법에 '제23조의2'(현재 제47조)가 새로이 도입되었다. 이를 위반할 경우 공정위는 공정거래법 제24조(현재 제49조)에 따라 해당 특수관계인(총수 일가)에 대한 부당한 이익제공 행위의 중지 및 재발 방지를 위한 조치, 계약 조항의 삭제, 시정명령을 받은 사실의 공표, 기타 시정을 위한 필요한 조치를 명할 수 있으며, 동 법 제24조의2(현재 제50조) 제2항에 의해 과징금을 부과할 수 있다. 그러나 동 조항과 그 시행령은 두 가지 측면에서 실효성 있는 규율에 실패했다.

공정거래법 제47조(구법 제23조의2)

(특수관계인에 대한 부당한 이익제공 등 금지)

① 공시대상기업집단(동일인이 자연인인 기업집단으로 한정한다)에 속하는 회사는 특수관계인(동일인 및 그 친족에 한정한다. 이하 이 조에서 같다)이나 특수관계인이 대통령령으로 정하는 비율 이상의 주식을 보유한 계열회사와 다음 각 호의 어느 하나에 해당하는 행위를 통하여 특수관계인에게 부당한 이익을 귀속시키는 행위를 하여서는 아니 된다. 이 경우 각 호에 해당하는 행위의 유형 또는 기준은 대통령령으로 정한다. <개정 2017. 4. 18.>

1. 정상적인 거래에서 적용되거나 적용될 것으로 판단되는 조건보다 상당히 유리한 조건으로 거래하는 행위
2. 회사가 직접 또는 자신이 지배하고 있는 회사를 통하여 수행할 경우 회사에 상당한 이익이 될 사업기회를 제공하는 행위
3. 특수관계인과 현금, 그 밖의 금융상품을 상당히 유리한 조건으로 거래하는 행위
4. 사업능력, 재무상태, 신용도, 기술력, 품질, 가격 또는 거래조건 등에 대한 합리적인 고려나 다른 사업자와의 비교 없이 상당한 규모로 거래하는 행위

② 기업의 효율성 증대, 보안성, 긴급성 등 거래의 목적을 달성하기 위하여 불가피한 경우로서 대통령령으로 정하는 거래는 제1항 제4호를 적용하지 아니한다.

③ 제1항에 따른 거래 또는 사업기회 제공의 상대방은 제1항 각 호의 어느 하나에 해당할 우려가 있음에도 불구하고 해당 거래를 하거나 사업기회를 제공받는 행위를 하여서는 아니 된다.

④ 특수관계인은 누구에게든지 제1항 또는 제3항에 해당하는 행위를 하도록 지시하거나 해당 행위에 관여하여서는 아니 된다.

출처: 국가법령정보센터

먼저, 사익 편취를 위한 일감 몰아주기 규제의 대상이 되는 기업이 총수 일가 지분율이 상장회사의 경우 30%, 비상장회사의 경우 20% 이상인 계열사로 한정되었다. 이런 규제 대상의 지정은 동 조항이 적용되기 시작한 2014년 2월 이전에 규제 대상 기업들이 총수 일가의 지분 매각, 비상장회사의 상장 등을 통해 규제를 회피할 유인을 제공하였다. 실제로 2018년 6월에 발표된 공정위의 보도자료[15]는 이런 규제 회피 사례들을 예시하고 있다.

예를 들어, HDC(현대산업개발)그룹의 HDC아이콘트롤스는 규제 시행 이전에 총수가 51.1%의 지분율을 유지하다가, 규제 시행 직후인 2014년 7월에 계열사에 지분 6.99%를 처분하여 44.1%로 지분율을 감소시키고, 다시 2015년에 유상증자로 총수의 지분율을 44.1%에서 29.9%로 감소시킨 후에 회사를 상장하여 사익 편취 규제 대상에서 벗어났다. 이에 반해 2013년부터 2017년까지 내부거래 규모는 1.9배(878억 원 → 1725억 원) 증가했으며, 내부거래 비중도 50~70%대로 매우 높은 수준을 유지하고 있다. 현대자동차그룹의 이노션은 100%

15 공정거래위원회, 보도자료 「2014년 사익 편취 규제 도입 이후 내부거래실태 변화 분석 결과」(2018.06.25.).

총수 일가의 지분으로 설립된 후 2013년부터 2015년까지 총수 일가의 지분 매각(매각 후 지분율 29.9%) 및 상장(2015년 7월)을 통해 사익 편취 규제 대상에서 벗어났다. 그러나 2013년부터 2017년까지 내부거래 규모는 약 1.7배(1376억 원 → 2407억 원) 증가했으며, 내부거래 비중은 40%대 수준을 유지하다가 2015년부터 50%를 초과했다. 삼성그룹의 삼성웰스토리는 1982년 그룹 내 연수원의 급식 및 식음료 서비스 업체에서 시작했는데, 사익 편취 규제의 도입 직전인 2013년에 물적 분할을 통해 삼성에버랜드(현 삼성물산)의 100% 자회사가 됨으로써 규제 대상에서 벗어났다. 내부거래 비중은 꾸준히 36~40% 수준으로 유지되었으며, 전체 매출액(2017년 기준 1.73조 원)의 1/3 이상이 계열사와 수의계약을 통해 이루어졌다. 특히 연간 당기순이익 대부분을 배당으로 지급하고 있어 배당 성향(배당 지급률)이 2017년 기준 114.6%로 상당히 높다.[16] 따라서 공정위도[17] "사익 편취 규제 시행 이후 규제 대상 회사의 내부거래 비중은 일시 하락하였다가 증가세로 반전되었고, 사각지대 회사들은 처음부터 내부거래 비중이 규제 대상을 상회하는 상태가 지속"되고 있음을 인정했다.

이와 같이 규제 대상 기업들의 적극적인 규제 회피로 인해 (구)공정거래법 (구)제23조의2의 적용 사례는 드문 형편이다. 2017년에 이르러서야 공정위는 제23조의2를 적용한 첫 사례로 대한항공 사

16 2017년 상장사 평균 배당 성향은 16.2%였다.

17 공정거래위원회, 보도자료 「2014년 사익 편취 규제 도입 이후 내부거래실태 변화 분석 결과」(2018.06.25.).

건을 의결한 바 있다.[18] 그러나 2017년 9월 1일에 (구)공정거래법 제23조의2를 적용한 첫 번째 판결로서, 서울고등법원(이하 '서울고법')은 대한항공과 싸이버스카이 및 유니컨버스 간의 내부거래(일감 몰아주기)에 대한 공정위의 시정명령 및 과징금 부과 처분을 취소한다고 선고하였다.[19]

이와 같은 서울고법의 판결은 총수일가의 사익 편취 규제 적용과 관련하여 총수 일가의 지분율 요건 및 각 호의 행위요건을 충족시키는 경우, 곧바로 위법성이 인정될 수 있는 것인지, 아니면 '부당이익 귀속성'에 대한 별도의 판단이 필요한 것인지 여부에 대한 법원의 기준을 처음 제시한 것이었다.

싸이버스카이는 조양호 회장의 세 자녀(조현아, 조원태, 조현민)가 지분 100%를 보유한 회사로서, 기내잡지(모닝 캄) 광고, 대한항공 기내에서의 면세품 판매, 비행기 모형 등 로고상품 판매, 웹사이트 유지보수 서비스 등이 주요 업무이며, 총 매출 중 대한항공과의 내부거래 비중이 각각 2014년 81%, 2015년 56%를 차지하는 등 매출의 주요 부분이 한진 그룹 계열사와의 내부거래에서 발생했다. 유니컨버스는 조양호 회장과 세 자녀가 지분 94.5%를 보유하고, 나머지는 계열사인 한진정보통신이 보유한 회사로서, 대한항공 콜센터의 위탁운영과 전산시스템 장비의 유지보수가 주요 업무였으며, 2014년과 2015년에 한진 그룹 계열사와의 내부거래 비중은 각각 78.1%, 73.6%

18 공정거래위원회 의결 제2017-009호 2017. 1. 10. 2016제감0883.

19 서울고등법원 2017. 9. 1. 선고2017누36153 판결.

에 달했다.

대한항공과 싸이버스카이, 유니컨버스 간의 거래 행위 중 당초 공정위에서 문제 삼은 것은 7개였지만, 심의 결과 4개 행위에 대해서만 구법 제23조의2를 위반한 행위로 의결했다. 공정위는 정상적인 거래 조건보다 상당히 유리한 조건으로 거래하는 행위를 통하여 특수관계인에게 부당한 이익을 귀속시켰으므로 (구)공정거래법 제23조의2 제1항을 위반하였다고 판단하고, 2017년 1월 10일 대한항공 등에 시정명령 및 과징금 납부 명령 처분을 했다.

그러나 서울고법은 (구)공정거래법 제23조의2의 적용과 관련하여 총수 일가의 지분율 요건 및 각 호의 행위요건을 충족시키는 경우에도 '부당이익 귀속성'에 대한 별도의 판단이 필요하다고 판단하였으며, 규제대상인 사익 편취 행위의 위법성 지표인 '부당성'을 경제력 집중의 우려로 파악하였다.[20] 그런데 사익 편취로 경제력 집중의 우려를 야기할 만한 규모의 일감 몰아주기가 있었다는 것을 입증하기란 사실상 불가능하므로, 이와 같은 서울고법의 판결이 대법원에서 인용된다면, (구)공정거래법 제23조의2에서 규정한 일감 몰아주기 규제는 사실상 사문화될 개연성이 매우 높다.

한편 2013년 이전에도 재벌들이 해외계열사 내부거래 비중을 높일 유인은 존재했다. 「상속·증여세법」 제45조의3은 특수관계법인과의 매출액이 정상거래 비율(대기업 30%, 중견기업 40%, 중소기업 50%)을 넘고 특수관계인의 직간접 지분이 3% 이상이면 수혜법인의 지배주주

20 이선희, 「공정거래법 제23조의2 사익 편취행위에 대한 대한항공 사건의 분석」(2017).

(총수 일가)에게 이에 해당하는 영업이익에 대해 증여세를 부과하고 있다. 그런데 상속·증여세법은 해외 계열사와의 내부거래를 특수관계법인과의 매출액에서 제외하고 있다. 따라서 해외법인을 설립하고 이를 이용한 내부거래를 통해 총수 일가의 상속·증여세를 회피할 수 있는 구멍이 생긴 것이다. 더욱이 공정위도 내부거래 공시에서 해외 계열사와의 거래는 제외해 왔다.

따라서 총수 일가의 사익 편취 규제의 도입 이후 제도의 실효성과 정합성에 대한 의문이 지속적으로 제기되어 왔다. 사익 편취를 위한 일감 몰아주기 규제의 문제점들이 지적되면서, 문재인 정부는 2020년 공정거래법 전부 개정에 보완책을 제시했다. 이에 대해서는 4장에서 상세히 다루기로 한다.

기업 거버넌스의 유명무실화

재벌 총수 일가는 적은 지분으로 계열사 간의 복잡한 출자관계를 이용해 황제 경영을 하고 있다. 이런 황제 경영이 가능한 것은 총수 일가의 전횡을 견제할 수 있는 기업 내부와 외부의 거버넌스 기제가 한국 재벌 체제에서는 작동하지 않기 때문이다. 지난 20년간 도입된 사외이사제도, 이사회 의결권 범위 확대, 주주 대표 소송 등의 기업 거버넌스 기제가 제대로 작동하지 않는 것은 역설적으로 기업 거버넌스 기제의 작동을 위해서 재벌의 소유지배 구조 개혁이 필요함을 보여 주는 것이다.

2020년판 공정거래백서에 의하면, 2020년 5월 기준으로 공시대상 55개 재벌에서 총수 일가의 지분은 평균 3.6%에 불과하나, 계열사 지분, 비영리법인 지분, 자사주를 포함해 총수 일가가 사실상 행사하는 내부지분율은 무려 57%에 달한다. 따라서 재벌 계열사에 대한 적대적 M&A는 사실상 전무한 실정이다. 또한 주주 대표 소송이나 증권 집단소송 등의 소송제도는 도입되어 있으나 실제 소송이 이뤄지는 경우도 드물다. 경제개혁연구소에 따르면, 1997년부터 2017년 사이에 법원 판결이 내려진 주주 대표 소송은 총 137건으로 1년에 6.5건에 불과하고, 137건 중에서도 상장회사에 대한 주주 대표 소송은 47건에 불과했다. 소송에서 이겨도 보상이 주주들에게 직접 주어지는 것이 아니라 회사에 귀속되기에 주주 대표 소송을 할 유인이 현저히 줄어들기 때문이다. 다른 한편으로는, 재벌 대기업의 1대 주주는 국민연금인 경우가 많지만, 국민연금은 기관투자자로서 적극적인 역할을 수행하지 않고 있다. 이에 반해 외국계 기관투자자들은 재벌대기업의 지분을 3% 이상 보유하는 경우가 드물며, 재무적 투자자로만 머무르고 있다.

아시아 기업 지배 구조 협회(ACGA)의 보고서 "CG Watch 2020"에 따르면, 지난 2년간 한국의 기업 지배 구조 종합 점수는 52.9로 호주를 포함한 아시아 12개국 중 9위를 기록했다.[21] 한국은 2007년 6위에서 2010년 9위로 내려간 이후 줄곧 8~9위를 기록하고 있는데, 대만(62.2), 말레이시아(59.5)보다 낮은 점수이고, 중국(43), 필리핀(39), 인도네시아(33.6) 정도만이 한국보다 점수가 낮을 뿐이다. 부문별로 보

21 박원희, 「한국 기업지배 구조, 아시아 12개국 중 9위」, 『연합뉴스』(2021.05.31.).

면 한국은 지배 구조 제도(10위), 상장사(10위), 시민사회 · 언론(10위) 등 3개 부문에서 낮은 평가를 받았다. 선진국에 근접한 한국경제를 생각하면, 거의 믿어지지 않을 정도의 결과이다.

총수 일가의 갑질

기업 거버넌스의 유명무실화는 재벌 총수 일가의 일상에서 '갑질'로도 표출되고 있다. 그러나 사회적 물의를 일으켰음에도 불구하고 기업에서 실질적인 제재는 이루어지지 않고, 잠시 경영에서 물러났다가 복귀하는 일이 반복되고 있다.

갑질 논란으로 가장 많은 주목을 받은 재벌은 한진그룹일 것이다. 조원태는 2005년 3월 서대문구 연세대 정문 앞에서 난폭운전을 하다 자신에게 항의하는 77세 여성 노인을 밀어 넘어뜨린 혐의로 불구속 입건된 적이 있다. 2012년 12월 14일에는 인하대학교 운영과 관련된 정보공개를 요구하며 1인 시위 중이던 시민단체 관계자가 자신에게 항의하자 "그래 개XX야, 내가 조원태다! 어쩌라고"라며 욕설했고, 이어 뒤따라와 질문하는 기자에게도 욕설한 적이 있다. 또한 2017년 11월에는 방송 시 기내 모니터의 게임 화면이 끊긴다는 이유로 기내 일등석에서 난기류 위험 관련 '경고 방송'을 하지 말라고 지시했다는 폭로가 나왔다.

누나인 조현아는 대한항공 부사장 시절인 2014년 12월에 뉴욕 JFK 공항에서 이륙 준비 중이던 항공기 기내에서 승무원이 땅콩을 서비스 매뉴얼대로 제공하지 않았다고 문제 삼아, 사무장과 승무원을 무릎 꿇리는 등 난동을 부렸고, 결국 비행기를 회항시켜 승무원을 내리게 한 '땅콩 리턴' 사건으로 사회적 물의를 일으켰다.

여동생 조현민은 대한항공 여객마케팅 전무 시절인 2018년 3월에 대한항공의 광고대행을 맡고 있는 A업체의 광고팀장에게 컵에 든 물을 얼굴에 뿌리고 회의장에서 쫓아낸 '물컵 갑질' 사건을 일으켰다. 이 같은 피해 사실은 A업체의 익명게시판에 게재되어 알려졌는데, 당시 게시판에는 조현민이 해당 직원이 자신의 질문에 제대로 답변을 못하자 "1차로 음료수가 들어 있는 병을 던졌는데 안 깨졌다. 그러자 분이 안 풀려 물을 뿌렸다"는 글이 올라왔다. 이후에 조현민이 사내에서 직원들에게 고성과 반말은 기본이고 책상을 내리치거나 협박까지 일삼는 녹음 파일이 공개되기도 했다. 또한 TSA(미국교통안전국) 직원이 매뉴얼대로 조현민에게 목걸이와 귀걸이를 빼고, 신발을 벗게 한 뒤 보안검색을 한 일로 대한항공 해외지점 직원에게 신문과 잡지를 던지고 폭언을 퍼붓기도 했다.

어머니인 이명희 일우재단 이사장은 2014년 5월께 그랜드하얏트인천 호텔 증축 공사장에서 공사관계자들에게 폭언을 퍼붓고 손찌검하는 영상이 공개되었고, 2013년 여름에는 자택 리모델링 공사를 하던 작업자들을 폭행한 혐의가 제기되었다. 또한 운전기사·가사도우미·한진그룹 계열사 직원 등에게 수시로 심한 말이나 손찌검을 했다는 의혹도 제기되었다. 이명희는 대한항공 비서실을 통해 해외지점 직원에게 지시하여 살구, 대추, 비파, 망고, 체리 등 제철 과일을 공수시켰는데, 이들 물품들에 대한 검역 신고 내역은 없었고 수입금지 과일도 몰래 반입한 것으로 알려졌다. 또한 필리핀 현지인의 가

사도우미 취업은 비자 발급 대상이 아니어서 불법인데도 불구하고, 대한항공 마닐라 지점의 현지 직원으로 채용한 후 한국 본사로 파견 명령을 내리는 방식으로 비자를 받아 가사도우미로 일을 시키기도 했다.

이 외에도 최태원 SK 회장의 사촌동생인 최철원 M&M 대표의 야구방망이 폭행 사건, 대림산업 이해욱 부회장의 운전기사에 대한 상습적인 폭언과 폭행, 현대가 3세인 현대비앤지스틸 정일선 사장의 수행기사에 대한 갑질, 한화그룹 김승연 회장의 보복 폭행, 3남 김동선의 여종업원 성추행·보안직원 및 종업원 폭행·변호사 폭언 및 폭행 등의 수많은 갑질 사건들이 있었다. [표 3-1]은 재벌 총수 일가의 갑질이 재판으로까지 이어진 사례들을 보여 주고 있는데, 모두 집행유예 또는 벌금형 판결을 받았을 뿐이고, 사건이 잠잠해진 후에 모두 경영에 복귀했다.

3. 재벌 체제와 불평등의 심화

재벌의 경제력 집중과 재벌 중심의 경제구조는 기업이나 기업집단 차원의 문제를 넘어 한국 사회의 불평등과 경제 구조의 전환을 막아 저성장을 고착화하는 부작용을 낳고 있다.

[표 3-1] 재벌 갑질 사건들의 재판 결과

사건당사자 (당시 직책) 발생 시기	사건 내용	재판 결과
최철원 (M&M 대표) 2010년 10월	고용 승계와 보상을 요구하는 노동자에게 2000만 원을 주는 대가로 7~8명의 직원 앞에서 야구방망이로 엉덩이 등 무차별 폭행.	1심 징역 1년 6월 2심 집행유예(확정) *이 사건을 담당했던 박철 서울중앙지검 부장검사는 최 씨가 집행유예로 풀려난 직후 사표를 내고 이듬해 SK그룹에 전무로 입사함.
김승연 (한화그룹 회장) 2007년 3월	차남이 술집에서 폭행당하자 경호원 등 대동, 가해자들을 쇠파이프 등으로 보복 폭행.	1심 징역 1년 6월 2심 집행유예(확정)
조현아 (대한항공 부사장) 2014년 12월	기내 견과류 서비스 방식을 문제 삼아 사무장과 승무원에 폭언, 항공기를 회항시키고 사무장을 강제 하차시킴.	1심 징역 1년 2심 집행유예 3심 상고기각
이해욱 (대림산업 부회장) 2015년 8월	운전 태도 등을 이유로 수행기사를 상습 폭행하고, 수행기사가 노동청에 진정을 내자 진술 번복 강요.	1심 벌금 1500만 원(확정)
정일선 (현대BNG스틸 사장) 2016년 4월	수행기사에게 골프바지에 허리띠를 매어 두라고 지시했으나 찾지 못한다는 이유로 폭행.	1심 벌금 300만 원(확정)
김동선 (한화건설 팀장) 2017년 1월, 9월	2017년 1월, 술집 종업원에게 욕설, 폭언하면서 영업을 방해하고 경찰 순찰차 파손.	1심 징역 8월 집행유예 2년(확정)
	2017년 9월 변호사 모임 술자리에서 변호사 폭행.	불기소
이명희 (일우재단 이사장) 2011-2017년	가사도우미 불법 고용과 명품 밀수 혐의.	2심 집행유예
	경비원과 운전기사 등 직원 9명을 상습적으로 폭행, 폭언.	1심 징역 2년, 집행유예 3년

불평등, 성장, 경제구조

불평등과 경제 성장에 대해서 여러 가지 이론적·실증적 연구들이 경제학계에서 최근까지 활발하게 이루어지고 있다. 사실 불평등이라는 용어는 경제적 측면뿐만 아니라 정치적·사회적 측면도 포괄한다. 그러나 이 글에서는 경제학 논의에서 주로 사용하는 소득 불균등의 의미로 불평등을 협소하게 정의하고 논의를 이어 가기로 한다.

초기 경제학적 논의에서는 소득 재분배 정책이 저축·투자·혁신에 대한 유인을 줄일 수 있으므로, 강력한 재분배 정책은 경제 성장을 저해할 수 있다는 주장이 주류를 이뤘다.[22] 다른 한편으로는 경제 발전론 측면에서, 저개발 상태에서 오히려 소수라도 인적 자본이나 금융자산에 투자할 수 있으면 경제 성장이 시작되고 성장의 효과가 다른 소외계층에게도 확대되면서 경제가 발전해 갈 수 있다는 논의도 있었다.[23]

그러나 최근에는 불평등과 성장이 부정적인 상관관계를 가지고 있다는 이론적·실증적 논의들이 더 많이 제시되고 있는 실정이다. 예를 들어, 불평등으로 인한 정치적·경제적 불안정은 투자 수익 회수에 대한 불안감을 키워서 투자가 저해될 수 있다는 것이다.[24] 경제

22 Kaldor, "A Model of Economic Growth"(1957); Lazear & Rosen, "Rank-Order Tournaments as Optimum Labor Contracts"(1981).

23 Barro, "Inequality and Growth in a Panel of Countries"(2000).

24 Alesina & Perotti, "Income Distribution, Political Instability and Investment"(1996); Rodrik, "Where Did All the Growth Go? External Shocks, Social Conflict, and Growth Collapses"(1999).

발전론적인 측면에서 보더라도, 극단적인 저소득 상황이 아니라면, 좀 더 많은 사람이 인적 자본이나 금융자산을 축적할 수 있도록 보다 균등하게 소득 배분이 이루어지는 것이 경제 발전에 더 도움이 된다는 것이다.[25]

불평등과 성장에 대한 긍정적인 상관관계를 주로 강조했던 IMF도 최근에는 가처분소득의 불균등 수준이 낮을수록 경제 성장이 더 높고 지속적임을 확인하는 실증 연구를 내놓고 있다.[26] 또한 극단적인 재분배 정책이 성장에 부정적인 영향을 미칠 뿐, 그렇지 않을 때는 재분배 정책 자체가 성장에 나쁜 영향을 미치는 않는다는 것이다. 이런 이론적·실증적 연구는 '포용적 성장'이라는 아이디어로 요약될 수 있겠다.

그러나 제도적 맥락이 빠진 논의는 불평등과 경제 성장에 대한 단순한 상관관계 이상을 이해하는 데 한계를 지닌다. 여기서는 한국 경제 발전 단계에서 불평등과 경제 성장의 상관관계가 어떻게 바뀌어 왔으며, 특히 1990년대 중반 이후에 불평등의 심화를 가져온 근본적인 원인이 무엇인가를 살펴본다. 이를 통해 재벌 중심의 경제구조 개혁을 통해 불평등을 해소하면서 지속 가능한 경제 성장을 달성할 수 있음을 살펴본다.

25 Perrotti, "Growth, Income Distribution, and Democracy: What the Data Say"(1996); Galor & Moav, "From Physical to Human Capital Accumulation: Inequality and the Process of Development"(2004); Aghion, Caroli & Garcia-Pensalosa, "Inequality and Economic Growth: The Perspective of the New Growth Theories"(1999).

26 Forbes, "A Reassessment of the Relationship between Inequality and Growth"(2000); Ostry, Berg & Tsangarides, "What Makes Growth Sustained?"(2014).

한국사회의 불평등 현황과 원인

한국의 경험을 보면, 1980년부터 1994년까지 경제가 발전하면서 소득불평등도가 감소하나, 1994년 이후부터 2000년대 중반까지는 경제 성장에도 불구하고 불평등도가 오히려 증가했다([그림 3-1] 참고). 경제 성장과 불평등의 상관관계가 1990년대 중반을 기점으로 음(-)의 상관관계에서 양(+)의 상관관계로 변화한 것이다.[27]

1994년 이후 소득불평등도가 증가한 이유에 대해서 학자들에 따라서 견해의 차이는 있지만 대다수 의견은 노동 소득의 불평등을 주원인으로 지적한다.[28] [그림 3-1]의 1980년대 이후 쿠즈네츠 곡선은 임금불평등도를 가지고 지니계수를 계산했을 때와 거의 비슷함을 [그림 3-2]에서 확인할 수 있다('쿠즈네츠 곡선'과 '지니계수'에 대해서는 이 장 말미의 「더 알아보기」 참조).

물론 개별 노동자의 임금과 가계 소득은 다르고, 소득분배의 변화에 영향을 미치는 원인 역시 매우 복합적이다. 경제와 산업,[29] 인구와 가족, 고용과 노동, 정책과 제도, 정치와 정당까지 모든 요인이 소득분배에 영향을 미칠 수 있다. 예를 들어, 자영업 및 특수고용 노동

27 일반적으로 소득 파악에는 세금 자료를 활용하는 것과 가계동향조사를 활용하는 두 가지 방법이 있는데, 둘 다 장단점이 있다. 가계동향조사는 설문조사를 통해 파악되는데 이때 상위소득이 과소 보고되는 문제가 있고, 반대로 국세청 자료는 면세점 등에서 발생하는 소득을 파악하지 못하는 문제가 있다.

28 전병유, 「한국 불평등 구조의 특성과 변화 요인의 탐색적 연구」(2017).

29 무역의존도 증가나 산업구조의 변화(제조업 고용의 감소)와 같은 거시경제적 변화를 들 수 있다.

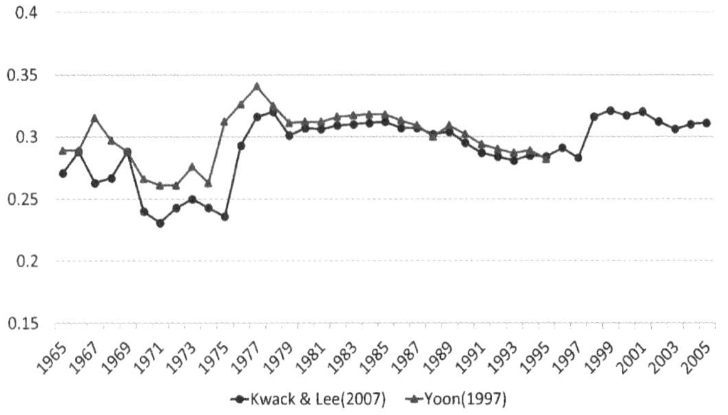

그림 3-1 | 지니계수 장기 추이[30]

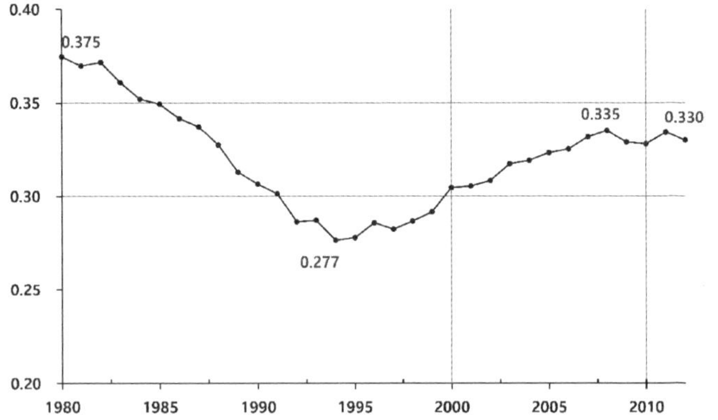

그림 3-2 | 임금 지니계수[31]

30 Kwack & Lee, "The Distribution and Polarization of Income in Korea, 1965-2005: A Historical Analysis"(2007).

31 안주엽, 『한국의 임금불평등』(2014).

자의 증가나 노인 1인 가구의 비중 증가와 노인 빈곤 문제 등 다양한 요인도 있다. 그럼에도 불구하고, 1994년 이후에 소득 불균등이 심화된 가장 큰 요인은 임금 소득의 격차 확대에 있다는 것이다. 임금 소득의 격차 확대는 대·중소기업의 임금 격차, 정규직·비정규직의 임금 격차 등을 반영하고 있으며, 노동조합이 이 경향을 억제하는 데는 큰 기여를 하지 못한 결과이기도 하다. 1990년대 중반 이후 한국의 소득불평등 악화는 기술변화 측면보다는 노동시장의 분절성, 수직적 분업에 기초한 기업 간 시장 지배 구조, 대외 시장개방 정책 확대와 그에 따른 기업의 해외 진출 확대 등 정책과 제도에 기인한 요소가 크게 작용한 것으로 판단된다.[32]

2007년 글로벌 금융 위기가 발생한 이후 수년간 고소득층의 금융 소득과 부동산 소득의 감소 그리고 저소득층에 대한 이전 소득과 사회보험 소득의 증가로 소득불평등은 개선되었으나, 근로 소득의 불평등도는 오히려 더 증가되었다.[33] 그러나 2016년부터 2018년까지 소득 5분위별 가처분 소득 변화를 보면, 상대적으로 차이가 증가하였을 뿐 아니라 절대적인 측면에서도 중위 소득 밑의 가구에서는 소득이 줄고 있고 그 위는 소득이 늘어나는 경향이 보인다.

2011년부터 2019년까지 가계금융복지조사 자료를 바탕으로 우리나라 가계 자산과 소득의 분포를 분석한 국회 예산정책처 보고서

32 정혁, 「한국 소득 불평등 구조의 실증적 이해와 포용적 성장 전략」(2017).

33 최제민·김성현·박상연, 「글로벌 금융위기 이후에 한국의 소득불평등 변화에 관한 연구」(2018).

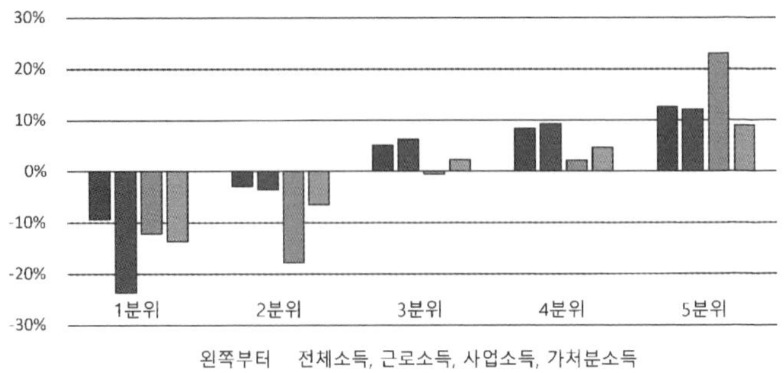

그림 3-3 | 5분위 가구의 소득 변화율[34]
(2016년 4분기~2018년 4분기, 명목 소득)

에 따르면,[35] 가계의 처분 가능 소득은 2011년 이후 전 기간에 걸쳐 격차가 지속적으로 완화된 반면, 가계 자산은 2016년 이후 격차가 커지고 있다. 또한 우리나라 가구는 자산 격차가 소득 격차에 비해 더 크고, 상위계층 집중도도 더 심한 것으로 분석되었는데, 저소득층과 고소득층 가계 모두 보유자산 대부분이 부동산에 편중되어 있다. 이 때문에 최근 부동산 가격의 급등으로 인해 계층 간 자산 격차와 수도권과 비수도권 간 자산 격차가 확대되고 있다.

소득재분배의 소득불평등 효과와 관련해서는 2000년대 중반 이후 사적 이전 소득[36]이나 조세보다는 공적 이전 소득의 불평등 완

34 김낙년·김종일, 「한국 소득분배 지표의 재검토」(2013).

35 국회예산정책처, 「분위별 자산·소득 분포 분석 및 국제비교」(2021).

36 부양의무자 또는 후원자 등으로부터 정기적으로 지원받는 금품을 의미한다. 반면 공적 이전 소득은 국민연금, 공무원연금 등 공적연금과 기초노령연금, 실업급여, 아동수당 등 각종

화 효과가 더 컸고 또 커지고 있다. 현물 급여의 소득불평등 완화 효과가 현금 급여나 소득세보다 크다는 점도 최근 연구에서 확인되었다.[37]

그런데도 공적 이전을 통한 소득불평등도가 완화되는 효과는 여전히 미미하다. 그 이유는 임금 수준과 연금 및 고용보험 혜택의 비례성이 매우 높아서 공적 이전 소득이 임금 격차를 반영하고 있기 때문이다. 경제활동인구에는 임금 근로자와 비임금 근로자가 존재하는데, 전체 임금 근로자의 3분의 1이 고용보험에 가입되어 있지 않으며, 비임금 근로자의 대부분은 고용보험이 없는 실정이다. 결국 임금 및 비임금 근로자를 합친 전체 취업자의 반 정도만이 고용보험에 가입해 있는 것이다.

[표 3-2] 고용보험 가입유형별 노동조건 비교(2019.08. 경활부가조사)[38]

	인원수 (만 명)	월평균임금 (만 원)	최저임금 미만	국민연금 가입률	노조 조직률
정규직	1,307.8	330.38	4.45	94.90	19.30
비정규직 (가입)	335.9	209.91	16.59	77.59	5.14
비정규직 (비가입)	412.2	145.16	44.64	4.20	0.67
전체	2,055.9	264.25	16.47	69.45	12.31

현금성 사회 수혜금을 말한다.

37 전병유, 「한국 불평등 구조의 특성과 변화 요인의 탐색적 연구」(2017).

38 조돈문, 「문재인 정부 사회경제정책 긴급점검 (2): 전 국민 고용보험제」, 『오마이뉴스』(2020.08.09.).

이로 인해 국민연금이나 고용보험을 보면 시장 소득에 해당하는 임금 소득에서의 격차가 재분배에 그대로 반영이 되고 있다. 국민연금이나 고용보험이 재분배 역할을 맡고 있지만, 많은 근로자가 가입되어 있지 않기 때문에 재분배 기능이 약할 수밖에 없다. 저임금이나 취약업종 노동자들은 대부분 국민연금 기여분도 적을 뿐 아니라 가입 기간도 짧다.

결국, 임금 소득과 밀접하게 연동되어 있는 지금의 사회안전망은 임금 소득 불균등이 심한 현상황에서 불평등 개선에 별 도움이 안 되고 있다. 이에 반해, 사회부조[39] 성격의 노인연금의 도입은 소득 불균등 개선에 큰 역할을 했다. 따라서 사회보험 위주의 사회안전망이 가지는 한계를 적극적으로 극복하려는 노력도 요구된다.

재벌 체제와 임금 불평등

한국의 노동소득이 가진 불균등의 근본적 원인은 재벌 대기업 중심의 경제 구조에 있다. 한국의 경제 발전은 정부 주도-재벌 중심으로 이루어졌고, 이런 발전 전략은 1960년대부터 1990년대 초까지 상당히 성공적이었다. 앞서 보았듯이, 1980년대부터 1990년대 중반까지는 경제 발전과 함께 소득불평등도 개선되었다. 고도 성장기에 이른바 '낙수효과'가 일어난 것이다.

39 개인의 근로소득이나 사회보험제도에 의해 소득보장이 충족되지 못하는 국민에게 기본적인 생계유지를 위하여 생계보호, 의료보호, 교육보호, 주택보호 등의 급여를 지급하는 사회보장제도이다.

그러나 재벌 중심의 경제 발전으로 인해 재벌의 경제력 집중이 심각해지기 시작했다. 경제력 집중은 모방형 경제에서 혁신형 경제로 이행하는 데 걸림돌이 될 뿐만 아니라, 전속 하도급 거래, 기술 탈취, 단가 후려치기 등 문제의 근본적인 원인이 되었다. 단가 후려치기는 최종재를 생산하는 재벌 대기업의 가격 경쟁력의 원천이 되었고, 그런 경쟁력에 기대어 온 한국 경제는 한계에 도달하고 있다. 또한 이 과정에서 중소기업과 대기업의 격차, 정규직과 비정규직의 격차가 계속해서 유지 및 확대되고 있다.

특히 1997년 외환위기 이후에, 이른바 빅딜 정책은 산업의 독점화 및 수요 독점화를 촉진했다. 자동차 산업의 경우, 현대자동차가 기아자동차를 인수하고, 삼성자동차, 대우자동차, 쌍용자동차 등 나머지 3사는 외국계 기업에 인수되어, 국내 시장은 사실상 현대기아차의 독점 체제로 바뀌었다. 국내 시장의 70~80%를 현대기아차가 차지하면서, 자동차 부품 하청구조는 수요독점 및 전속 계약 관계가 굳어지게 되었는데, 전속 계약이 반복되면서 원청기업은 하청기업들의 원가 구조를 파악할 수 있게 되었고, 하청기업들은 전속 계약에서 제외되면 생존이 사실상 불가능해졌다.

따라서 전속 계약관계에서 단가 후려치기가 지속적으로 발생하고, 기술 탈취가 일어나게 되었다.[40] 그런데 하청업체는 공식적으로 문제를 제기하거나 소송을 제기하는 사례는 드물다. 공식적인 문제

40 중소기업중앙회, 「대·중소기업 간 기술 탈취 실태 및 정책 체감도 조사 결과 보고서」(2018).

제기로 거래가 끊기는 보복이 두렵기 때문에, 기술 탈취로 인해 망하고 나서 잃을 게 없을 때에야 문제 제기를 하는 것이다. 이처럼 기술 탈취와 단가 후려치기가 만연하기에 중간재 제조업에서는 혁신이 일어나지 못하고 대기업과 중소기업의 수익률과 임금에 격차가 발생한다.

부품 및 소재를 생산하는 중간재 제조업자들은 기술 탈취로 인해 기술혁신에 매진할 유인을 박탈당하고, 고만고만해서 대체 가능한 기업으로 전락한 하청업자들은 또다시 단가 후려치기의 먹잇감이 되고 만다. 따라서 중간재를 생산하는 중소·중견 기업들은 기술혁신을 할 유인도, 여력도 없어지며 품질이나 기술경쟁이 아닌 가격 경쟁으로만 내몰린다.

현대자동차와 하청 업체의 구조를 현대자동차, 1차 벤더, 2차 벤더로 크게 나눠서 보자. 현대자동차의 실적이 매우 좋았던 2011년부터 2014년까지의 자료를 살펴보면, 현대자동차의 수익률이 100이라고 할 때 어림잡아 1차 벤더들은 60에서 65, 2차 벤더는 30에서 40에 해당한다. 이 구조는 대기업, 1차 벤더에 해당하는 중견·중소기업, 2차 벤더에 해당하는 중소기업의 임금 격차와 거의 동일하다. 즉, 한국에서 대기업, 중소기업의 임금 격차란 바로 단가 후려치기에 기초한 하청구조를 거의 그대로 반영하고 있는 것이다.[41]

한 걸음 더 나아가, 현대자동차의 경우 노사협약에 따라 정규직

41 Park, "Monopsony, price squeezing and sub-optimal investments"(2021)는 단가 후려치기가 R&D 투자와 임금을 최적 수준 이하로 낮춤을 이론적으로 보여 주고 있다.

[표 3-3] 현대자동차와 하청업체 수익성 추이[42]

구분	2014	2013	2012	2011
현대자동차	8.5%	9.5%	10.0%	10.4%
현대모비스	8.5%	8.6%	9.4%	10.0%
1차 대기업	5.8%	6.3%	6.8%	5.6%
1차 중기업	3.8%	4.3%	4.0%	4.3%
1차 중기업(비전속)	5.4%	6.1%	6.1%	6.6%
2차 밴드	2.8%	3.2%	2.0%	1.8%

이 퇴사하면 새로 정규직을 뽑게 되어 있는데, 이 때문에 기존에 없던 새로운 일자리가 생기면 정규직 대신 임금이 낮고 해고가 쉬운 비정규직만 뽑아 왔다. 결국 노동자 입장에서 볼 때 이러한 대기업 비정규직과 경쟁하는 노동시장은 1차 벤더에 해당하는 중소·중견기업의 정규직이 되고, 대기업 비정규직의 임금이 1차 벤더의 정규직 임금과 거의 같아지는 현상이 일어났다. 이것이 우리 노동시장의 이른바 이중적 구조이며, 임금불평등과 소득불평등의 근본적이고 구조적 원인이다.

미국, 독일, 일본 등에서는 중소기업 노동자의 임금이 대기업 노동자 임금의 80~90%인 점을 고려하면, 한국의 이런 임금체계는 비정상적이다. [표 3-4]에서 볼 수 있듯이, 500인 이상 기업 임금을 100으로 잡았을 때, 일본은 10~499인 규모 이상 되는 기업의 임금이

42 전국금속노조울산지역공동위원회, 『원하청불공정거래 실태 및 대안』(2015).

[표 3-4] 한일 기업규모별 평균(2017년, 단위: PPP 기준 천원, %)[43]

구분	한국		일본		일본 대비	
	평균 임금	500인 이상 대비	평균 임금	500인 이상 대비	평균 임금	비중 차이
	A	C	B	D	(A/B)	(C-D)
1~4인	1,745	32.6	2,270	65.7	76.9	−33.1p
5~9인	2583	48.3	2665	77.1	96.9	−28.Bp
10~99인	3,061	57.2	2893	83.8	105.8	−26.6p
100~499인	3,742	70.0	3,034	87.8	123.3	−17.8p
500인 이상	5,347	100.0	3,455	100.0	154.8	
전체	2,896	54.2	3,044	88.1	95.1	−33.9p

83.8에서 87.8 수준인 데 반해, 한국의 경우 57.2(10~99인 규모 기업)에서 70(100~499인 규모 기업) 수준에 불과한 실정이다.

재벌 체제와 사회 문제

문제는 여기서 끝나지 않는다. 단가 경쟁력이 기업 경쟁력의 주요 요인이 되면, 인적 자본의 중요성은 떨어진다. 인적 자본이 중요하지 않고, 연공서열식 임금 체계 때문에 40~50대 직원들을 조기 퇴사시키고 있다.[44] 40대 후반이나 50대 초반에 퇴사를 하면, 퇴직금으

43 PPP환율은 2019년 3월 25일 기준. 한국 고용노동부 고용형태별 근로실태조사, 일본 국세청 민간급여실태 통계조사. 노민선, 「한국과 일본의 대-중소기업 간 임금격차 비교 분석」(2019).

로 결국 자영업에 뛰어들 수밖에 없고, 이들 중 대부분은 5년 안에 망하여,[45] 노인 빈곤층으로 전락한다. 노인빈곤 문제에 대처하기 위해 정부는 노인 일자리 사업에 재정 지출을 늘릴 수밖에 없다.

조기 퇴직자가 많은 상황에서는 자영업 문제가 해결될 수 없다. 조기퇴직을 하고 퇴직금으로 자영업에 들어갈 사람들은 줄을 서 있는 데 반해, 자영업에 대한 수요는 충분하지 않다. 미국이나 유럽은 한국과 달리 자영업의 수요가 일정 수준 보장되는데, 이는 연금 생활자가 많기 때문이다. 연금 생활자는 자영업의 수요층이 되고, 조기 퇴직한 뒤 퇴직금 가지고 나오는 사람들은 자영업 공급자들이 된다. 한국에서 자영업자의 수요와 공급의 불균형은 결국 경제 구조에서 비롯되는 문제인 것이다. 따라서 이런 구조적 문제가 해소되지 않으면, 자영업에 대한 어떤 대책도 실효성이 있을 수 없다.

이런 구조와 현상을 지켜보는 청년들은 공무원이 되거나 공공부문에 취업을 하려고 한다. 이른바 '공시족'이 양성되고 있는 것이다. 공공부문 취업을 포기하면 대기업에 취업하려고 하지만, 중소기업을 가기는 정말 싫어한다. 대기업과의 임금 격차뿐 아니라, 연금이나 복지 혜택의 격차 그리고 이에 따른 사회의 부정적 인식 때문이다. 이런 구조에서 청년 실업 문제가 발생하고, 첫 취업 시점은 늦어지고, 결혼도 늦어지게 된다. 당연히 출생율도 떨어질 수밖에 없다. 더욱이

44 원다연, 「'평생직장' 옛말… 평균근속 15년 2개월, 쉰도 못돼 그만 둬」, 『이데일리』(2021.08.01.).

45 김성모, 「작년 창업 100만 곳… 40%는 1년도 안돼 '눈물의 폐업'」, 『조선일보』(2020.12.09.).

높은 주거 및 교육 비용과 조기 퇴직 가능성 등을 고려하면 출산을 망설일 수밖에 없고, 맞벌이를 하지 않고서는 생활 수준의 유지와 자녀 양육이 어렵게 된다. 여전히 육아 부담의 대부분을 짊어지고 직장생활도 지속해야 하는 부담감은 여성들이 결혼을 기피하도록 내몰고 있다. 따라서 불평등의 문제뿐만 아니라, 청년 문제, 출생율 문제, 자영업 문제, 노인빈곤 문제도 재벌의 경제력 집중으로 만들어진 경제 구조를 바꾸지 않고서는 해결될 수 없는 것이다.

더 알아보기

○ 지니계수와 쿠즈네츠 곡선

지니계수(Gini Coefficient)는 이탈리아 통계학자인 지니(C. Gini)가 개발한 소득 불평등 지표로, 0과 1사이의 값을 가지며 그 값이 클수록 더 불평등한 분배 상태를 뜻한다. 이제 지니계수의 계산 방식을 좀 더 상세히 살펴보자. 소득이 낮은 순서로 전체 가구를 원점에서부터 X축의 0과 1사이에 정렬하고 이들의 누적 소득점유율을 Y축에 표시한 곡선을 로렌츠(Lorenz) 곡선이라고 부른다. 만약에 소득이 완전히 평등하게 분배돼 있으면 로렌츠 곡선은 45도 선이 된다. 또 극단적으로 한 가구가 모든 소득을 독차지하고 있으면 로렌츠 곡선은 X축 마지막 가구에서 수직선을 가지게 된다. 지니계수는 로렌츠 곡선과 45도 선 사이 면적의 비중으로 측정되는데, 아래 그림에서 지니계수는 [A ÷ (A + B)]로 계산되는 것이다. 완전 평등한 분배 상태에서 로렌츠 곡선은 45도 선이 되므로 지니계수는 0이 되고, 완전 불평등한 분배 상태에서 로렌츠 곡선은 O-T'-O'의 직각선이 되므로 지니계수는 1이 된다.

[지니계수]

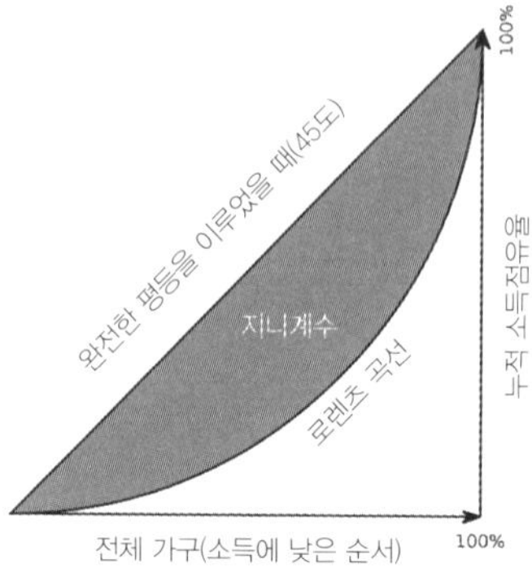

경제학자인 쿠즈네츠(S. Kuznets)가 1950년대에 주장한 쿠즈네츠 곡선이란 경제가 저개발 상태에서 성장을 시작하면서 소득불평등이 증가하다가 일정한 수준을 지나면 오히려 소득불평등이 감소하기 시작하는 현상으로, 일인당 소득 수준과 불평등도 사이에 나타나는 역(逆) U자형 관계를 가리킨다.

[쿠즈네츠 곡선]

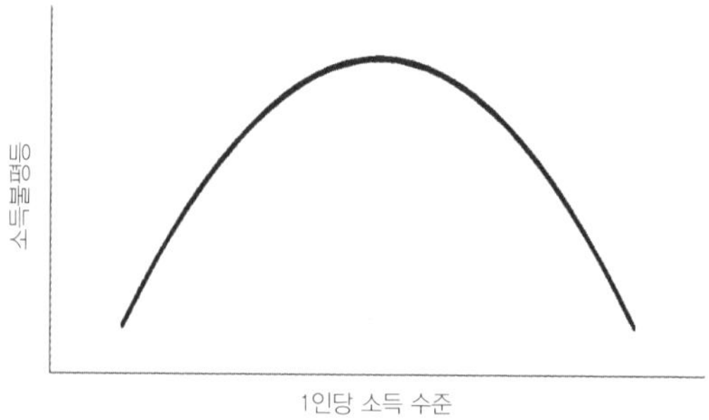

4장

문재인 정부의 역주행

"문재인 정부와 더불어민주당은 과거 야당 시절에 반대했거나 대선 기간에 공약하지 않았던 친재벌 법안들에 대해서는 오히려 은밀하고 집요하게 입법화를 추진해 왔다."

재벌 문제에 대한 심각성은 19대 대선에서도 선거 의제로 분출되었다. 문재인 전 대통령도 경제 민주화를 공약했는데, 황제 경영 방지를 위한 법적 기반 구축과 재벌 총수 일가의 편법적인 지배력 강화 방지 및 투명한 지배 구조 체제 구축을 두 개의 축으로 삼았다.

좀 더 구체적으로 살펴보면, 황제 경영 방지를 위한 법적 기반 구축을 위해서, 다중 대표 소송제·다중장부 열람권 도입 및 대표 소송제도 개선, 전자투표·서면투표 도입, 집중투표제 또는 감사위원 분리 선출 의무화, 횡령·배임 등 경제범죄에 대한 엄정한 법 집행과 사면권 제한을 약속했다. 재벌 총수 일가의 편법적인 지배력 강화 방지 및 투명한 지배 구조 체제 구축을 위해서, 지주회사의 부채 비율, 자회사·손자회사의 지분율 요건 강화, 계열 공익법인·자사주·우회출자 등을 악용한 지배력 강화 차단, 기존 순환출자의 단계적 해소 등을 공약했다. 아울러, 일감 몰아주기, 부당 내부거래, 납품단가 후려치기, 기술 탈취 등에 대한 규제 및 처벌 강화와 금융계열사의 의결권 제한 및 금융그룹 통합 감독 시스템 도입을 약속했다.

그러나 문재인 정부는 약속한 재벌 정책 실행에 취임 초부터 소극적인 자세로 일관했다. 집권 첫해에는 하도급·가맹·유통·대리점

불공정 행위에 대한 적극 조사와 대규모 유통업법 위반 관련 과징금 고시 강화와 같은 '갑을' 문제에 집중했으며, 재벌 문제를 전담할 조직으로서 공정거래위원회에 기업집단국을 재설치했다. 그러나 기본 정책 기조는 재벌의 자발적 변화를 유도한다는 것이었다.

소극적인 자세에 대한 비판을 의식했는지, 집권 2년 차에는 입법을 통한 개혁을 주창했다. 금융그룹감독법의 법제화를 2018년 말까지 약속했고, 이에 따라 2018년 7월에 금산복합그룹에 대한 「모범규준」을 시범운영했다. 또한 전자투표 의무화, 다중 대표 소송, 집중투표제, 감사위원 분리선출 등 포함한 상법 개정안과 공정거래법 전부 개정안을 20대 국회에 제출했다. 그러나 이들 법안은 통과되지 못한 채 20대 국회 회기가 끝나면서 자동 폐기되었다.

21대 국회의원 선거에서 여당인 민주당이 사실상 정원의 5분에 3에 해당하는 180석 이상을 확보하면서, 문재인 정부는 공정경제3법 정부안을 2020년 여름에 국회에 제출했고, 12월 말에 일부 수정된 3법이 국회를 통과했다. 그러나 공정경제3법이라고 정부가 명명한 상법 개정안, 공정거래법 개정안, 금융그룹감독법 등 3개 법안의 일부 내용에 대해 재계와 보수 언론의 반대가 거세었고, 결과적으로 개혁 취지가 퇴색된 법안이 국회를 통과한 것이다. 사실 공정경제3법 정부안 자체도 대통령 공약에서 후퇴한 내용을 담고 있었는데, 입법 과정에서 이마저도 퇴색된 채로 입법이 이뤄진 것이다.

그런데 더 심각한 문제는 문재인 정부의 공약에도 없었던 친재벌3법을 정부가 끈질기게 추진했다는 점이다. 이들 법은 재벌들의 숙원인 은산분리 폐지, 경제력 집중 규제 무력화, 재벌 세습 제도화를 위한 첫 단추가 될 수 있다는 점에서 매우 중요한 함의를 가진다. 이하에서 이들 법안에 대해 보다 상세히 살펴보기로 한다.

1. (공정)경제3법

상법 개정

문재인 정부의 공약에서 핵심적인 내용이었던 집중투표제와 감사위원 분리선출은 상법 개정 사항이었다. 집중투표제는 이사를 선출할 때 선출할 이사 수만큼의 투표권을 한 명 이상의 이사 후보자에게 몰아서 투표할 수 있도록 하는 제도다. 예를 들어, 3명의 이사를 선출한다고 하면, 1표씩 각기 다른 후보자에게 투표하지 않고 3표를 한 후보자에게 몰아서 투표할 수 있도록 허용하는 것이다. 집중투표제는 소수주주들이 원하는 이사를 한 명이라도 선출할 수 있는 개연성을 높인다는 점에서 소수주주 권리를 강화하는 방안이라고 할 수 있다.

감사위원 분리선출제는 상장회사의 이사회 내에 설치되는 감사위원회 위원이 되는 이사를 일반 이사와 분리해 선출하고, 분리 선출 시에 최대주주는 특수관계인과 합산하여 3% 그리고 일반주주는 3%까지만 의결권을 행사하도록 제한하는 규정이다. 따라서 이 역시 소수주주를 보호하고 소수주주의 지배주주 견제를 돕는 정책의 일환이라고 할 수 있다.

그런데 21대 국회에 제출된 정부의 상법 개정안에는 집중투표제가 빠졌고, 감사위원 분리선출도 1명 이상만 하도록 완화되었다. 감사위원 분리선출제는 1962년 이후로 회사의 감사를 선출할 때 최대주주의 의결권을 3%로 제한한 것에서부터 유래한 것이다. 기본 아이디어는 '심판과 선수의 분리'인데, 회사 경영진으로부터 독립된 감사를 선임하자는 것이다.

1997년 경제 위기 이후에 자산 2조 원 이상 대형 상장회사에 대해서는 감사 대신에 감사위원회를 이사회 내부에 두도록 상법이 바뀌면서, 감사위원 역시 최대주주의 의결권을 3%로 제한해 선출하도록 규정되었다. 그러나 감사위원이 될 이사를 이사 선출 시부터 분리해 3% 규칙을 적용해 선출하느냐, 아니면 이사들을 먼저 선출한 다음에 이 중에서 감사위원을 선출할 때 3% 규칙을 적용하느냐가 명확하지 않았다. 2009년 상법 개정 시에 감사위원회 위원의 선임방식을 주주총회에서 이사로 먼저 선임하고 감사위원은 이사로 선임된 사람 중에서 선출하는 일괄선출 방식으로 통일하였다. 이로 인해 '심판과 선수의 분리'라는 기본 취지가 훼손되었다는 지적과 비판이 끊임없이 이어졌고, 따라서 문재인 대통령도 대선 공약으로 감사위원이 될 이사를 (이사 선출 시에) 분리선출 하도록 상법 개정을 하겠다고 공약한 것이었다.

그런데 21대 국회에 제출된 정부의 상법 개정안은 이사 중 최소한 1명 이상을 다른 이사들과 분리해 감사위원이 되는 이사로 선출하도록 완화했음에도 불구하고, 재계와 보수언론의 거센 반대에 부딪혔다. 감사위원 분리선출에 대한 재계의 반대 논리는 이른바 '적장론(敵將論)'이었다. '적장론'의 요지는 다음과 같다. 경영권 승계 작업의 일환으로 현대자동차그룹이 2018년에 추진했던 현대모비스 분할 및 현대글로비스와 합병 시도가 무산된 이후에, 외국계 행동주의 펀드인 엘리엇(Elliott Managemnet Co.)이 2019년 현대자동차 주총에서 수소차 개발에 경쟁 관계에 있는 외국계 기업의 임원을 사외이사 후보로 추천했던 사례가 있었다는 것이다. 이 후보자는 사외이사로 선출되지 않았지만, 외국인 지분이 50%가 넘는 상황에서 만약에 감사위원 1인 이상을 분리 선출한다면, 이런 외국인 임원이 실제로 감사위원이 될 수 있다는 주장을 재계가 한 것이다.

물론 터무니없는 주장이다. 먼저, 엘리엇이 추천한 후보자의 득표율은 17.7%였으며, 외국인 주주만 모두 동의했다고 가정하더라도 외국인 지분(약 36%)의 49%에 불과했다. 2019년 당시 현대자동차의 특수관계인 지분이 (보통주 기준으로) 34.24%였고, 5% 이상을 보유한 주주는 국민연금공단(9.05%)과 더 캐피탈 그룹(The Capital Group Companies Inc.)(7.01%)이었다. 원안대로 정부 개정안의 '3% 룰'을 적용해 다시 계산하면, 전체 모수가 100에서 58.7로 바뀌게 된다.

> 100 - {34.24(특수관계인) - 3} - {9.05(국민연금공단) - 3} - {7.01(더 캐피탈 그룹) - 3} = 58.7

5% 이상을 보유한 주주들이 모두 반대했다고 가정하더라도, 엘

리엇이 추천한 이 후보자의 득표율은 17.7%에서 30.15%(17.7 / 58.7)로 과반에 훨씬 못 미친다.[1] 사실상 재계의 우려가 얼마나 과장된 것인지를 보여 주는 사례인데, 이것 외에는 더 내세울 사례도 없었다.

경쟁사 임원이 이사회에 참여하면 기술 탈취를 할 수 있다는 주장도 황당한 것이다. 미국 기업들의 경우에는 감사위원 분리 선출과 같은 규칙이 없어도, 동일 또는 유사 산업의 CEO나 전직 CEO가 이사회에 이사로 통상적으로 참여하고 있다. 그렇다면 왜 미국에서는 '적장론'이 이슈가 되지 않는 것일까? 만약에 특정 이사가 회사의 이익에 반하는 행위를 한다면, 그 이사는 배임죄로 처벌을 받게 된다. 그리고 이 이사를 통해 기술을 탈취한 경쟁 기업은 징벌배상(징벌적 손해배상)의 대상이 된다. '적장론'이 걱정이라면, 이사의 배임에 대한 처벌과 기술 탈취에 대한 징벌배상이 충분하지 않기 때문일 것이다.

나아가, 만약에 기술 탈취나 경영 기밀누출 우려가 있다면, 이런 이해충돌이 있는 인사를 소수주주들이 이사로 선출할 이유도 없다. 현대자동차 외국인 주주들을 포함한 소수주주들이 현대자동차에 투자한 자신의 자산 가치를 손상시킬 사람을 이사로 선출한 이유가 없기 때문이다. 만약 이해충돌이 있는 외국 헤지펀드가 지분을 3% 미만으로 쪼개서 여럿으로 들어오는 게 걱정이라면, 대기업 지분 10% 전후를 통상 보유하고 있는 국민연금과 다른 국내 기관투자자들을 포함한 일반주주의 의결권에 대한 3% 제한을 없애면 된다. 물론 지

1 5% 이상의 주주가 찬성했다면 3% 룰을 적용할 경우에 17.7%에서 이 주주의 3% 초과분을 빼야 한다. 따라서 이 경우 찬성 비율은 더 떨어진다.

분을 3% 미만으로 쪼개서 여럿으로 들어오는 시나리오는 실현 가능성이 거의 없는 이야기다. 3% 규칙을 적용하더라도 충분한 주식을 매입하는 데 드는 비용은 어마어마해지는데, 기술 탈취나 경영 기밀 탈취를 위해 그럴 정도로 투자한다는 것은 매우 비상식적 억측이다. 상장 기업들에 외국인 임원이 이미 많이 고용되어 있고 이들을 포함한 국내 연구진도 외국 기업으로 이직하는 일이 빈번한데, 사외이사를 이용해 기술 탈취를 하려고 그런 막대한 자본 투자를 한다는 것은 정말로 삼류 소설 같은 망상이다. 사실 상법 개정안의 감사위원 분리 선출과 동일한 내용이 금융 지주회사에는 이미 적용되고 있다. 그런데 외국인 지분이 제조업 재벌 기업보다 더 많은 금융 지주회사에서 아직까지 '적장론'과 같은 우려가 나온 적이 없다.

그러나 재계와 보수 언론의 이런 억지 주장은 당시 여당인 민주당을 움직였고, 결국 감사위원 중 최소 1명 이상을 이사 선출 시 분리해 선출하고, 최대주주 의결권도 특수관계인과 합산하지 않고 개별로 3%로 제한하는 개정안이 통과되었다. 사실 2,000개가 넘는 코스피·코스닥 상장회사들 중에서 자산 2조 원 이상의 상장회사는 127개사에 불과하며,[2] 감사위원회는 최소 3명 이상의 위원으로 구성되어야 한다. 1명의 독립적인 감사위원이 선출되어도 감사위원회의 과반에도 훨씬 못 미치는 것이다. 상법 개정안으로 지주회사의 자회사나 손자회사의 감사위원 1인 선출에는 소수주주들의 영향력이 증대할

2 그런데 감사위원회를 자발적으로 도입한 상장사가 383개사나 된다. 이들 383개사가 감사위원회를 자발적으로 도입했던 이유는 감사 선임 시 '3% 룰'을 회피하기 위한 꼼수였다.

것으로 기대되나, 지주회사나 그 밖의 회사들에는 실질적인 영향이 없을 것으로 예상된다.

국회를 통과한 개정안에서는 다중 대표 소송을 제기할 요건도 강화되어 실효성이 더 없어지게 되었다. 주주 대표 소송은 일부 주주들이 회사 경영진에 손해배상 청구를 할 수 있도록 허용하는 제도인데, 다중 대표 소송이란 모회사 주주가 자회사 경영진에 대표 소송을 제기할 수 있도록 허용하는 제도이다. 실제로 자회사의 경영진이 모회사 최대주주와 결탁해서 모회사 소수주주의 이익에 반하는 의사결정을 하더라도 모회사 소수주주가 이에 대응할 수 있는 수단이 없다. 바로 이런 공백을 메우기 위한 제도가 다중 대표 소송이라고 할 수 있다.

정부안에서는 모회사 주주가 상장회사일 경우에 0.01% 이상 지분을 보유하면 다중 대표 소송을 제기할 수 있도록 했으나, 국회를 통과한 개정안에서는 상장회사의 지분 0.5% 이상을 보유해야 되는 것으로 요건이 50배 강화되었다. 그런데 앞서 살펴봤듯이, 주주 대표 소송도 활발하지 않는 것이 현실이다. 경제개혁연구소에 따르면, 1997년부터 2017년 사이에 법원 판결이 내려진 주주 대표 소송은 총 137건으로 1년에 6.5건에 불과하고, 137건 중에서 상장회사에 대한 주주 대표 소송은 47건에 불과했다. 더욱이 대표 소송이나 다중 대표 소송에서 승소하더라도 배상은 소송을 제기한 주주에게 귀속되는 것이 아니라 기업에 귀속되기 때문에, 주주들이 소송을 제기할 유인이 매우 낮은 게 현실이다.

공정거래법 전부 개정

2018년에 공정거래위원회는 38년 만에 공정거래법 전부 개정안을 발의했다. 개정안의 내용은 경쟁 법제, 절차 법제, 기업집단 법제 등 크게 세 분야로 구성되었는데, 20대 국회에서는 절차 법제에 해당하는 내용만 공정거래법 개정에 반영되었다. 2020년 여름에 경쟁 법제와 기업집단 법제 개정안을 담은 정부안이 다시 발의되었고, 일부 수정된 개정안이 2020년 12월에 국회를 통과했다.

① 경쟁 법제 개정 내용

경쟁 법제 개정안에서 논란이 된 내용은 정보 교환을 통한 담합 행위 금지 조항이었다. 개정 전 공정거래법 제19조 제1항은 부당 공동 행위 성립 요건으로 사업자 간 합의를 전제하면서, 그 유형을 가격 결정, 거래 조건 결정, 공급 제한, 시장 분할, 설비 제한, 규격 제한, 회사 설립, 입찰 담합, 사업 방해 등으로 한정적으로 열거하고 있다. 개정안은 '사업자 간 가격 · 생산량 등의 정보를 교환함으로써 실질적으로 경쟁을 제한하는 행위에 대한 합의'를 담합 행위의 한 유형으로 추가하고, 두 개 이상의 사업자 간 외형상 일치가 존재하고 이에 필요한 정보교환이 있을 경우, 담합 행위를 합의한 것으로 법률상 추정하는 내용이다. 해외 주요 경쟁 당국들이 정보교환을 통해 가격 등을 결정하는 행위를 동조적 행위에 포섭시키거나 정보교환에 대한 합의 자체를 규율하는 등, 보다 적극적으로 규제하고 있는 상황에 비하면, 정보교환을 통한 담합에 대한 규제가 상대적으로 완화된 내용이다.

경쟁 법제 개정안에서 재계와 보수언론이 가장 격렬하게 반대한 것은 경성담합(hard cartel)에 대한 공정거래위원회 전속고발제를 폐지하는 것이었는데, 경성담합은 가격, 입찰 조건, 공급 제한, 시장 분할 등에 대해 사업자 간 합의를 통한 부당 공동행위를 의미한다. 현행 공정거래법상에서는 공정거래위원회가 경성담합 용의자들을 검찰에 고발해야만 검찰이 수사를 개시할 수 있다. 따라서 전속고발제 폐지는 검찰도 독자적으로 경성담합에 대해 수사를 할 수 있도록 하자는 취지이다. 이는 경성담합의 적발이 점점 어려워지고, 법무부가 경성담합 적발을 맡는 세계적 추세와 일치하는 것이다. 예를 들어, 미국에서는 담합 조사는 법무부에서 담당하고 있으며, 독일 등 유럽의 많은 나라에서는 담합을 아예 형법으로 규율하고 있다. 그러나 재계는 공정거래위원회의 전속고발권 폐지에 따른 소송 남발이 우려된다며 강력하게 반대했고, 결국 입법된 공정거래법 개정안에서는 경성담합에 대한 전속고발권 폐지가 삭제되었다.

② 기업집단 법제 개정 내용

재벌 개혁과 경제 민주화와 직접 관련된 것은 공정거래법의 기업집단 법제에 관한 내용이다. 기업집단 법제 관련 주요 이슈는 사익편취 규제 대상 확대, 일반 지주회사의 자·손자회사 최소 보유 지분율 상향, 금융보험사 의결권 제한 강화, 공익법인 의결권 제한 및 공시의무 신설, 기존 순환출자 의결권 제한, 해외 계열사 공시 강화 등이었다.

앞서 설명했듯이, 총수 일가에게 과다한 경제적 이익을 제공하고 편법적인 경영권 세습에 일감 몰아주기와 같은 내부거래를 악용하는 경우가 빈번했는데, 이에 대한 부정적 여론이 고조됨에 따라 부당지원 행위 금지 규정의 개정안과 총수 일가 사익 편취 금지 조항이 2013년에 국회를 통과하여 2014년 2월 14일부터 시행되었다. 당시 공정거래법 제23조의2에 도입된 총수 일가 사익 편취 금지 제도의 입법 취지는 「제23조 제1항 제7호 부당지원 행위 금지 규정」의 제도상 한계를 극복함으로써 재벌 총수 일가가 일감 몰아주기 등의 편법으로 과다한 경제상 이익을 얻는 것을 규제하려는 것이었다.[3]

이런 입법 취지에 따라, 부당지원 금지 제도(공정거래법 제23조 제1항 제7호)가 공정거래법 제5장의 불공정거래 행위의 일종으로 규정되면서 일어났던 공정거래 저해성 입증 문제를 반복하지 않기 위해, 경제력 집중을 다루는 공정거래법 제3장에 사익 편취 금지 조항을 설치하는 안이 입법 논의 초기에는 심의되었다. 그럼에도 불구하고, 입법 과정에서 계열사를 통한 효율성 증대의 결과로 형성되는 경제력 집중까지 규제 대상이 되어서는 안 된다는 (터무니 없는) 의견이 제기되면서, 몇 차례 논의 끝에 결국 공정거래법 제5장의 제목을 "불공정거래 행위의 금지"에서 "불공정거래 행위 및 특수관계인에 대한 부당한 이익 제공의 금지"로 변경하고 불공정거래 행위들을 열거한 제23조와는 별도로 제23조의2를 새로 만들어 총수 일가 사익 편취 금지 제도를 규정하게 되었다.

3 김윤정, 「공정거래법상 사익 편취행위 규제의 현황과 개선방안 — 대한항공 사건을 중심으로」(2018), p.34 참고.

그런데 이 책 3장에서 살펴보았듯이, "각 호의 행위를 통하여 특수관계인에게 부당한 이익을 귀속시키는 행위를 하여서는 아니 된다"라고 규정된 제23조의2의 부당성 해석에 관한 논란이 대한항공 사건[4]에 대한 고등법원 판결로 다시 제기되었다. 즉, 이 사건에서 고등법원은 총수 일가 사익 편취 금지 규정을 적용할 때도 부당지원 행위 규제와 마찬가지로 부당성 요건이 충족되어야 하며, 다만 그 판단 기준은 기존 부당지원 행위 규제의 공정거래 저해성이 아닌 경제력 집중이어야 하는데, 공정거래위원회가 이러한 부당성 입증에 실패하였다고 보아 결국 공정거래위원회의 패소를 선고하였다.

(구)공정거래법 제23조의2에서 부당성 해석과 관련한 논란[5]

본래 부당지원 행위 금지 규정의 입법 취지는 대규모 기업집단, 특히 총수가 있는 재벌들이 내부거래를 이용하여 총수 일가의 이익을 추구하는 터널링 행위를 막아 경제력 집중을 억제하려는 데 있었다. 그럼에도 불구하고 입법 과정에서 대규모 기업집단 규제 강화에 대한 재계의 반대와 논란을 의식하여, 공정거래법 제3장 '기업 결합의 제한 및 경제력 집중의 억제'에 설치되지 않고, 공정거래법 제5장에 '불공정거래 행위'의 한 유형으로 규정되었다. 이 때문에 동 조항의 해석과 관련한 많은 논란이 야기되었다.

4 공정거래위원회 의결 제2017-009호, 2017.01.10.

5 이호영, 『독점규제법』(2015), p.363 참고.

이 문제와 더불어, 제23조의2의 총수 일가 사익 편취 금지 제도는 규제 사각지대가 발생한다는 지적을 계속 받아 왔다. 기존 규정상으로는 총수 일가의 직접 보유지분이 상장기업은 30%, 비상장기업은 20% 이상인 기업에 대한 지원 행위가 규제 대상이 된다. 그런데 3장에서 논의했듯이, 제도 시행 이후 많은 기업이 내부거래 규모를 줄이거나 지원 행위를 중단하는 대신에 규제 기준이 되는 지분율 밑으로 총수 일가의 지분율을 낮추는 방식으로 규제를 회피해 오고 있다.[6] 또 지원을 받는 회사를 다른 계열사의 자회사로 편입시키거나 새로 자회사를 설립한 후 그 자회사에 일감을 몰아주는 등의 방식으로 총수 일가 사익 편취 규제를 회피하는 회사들도 있다.[7]

이에 따라 2020년 공정거래법 전부 개정 시에 총수 일가 사익 편취 규제 대상이 되는 계열사의 총수 일가 지분율 기준을 기존 상장회사 30%, 비상장회사 20%에서 상장·비상장 구분 없이 20%로 일원화하고, 이들 기업이 50%를 초과하는 지분을 보유하고 있는 자회사도 규제 대상에 포함시켰다. 그러나 이러한 개정안은 총수 일가가 간접 지분율을 포함한 실질 지분율이 높은 계열사를 이용하여 다른 계열사들로부터 부당한 이익을 취득하는 행위를 근본적으로 규제하는 데 여전히 한계가 있다. 즉, 사익 편취 규제 대상인 상장기업의 범위 확장에도 불구하고, 여전히 규제 회피가 가능하며, 더욱이 사익 편취

6 대표적인 사례로 현대자동차그룹의 상장계열사인 현대글로비스와 이노션은 제도 시행 이후 총수 일가 지분율을 각각 29.99%로 낮추어 규제를 피하고 있다.

7 예를 들어, 삼성물산은 규제를 회피하고자 삼성웰스토리를 100% 자회사로 물적 분할했다.

방지를 위한 규제 조항을 계속해서 불공정거래 행위 장에 둠으로써 대한항공 사례에서 불거진 부당성 요건 문제를 해소하지 못하고 있다. 또한 대기업집단 시책의 적용 대상을 "국내 회사"로 명확히 규정함으로써, 해외 계열사는 사익 편취 규제 대상에서 제외되었다.

한편 1997년 경제 위기 당시 기업 구조조정 촉진과 대기업집단의 소유지배 구조 개선을 위해 종래 금지했던 지주회사의 설립 및 전환을 1999년에 허용하면서, 지주회사를 통한 경제력 집중을 방지하기 위해서 지주회사의 부채 비율 제한, 비계열회사 주식 소유 제한, 자회사 외의 계열회사 주식 소유 금지, 금융 지주회사의 비금융 회사 주식 소유 금지 및 일반 지주회사의 금융 회사 주식 소유 금지 등의 행위 제한 규정을 두었다. 또한 지주회사가 자회사 주식의 30%(비상장 자회사는 50%) 이상을 보유하도록 했으며, 자회사는 사업 연관성이 있는 손자회사 지분의 100%를 보유할 경우에 예외적으로 손자회사 보유를 인정했다.

그러나 앞서 살펴봤듯이, 2007년 노무현 정부는 지주회사의 설립 및 전환을 촉진한다는 목적하에, 지주회사 행위 제한 규정을 대폭 완화하였다. 지주회사의 부채 비율 한도가 100%에서 200%까지 상향 조정되었으며, 자회사가 상장회사일 경우에는 30%, 비상장회사일 경우에는 50% 이상의 지분을 보유하도록 했던 규정도 각각 20%와 40%로 완화되었다. 또 자회사와 손자회사 간 사업 관련성 요건이 폐지되었으며, 자회사의 손자회사 지분 의무 보유율도 지주회사와 자회사의 수준으로 완화되었고, 손자회사는 100% 지분 보유 시 증손회사도 거느릴 수 있게 허용되었다. 사실상 2층 출자 구조의 지주회사 체계를 3층 구조로 대폭 완화한 것이다.

그러나 이런 규제 완화 이후에, 총수 일가가 적은 자본으로 과도하게 지배력을 확장하고, 자·손자회사와의 거래를 통해 배당 외의 편법적 수익을 편취하는 등의 문제가 지속적으로 제기되었다. 공정거래위원회의 실태 조사에 의하면, 2018년 10월 현재 60개 대기업집단 중 23개(38.3%)가 지주회사 체제로 전환하였는데, 이들 지주회사는 직접 출자 부담을 지는 자회사보다는 손자회사를 증가시켜 지배력을 확장하고 있는 것으로 나타났다.

문재인 정부는 지주회사의 설립 취지에 맞게 대기업집단의 소유지배 구조 개선을 촉진하고 지주회사의 배당 수익 비중 확대를 통한 총수 일가 사익 편취 방지를 위해, 자·손자회사의 의무 보유지분율 강화를 국정 과제로 추진했다.

그러나 공정거래법 기업집단 법제 개정안은 일반 지주회사의 자·손자회사 최소 보유 지분율을, 상장사는 현재의 20%에서 30%로, 비상장사는 40%에서 50%로 각각 상향하되, 신규 설립 및 전환된 지주회사 또는 기존 지주회사가 자·손자회사를 신규 편입하는 경우에만 적용하기로 했다. 또한 기업 구조조정 촉진 차원에서 종전 지주회사가 법 시행일 전까지 지배하던 자·손자회사가 합병·분할·분할합병 등에 따라 자·손자회사로 되는 경우에는 종전 규정을 적용하기로 했다.

즉, 기존 지주회사 체제 재벌 기업에 대해서는 지분율 규제의 원상 복귀를 포기한 대신에, 지주회사 체제에 새로이 편입되는 기업에 대한 지분율만 비대칭적으로 규제하겠다는 것이었다. 기존 지주회사에 대해서는 기획재정부와 협의하여 세법상 규율(익금불산입률 조정) 등을 통해 간접적 방식으로 자발적인 상향을 유도하겠다는 소극적 입장이다.

어떤 조치를 취하겠다는 걸까?

법인세법에서는 이중과세를 방지하기 위하여, 피출자회사로부터의 수입 배당금에 일정 비율(익금불산입률)을 곱한 금액을 과세 대상에서 제외하는 규정이 있다. 따라서 문재인 정부가 취한 조치는 자회사에 대한 지주회사의 지분율이 높은 경우에 익금불산입률을 인상해 지분율을 높이도록 유도하겠다는 의미다. '익금불산입률'이란 기업회계상 뚜렷한 수익임에도 불구하고 법인세법상 과세소득의 산출에 있어서 수익금에 산입하지 않는 비율을 말한다.

공정거래법 전부 개정안에는 오히려 벤처 투자를 촉진한다는 취지로 벤처 지주회사 설립 및 출자 단계를 사실상 4층 구조로 확대하고 지분율 규제도 완화하는 조항이 추가되었다.

한편 1986년 12월 이후 공정거래법은 경제력 집중 억제를 위해 '상호출자제한 기업집단' 소속 금융·보험 회사가 보유한 계열회사 주식에 대하여 의결권을 행사하지 못하게 전면 금지하였으나, 금융·보험업의 본래 목적이나 적대적 M&A에 대한 방어가 필요하다는 등의 이유로 이를 예외적으로 허용하도록 완화해 왔다. 현재 금산분리 차원에서 '상호출자제한 기업집단' 소속 금융·보험사는 취득 또는 소유하고 있는 국내 계열회사의 지분 등에 대해 의결권을 행사할 수 없으나, 국내 계열회사가 상장사인 경우 적대적 M&A에 대한 방어수단으로써 (1) 임원의 선임 또는 해임, (2) 정관 변경, (3) 해당 계열회사의 다른 회사로의 합병, 영업의 전부 또는 주요 부분의 다른 회사로의 양도 등에 한하여, 예외적으로 특수관계인과 합하여 주식 보유율 15% 한도 내에서 의결권 행사를 할 수 있다.

그러나 금융·보험사에 대한 예외적인 의결권 행사 허용이 적대적 M&A에 대한 경영권 방어라는 제도 취지와는 무관하게 계열사 간 합병에 대한 의결권 행사에도 허용되어, 기업집단 내 금융·보험사가 총수 일가의 사익 편취 수단으로 활용되고 있다는 비판이 제기되어 왔다. 따라서 개정된 공정거래법은 '상호출자제한 집단' 소속 금융·보험사의 의결권 제한을 강화하기 위해 특수관계인 합산 15% 한도 내에서 예외적으로 의결권을 행사할 수 있는 사유 중 계열사 간 합병 및 영업·양도를 제외하였다.

한편, 대기업집단 소속 공익법인은 공정거래법상 '동일인 관련자'에 해당되어 계열회사의 범위 획정 시 기준이 되나 별도 규제는 없었다. 따라서 대기업집단 소속 공익법인이 총수 일가의 지배력 확대 및 사익편취 수단으로 악용된다는 우려가 지속적으로 제기되어 왔다.

대기업집단 소속 공익법인

공정거래법 시행령 제4조에 따르면, 대기업집단 소속 공익법인을 아래와 같이 규정하고 있다.

① 동일인이 단독으로 또는 동일인 관련자와 합하여 총 출연 금액의 30% 이상을 출연하여 최다출연자가 된 공익법인

② 동일인 및 동일인 관련자 중 1인이 설립자인 공익법인

③ 동일인이 직접 또는 동일인 관련자를 통하여 임원의 구성이나 사업 운용 등에 지배적인 영향력을 행사하고 있는 공익법인

동일인 관련자

공정거래법상 기업집단의 소유 구조와 관련하여 동일인(자연인 또는 법인 1인)과 다음과 같은 특별한 관계에 있는 자를 '동일인 관련자'라고 한다.

① 동일인의 친족, 즉 배우자, 6촌 이내의 혈족, 4촌 이내의 인척

② 동일인이 단독으로 또는 동일인 관련자와 합하여 총 출연 금액의 30% 이상을 출연한 경우로서 최다출연자가 되거나 동일인 및 동일인 관련자 중 1인이 설립자인 비영리법인 또는 단체

③ 동일인이 직접 또는 동일인 관련자를 통하여 임원의 구성이나 사업 운용 등에 대하여 지배적인 영향력을 행사하고 있는 비영리법인 또는 단체

④ 동일인이 사실상 사업 내용을 지배하는 회사(계열회사라고 함)

⑤ 동일인 및 동일인과 ②~④의 관계에 해당하는 자의 사용인(법인인 경우 임원, 개인인 경우 상업 사용인 및 고용계약에 의한 경우 피용인).

한편 유사 용어로 공정거래법의 기업결합 관련 조항에서는 '특수관계인'이라는 용어가 사용되고 있는바, 이는 당해 회사를 사실상 지배하고 있는 자와 동일인 관련자 이외에 경영을 지배하려는 공동의 목적을 가지고 당해 기업결합에 참여하는 자가 포함된다.

2018년 6월에 발표된 대기업집단 소속 공익법인의 운영 실태 조사 결과에 따르면, 총수 일가가 세제 혜택을 받고 공익법인을 설립하여 이사장 등의 직책으로 운영하는 가운데, 기업집단의 지배에 핵심 역할을 하는 회사의 주식을 집중 보유하면서 의결권을 적극 행사하는 것으로 나타났다. 또한 대기업집단 소속 공익법인의 경우 동일인·친족·계열사 임원 등 특수관계인이 이사로 참여하는 경우가 83.6%, 특수관계인이 대표자인 경우가 59.4%에 달했다. 이런 상황에서 공익법인이 총수의 자녀가 출자한 회사 등 기업집단의 지배에 핵심 역할을 하는 계열회사의 주식을 집중 보유하면서 의결권을 행사하는 비율이 93.6%에 달하고 있으며, 이들이 의결권을 행사했을 시 모두 찬성하였다.

반면 계열사 주식이 공익법인의 수익원으로 기여하는 역할은 미미하여, 공익법인의 자산 구성 중 계열사 주식이 차지하는 비중은

16.2%(전체 주식 비중은 21.8%)에 이르나 수익에 대한 기여도는 1.06%에 불과했다. 또한 공익법인과 특수관계인 간 주식·부동산·상품·용역 거래도 상당하나,[8] 공익법인의 내부 통제 및 시장 감시 장치는 미흡했다. 나아가, 계열사 간 합병으로 인해 발생한 신규 순환출자 지분을 공익법인 재산으로 매입하는 등 공익법인을 통해 지배력을 유지하거나, 계열사로부터 상당액의 현금을 증여받아 다른 계열사 유상증자에 참여하는 등 계열사를 우회 지원하거나, 총수 일가의 지분 및 내부거래의 비중이 높은 기업의 지분 일부를 소속 공익법인에 출연하여 지배력을 유지하거나, 규제 회피수단에 이용하는 등, 대기업집단이 공익법인을 악용한 사례가 다수 확인되었다.

이에 따라 정부 개정안은 대기업집단 소속 공익법인의 의결권을 제한하고 내부거래에 대한 공시 의무를 신설하는 내용을 담았다.

첫째, 상호출자제한 기업집단 소속 공익법인이 취득 또는 소유하고 있는 국내 계열회사 주식에 대한 의결권 행사를 원칙적으로 제한하고, 일부 예외적인 경우[9] 등에 한하여 특수관계인과 합산하여 15% 한도 내에서 의결권 행사를 허용했다. 다만, 법 시행 후 2년간은 현재와 같이 의결권 행사를 허용하되, 2년 경과 후에는 3년간에 걸쳐 30% → 25% → 20% → 15%로 단계적으로 의결권 행사 한도를 축소하는 유예 조항을 가지고 있다.

8 대기업집단 소속 공익법인 중 60.6%가 동일인 관련자와 내부거래가 있으며, 상품용역 거래의 경우 동일인 관련자와 평균 내부거래 비중이 18.7%를 차지했다.

9 공익법인이 계열회사에 대해 100% 지분을 보유한 회사의 경우, 상장회사의 경우 임원 임면, 정관 변경, 합병 및 영업 양도(계열사 간 합병 및 영업 양도 제외).

둘째, 공시 대상 기업집단 소속 공익법인의 계열사 주식 거래[10] 및 일정 규모 이상의 내부거래에 대하여 이사회 의결 및 공시 의무를 부과했다.

이 외에도 개정된 공정거래법은 기존 순환출자 주식에 대한 의결권 제한과 해외 계열사에 대한 공시 강화를 포함하고 있다. 개정안은 법 개정 및 시행(공포 후 1년) 이후 상호출자제한 기업집단으로 신규로 지정되는 기업집단이 지정일 당시 보유한 순환출자에 대해 의결권을 제한했는데, 순환출자 해소에 필요한 기간 등을 고려하여 순환출자 고리를 완성시킨 계열 출자 회사가 취득 또는 소유하고 있는 계열 출자 대상 회사의 주식에 대한 의결권 제한의 시행을 법 공포일로부터 1년 후로 유예했다. 그러나 기존 상호출자제한 기업집단에 대해서는 의결권 제한이 적용되지 않는다.

기존 공정거래법상 대기업집단 소속 국내 계열사는 자신의 주주인 해외 계열사 현황과 자신이 최다 출자자인 해외 계열사 현황을 공시하도록 하고 있으나, 총수 일가가 직접 지분을 보유한 해외 계열사를 통해 국내 계열사를 지배하거나, 해외 계열사가 또 다른 해외 계열사를 거쳐 국내 계열사에 간접적으로 출자하는 경우, 관련 현황이 공시되지 않는 사각지대가 발생하고 있었다. 2018년 5월 기준으로, 16개 대기업집단의 41개 해외 계열사가 44개 국내 계열사에 직접 출자하고 있었으며, 순환출자도 존재하는 것으로 파악되었다. 특히, 2015년 롯데 경영권 분쟁 시 해당 법 규정의 문제점이 부각되면

10 제3자 등으로부터 계열사 주식을 취득·처분하는 경우 포함.

서,[11] 사각지대를 활용하여 대기업집단의 해외 계열사가 총수 일가의 편법적 지배력 확장의 수단으로 이용되는 사례를 방지해야 한다는 필요성이 제기되었다.

정부 개정안은 총수 일가의 해외 계열사를 통한 지배력 확대·사익 편취에 대한 시장감시 강화 및 기업 지배 구조 개선을 위해, 해외 계열사 주주 및 출자현황 등을 현황 고시 대상에 신설하는 내용을 포함하고 있다. 구체적으로는, 모든 해외 계열사에 대하여 공시 의무를 부과하는 대신에, 총수 일가가 20% 이상 지분을 보유한 해외 계열사의 주주 구성 등과 국내 계열사에 직·간접적으로 출자한 해외 계열사의 주식 소유(주주 및 출자) 및 순환출자 현황에 대한 공시 의무를 공시 대상 기업집단의 동일인에게 부과하였다.

개정된 공정거래법의 기업집단 법제 부문은 공익법인 의결권 제한이나 해외 계열사에 대한 공시 의무 강화와 같은 개선된 내용을 다수 담고는 있으나, 공정거래법 전부 개정이라는 말과는 어울리지 않게 경제력 집중 해소나 총수 일가의 사익 편취 방지에 대한 실효성을 담보할 만한 내용을 담지 못하고 있다.

금융그룹의 감독에 관한 법률

금융그룹의 경우에는, 자본의 중복 이용이나 그룹 내 금융회사와 비금융회사 간 위험 전이처럼 개별 금융회사 차원에서는 고려하

11 롯데 총수 일가 → 일본 ㈜광윤사 → 일본 ㈜롯데홀딩스 → ㈜호텔롯데(국내).

지 못하는 다양한 위험이 존재한다. 이러한 '그룹 위험' 또는 '기업집단 위험'을 반영한 금융복합 기업집단 감독은 국제적 추세이다. 그룹 차원의 위험을 통제할 필요성은 이미 1999년 국제적 감독 협의체인 JF(Joint Forum)의 「복합 금융그룹 감독 원칙」의 제정과 2002년 유럽연합의 「금융그룹 감독 지침」의 제정을 통해 구체화되어 왔다.

금융그룹이 야기하는 기업집단 위험의 대표적인 사례로 2013년 동양그룹 사태를 들 수 있다. 동양그룹의 금융 계열사인 동양자산운용과 동양증권은 수탁자나 고객의 이익보다는 총수 일가의 이익을 우선시함으로써, 투기등급에 해당하는 계열사의 기업어음(CP)과 회사채를 판매해 개인 투자자 약 4만 1천 명에게 약 1조 6천억 원의 피해를 끼쳤다. 동양그룹 사태는 2011년 저축은행 후순위채 사태를 능가하는 개인(공모) 금융 상품 사상 최대 피해 사건이었다. 또한 개인 투자자에 대한 피해뿐만 아니라, 건실한 계열사들의 자금을 동원해 부실 계열사를 지원함으로써 금융 계열사가 총수 일가의 사(私)금고 역할을 하도록 했으며, 결국 그룹 전체로 부실을 전이하는 위기를 초래했다.

우리나라의 「금융지주회사법」도 이런 기업집단 위험을 규율하고 있으나, 금융 지주회사 체제가 아닌 복합 금융그룹에 대해서는 상응하는 규제가 없었다. IMF는 2014년에 금융 부문 평가 프로그램(Financial Sector Assessment Program)을 통해 금융 지주회사 체제가 아닌 복합 금융그룹에 대한 금융그룹 감독의 법적 근거의 마련과 감독 강화를 권고했고, 금융위원회는 2018년에 「금융그룹의 감독에 관한 모범규준」(이하 '모범규준')을 제정했다.

그러나 2018년 모범규준은 기업이 자발적으로 지켜야 할 권고안이었으므로, 2020년도에도 IMF는 한국의 금융 부문 안정성 평가에서 복합 금융그룹 감독에 대한 취약성을 지적했고, 이들 감독에 대한 법적 권한 확보를 권고했다. 결국 2020년 4월에 「금융그룹의 감독에 관한 법률」(이하 '금융그룹감독법') 제정안이 국회에 제출되었고, 12월에 입법이 이뤄졌다.

금융그룹감독법은 복합 금융그룹에 적용된다. 복합 금융그룹은 공정거래법에서 지정한 공시 대상 기업집단 중에서 금융 지주회사 체제의 기업집단을 제외하고, 여수신업, 금융투자업, 보험업 중 금융 계열사를 2개 이상을 보유하고 있으며, 소속 국내 금융회사들의 자산 총액의 합계가 5조 원 이상인 기업집단을 의미한다. 2021년 7월에 지정된 금융복합 기업집단은 6개에 불과하다.

금융그룹감독법은 금융그룹에 내부 통제 및 위험 관리 체계의 확립, 건전성 관리, 보고 및 공시 등의 의무를 부과한다. 건전성 관리 의무에는 자본의 중복 이용, 위험 집중, 위험 전이 등 그룹 수준의 추가적인 위험을 고려해 자본적정성 기준 준수에 필요한 추가적 자본을 확보해야 하는 의무가 포함된다. 그러나 구체적인 내용은 대부분 감독규정에 위임해 두었는데, 2021년 4월 1일에 발표된 감독규정은 사실상 기존의 「모범규준」과 동일한 내용이었다. 따라서 (공정)경제 3법 중에서 가장 논란이 없었던 법이 바로 금융그룹감독법이었는데, 실질적이고 실효성 있는 금융 복합그룹에 대한 감독이 이뤄질 수 있을지 여전히 미지수이다.

먼저 대표 금융회사의 선정과 관련하여, 대표 회사가 사실상의 지배력을 가지지 못한 경우, 전체 그룹 차원에서 통합 감독 시스템의 실행 가능성에 대한 의문이 제기될 수 있다. 대표 금융회사는 금융 지주회사와 달리 '계열사의 경영 전반을 관리할 권한'이 없으므로 '그룹 위험 관리의 책무'를 실행하는 데 한계가 있다.[12] 둘째, 감독규정이 사실상 모범규준의 내용을 그대로 옮겨 온 것이라 여전히 자율규제에 가깝다는 점이다. 따라서 실질적인 제재 장치가 없는 상황에서 금융그룹감독법이 제대로 집행될지 의문이다. 마지막으로, 자본의 중복 이용이나 위험 집중, 위험 전이 등 그룹 수준의 추가적인 위험을 고려해 자본적정성이 실효성 있게 이뤄질지도 여전히 불확실하다.

2. 친재벌3법

재벌 개혁이나 경제 민주화 관련 공약의 실천에는 매우 소극적이었던 문재인 정부와 더불어민주당은 과거 야당 시절에 반대했거나 대선 기간에 공약하지 않았던 친재벌 법안들에 대해서는 오히려 은밀하고 집요하게 입법화를 추진해 왔다.

12 정순섭, 「금융그룹감독에 관한 법적 연구: 금융복합기업집단의 감독에 관한 법률을 중심으로」(2021.06.).

인터넷 전문은행 특례법

2018년 지방선거와 국회의원 보궐선거에서 여당이었던 더불어민주당이 압승을 한 이후에, 재벌 개혁을 본격적으로 시작할 것이라는 애당초 예상과 달리, 문재인 대통령과 더불어민주당은 오히려 「인터넷 전문은행 특례법」 제정을 들고 나왔다. 인터넷 전문은행(Internet Primary Bank)이란 점포를 통한 대면 거래를 하지 않고 인터넷을 주요한 영업 채널로 활용하는 은행을 가리킨다. 인터넷 전문은행도 은행법에 따라 설립할 수 있는데, 인터넷 전문은행 특례법을 별도로 제정하려는 목적은 은행법에서 규정하고 있는 이른바 '은산분리' 원칙을 인터넷 전문은행에 적용하지 않으려는 것이었다. 보다 구체적으로 말하자면, 은행법에서는 산업자본(비금융 주력자)의 은행 지분 보유 한도를 4%로 제한하고 있는데, 특례법은 인터넷 전문은행에 한하여 보유 한도를 34%로 상향하겠다는 것이었다.

문재인 정부 이전에도 인터넷 전문은행 특례법은 두 차례 추진되었으나 모두 무산되었다. 2001년에 롯데, SK 등의 재벌 기업이 벤처회사와 공동으로 인터넷 전문은행 설립을 추진했으나, 은산분리 규제, 금융실명제상 제약, 재벌 중심의 추진에 대한 논란 등으로 무산되었다. 2008년에는 인터넷 전문은행 설립과 관련된 은행법 개정안이 국회에 제출되었으나, 글로벌 금융 위기로 은행 건전성에 대한 우려가 제기되면서 논의가 중단된 적이 있다. 그러나 문재인 정부는 IT 기술력을 활용한 금융 부문의 경쟁력 제고와 일자리 창출을 내세우면서 인터넷 전문은행 도입 논의를 재개한 것이었다.

그런데 인터넷 전문은행이 가장 먼저 도입된 미국조차 우리나라와 유사한 은산분리 규제를 시행하고 있으며, 이를 우회하기 위해 특례법을 도입한 바도 없다. 미국에서는 50개 주 중 6개 주에서만 ILC(Industrial Loan Company: 산업대부회사)로 인가를 받아 설립된 인터넷 전문은행이 있었으나, 요구불예금[13] 수취가 불가하며 주택 담보 대출 같은 특정 업무만 집중적으로 취급했고, 현재는 대부분 금융 지주회사 설치나 산업자본의 지분 매각 등을 통해 일반 은행이나 저축은행으로 전환한 상태이다. 이와 달리 유럽에서는 금융회사의 자회사 형태로 인터넷 전문은행이 설립되어, 젊은 층을 주고객으로 영업하고 있는 실정이다.

인터넷 전문은행 특례법이 결국 재벌의 은행 소유를 허용하는 전 단계가 아니냐는 의혹과 비판에 직면한 정부는 상호출자제한 기업집단의 인터넷 전문은행 진입을 막되, 정보통신기술(ICT) 주력 기업에 한해 예외적으로 진입을 허용하고, 대주주 적격 조건을 강화하는 인터넷 전문은행 특례법을 2018년 10월에 국회를 통해 입법했다. 기업집단 내 비금융회사 자산 합계액에서 ICT 기업 자산 합계액이 차지하는 비중이 50% 이상인 경우에 'ICT 주력 기업집단'으로 판단한다는 것인데, 여기서 ICT 기업은 통계청 표준 산업 분류상 정보통신업을 영위하는 회사로 규정했다. 또한 대주주 결격 사유에는 금융 관련 법령이나 공정거래법, 조세범 처벌법 외에 「특정 경제 범죄 가

13 예금주가 인출을 원할 때 언제든지 예금의 일부 또는 전부를 지급받을 수 있는 예금을 말하며, 보통예금, 당좌예금 등이 이에 해당된다.

중처벌법」(특경가법) 위반이 추가됐는데, 대주주 결격 요건으로 특경가법 위반을 포함한 것은 은행, 보험회사, 증권회사 등에 대한 금융 관련 법에선 처음이었다. 이 외에도 대주주의 은행 사금고화를 막기 위한 다양한 장치도 도입되었다.

그러나 인터넷 전문은행 특례법 제정이 1년이 지나지 않아, 법률 일부 개정안이 다시 국회를 통과했는데, 금융 관련 법령 외에 나머지 공정거래법 등을 위반한 중대 경제 범죄자들이 대주주가 될 수 있도록 용인해 주는 내용이었다. 이는 KT의 케이뱅크에 대한 증자를 허용하기 위한 것이었다. 현행 금융 관련법, 즉 은행법, 자본시장법, 보험업법, 상호저축은행법 등은 공정거래법이나 조세범 처벌법 등을 위반하면 대주주 적격성 심사 시 탈락하게끔 되어 있다. 따라서 이 개정안은 전형적으로 특정 기업에 특혜를 주기 위한 맞춤 입법이었다. 2020년 4월 국회를 통과한 인터넷 전문은행 특례법 일부 개정안에 따라, 그해 7월 22일 KT는 자회사인 비씨카드를 통해 케이뱅크 지분 34%를 인수하면서 최대주주가 되었다.[14] 결국 인터넷 전문은행을 보유할 수 있는 ICT 주력 기업의 정의를 일부 수정함으로써, 삼성이나 SK 등 재벌 기업이 은행을 소유할 수 있다는 비판에 대해 정부 스스로가 그 가능성을 인정한 꼴이 되었다. 아이러니한 것은 인터넷 전문은행의 성공 사례로 흔히 이야기하는 카카오뱅크는 인터넷 전문은행 특례법이 아니라 은행법에 의해 설립되었다는 점이다.[15]

14 박현, 「금융위, 비씨카드 케이뱅크 지분 34% 인수 승인」, 『한겨레』(2020.07.22.).

15 금융위원회는 2021년 6월 9일 토스뱅크의 은행업 본인가를 의결했다. 이로써 금융위원회는 지난 2016~2017년 케이뱅크와 카카오뱅크 인가 이후 4년 만에 세 번째 인터넷 은행을

인터넷 전문은행 설립을 허용하면 일자리가 늘어날 것이라는 비상식적 주장은 곧 허구였음이 드러났다. 금융감독원 은행별 사업보고서의 직원 고용 현황을 보면, 2개 인터넷 전문은행 중 카카오뱅크는 2017년 말 기준으로 347명에서 2020년 말 752명, 케이뱅크는 256명에서 327명으로, 특히 케이뱅크의 경우 고용이 크게 늘어나지도 않았다. 또한 최대 시중 은행인 KB국민은행의 2020년 말 기준 직원 수가 17,654명이고, 제주은행 외에 가장 작은 전북은행의 직원 수가 2,216명임을 고려하면, 인터넷 전문은행을 통해 일자리를 늘린다는 주장이 얼마나 허무맹랑한 소리였는지 알 수 있다.

언론 보도에 따르면,[16] 비대면 금융 기술 발전과 영업비용 절감 등의 이유로 주요 시중 은행은 2020년 들어서 점포를 100개 넘게 줄였는데, 신한·KB국민·하나·우리은행 등 4대 은행이 119개 점포를 통폐합한 것으로 나타났다. 이는 2019년에 통폐합한 점포 수 38개의 3배가 넘는다. 모바일 뱅킹 등 비대면 거래가 일상화되고 수익성이 떨어지는 점포가 늘어나면서 은행들은 점포를 계속 줄여 왔고, 코로나19의 대유행은 점포 통폐합에 가속도를 붙이는 요인이 됐다. 인터넷 전문은행의 도입은 기존 일반 은행들의 점포 통폐합과 감원을 부추기는 또 하나의 요인이 될 수 있다.

인터넷 전문은행 도입 이후에도, 최근에는 「전자금융 거래법」 개

출범시켰다. 박소정, 「금융위, 3호 인터넷은행 '토스뱅크' 인가… 9월 영업 개시」, 『조선비즈』 (2021.06.09.).

16 김지산, 「이틀에 하나씩 사라지는 점포들.. 4대은행, 올들어 119개 폐쇄」, 『머니투데이』 (2020.11.18.).

정을 통해 네이버와 같은 빅테크(big tech)가 은행 업무의 일부을 수행할 수 있도록 허용하려는 시도가 이어지고 있다.

전자금융 거래를 규율하는 전자금융 거래법은 2006년 제정되었으나, 디지털 경제의 확산과 전자금융 거래의 급증을 제대로 반영하지 못하고 있다. 그 결과로, 실질적으로 동일 기능을 수행하는 일부 전자금융업자와 기존 금융회사들 간에 규제의 격차가 발생하고, 금융소비자 보호에 사각지대가 발생하고 있다. 또한, 통화 정책의 유효성 및 지급결제 제도의 안정성을 유지하는 데에도 중대한 도전이 제기되는 상황이다.

지급결제 제도

현금 외에 어음이나 수표, 신용카드, 계좌이체 등의 지급 수단이 사용되는 경우에 해당 금액을 지급인의 금융기관 예금계좌에서 인출하여 수취인의 예금계좌로 입금하여 주는 금융기관 간 자금이체 절차를 거쳐야 한다. 지급결제 제도는 개인, 기업 및 정부와 같은 경제 주체들이 금융거래나 경제활동을 하는 과정에서 발생하는 지급결제가 원활히 이루어지게 하는 금융의 하부구조로서, 지급수단, 참여 기관, 전산시스템, 업무처리 규정 등으로 구성된다.

출처: 한국은행

그러나 2020년 11월에 더불어민주당 윤관석 의원실에서 대표 발의한 「전자금융 거래법 일부 개정법률안」 내용은 혁신이라는 허울로 종합지급결제사업[17]을 허용하면서 동일 기능-동일 규제를 적용하지 않는 등, 네이버나 카카오와 같은 빅테크 사업자에게 특혜를 줄 수 있는 내용을 담고 있다. 종합지급결제사업자는 계좌 발급, 선불 충전과 이체 등의 수신업, 후불결제도 가능하기 때문에 사실상 금융업자로 동일 규제를 적용받아야 한다. 그렇지 않다면, 은산분리 원칙을 훼손할 뿐 아니라, 개인정보 침해 등 금융 공공성 약화, 빅테크 사업자의 독과점 심화, 지역 자금 역외 유출 및 지역 경제 위축, 소비자 보호 약화 등 부정적 결과를 초래할 개연성이 높다.[18]

따라서 기존의 전자금융업을 자금이체업, 대금결제업, 결제대행업으로 정비하고 지급지시전달업[19]을 도입하는 전자금융업자에 대한 규제를 근본적으로 개편할 필요가 있다. 또한 고객의 자금을 수취하는 전자금융업자는 이용자 예탁금 수취업자로 규정하여 예탁금의 수취에 부합하는 금융 규제를 가해야 한다. 더하여 이용자 예탁금 수취업자는 주요 금융 관련 법령의 적용에 있어 이를 금융회사로 간주하고, 이들 업자와 거래하는 이용자를 금융소비자로 간주하여, 규제

17 종합지급결제업은 간편결제·송금 외에도 모든 전자금융업 업무를 영위하는 사업을 의미한다. 따라서 종합지급결제업 사업자가 이용자 계좌를 직접 보유하면서 급여이체, 카드대금 및 보험료 납입 등 서비스도 제공할 수 있다. 서정호, 「종합지금결제업 도입과 향후과제」(2020).

18 정의당 배진교 의원실, 경제정의실천시민연합, 참여연대, 전국금융산업노동조합, 〈종합지급결제 삭제·동일업무 동일규제 반영을 위한 '전자금융거래법 개정안 발의 촉구 기자회견'〉(2021.06.17.)

19 이용자 자금을 보유하지 않고, 이용자의 결제·송금 지시를 은행 등 금융회사에 전달하는 업종.

의 형평성을 제고하고 금융소비자 보호를 강화하는 내용이 추가될 필요가 있다.

핀테크(fin tech)[20]의 발전이 소비자 후생(厚生)이나 생산성 향상에 이바지할 가능성을 무시하자는 것은 아니다. 그러나 빅테크의 규모, 소비자 기반, 빅데이터에 대한 접근 가능성 등과 빅테크의 다른 산업과의 연계성을 고려하면, 빅테크의 금융업이나 은행업에 대한 진출이 금융 부문이나 경제 전반에 리스크를 야기할 수 있음을 간과해서도 안 된다.[21] 특히 한국의 맥락에서, 인터넷 전문은행이나 「전자금융거래법」상 종합 지급결제 사업자의 은행 업무를 사실상 허용하는 것 등은 궁극적으로 기존 금융기관에 대한 차별과 불공정 논란을 불러올 것이고,[22] 이를 통해 재벌 금융사들도 은행업에 진출하도록 허용하는 계기가 마련될 수 있음을 유의할 필요가 있다. 이 경우 우리가 당면할 금융 리스크와 경제 전반에 미칠 시스템 리스크는 훨씬 더 커질 수 있다.

20 Finance(금융)와 Technology(기술)의 합성어다. 금융 서비스와 정보기술(IT)의 융합을 통한 금융서비스를 제공하는 IT 사업자를 흔히 지칭한다.

21 국제적으로도 이에 대한 논의가 최근에 활발히 이뤄지고 있으나, 아직은 초기 단계에 불과하다. https://www.imf.org/external/pubs/ft/fandd/2021/05/big-tech-fintech-and-financial-regulation-crisanto-ehrentraud.htm

22 박수호, 「금융혁신 한다더니 빅테크만 유리… 역차별당하는 금융사」, 『매일경제』(2021.05.07.).

지주회사의 기업형 벤처캐피탈 보유

이른바 공정경제3법 중 하나로 2020년 12월에 국회에서 통과된 공정거래법 개정안에서, 정부 원안에 있던 '전속고발권 폐지'는 빠지고 '지주회사 보유 기업형 벤처캐피털(CVC: Corporate Venture Capital)'은 추가되었다. 인터넷 전문은행 특례법이나 전자금융 거래법 개정안이 핀테크 육성이라는 명목으로 은산분리 원칙을 허물려는 시도라고 한다면, 지주회사의 CVC 보유 허용은 지주회사 체제의 규율인 금산분리를 무력화하려는 첫걸음이라고 할 수 있다. 만약에 재벌들이 끈질기게 요구해 온 '중간금융 지주회사'[23]를 허용하게 되면, 사실상 금산분리뿐만 아니라 인터넷 전문은행이나 전자금융 거래법상 종합 지급결제 사업자를 통한 은산분리 원칙마저 흔들리게 될 개연성이 높다. 한국처럼 산업자본인 재벌의 경제력 집중이 심각한 상황에서 금산분리와 은산분리 원칙이 무너지면 그 피해는 가늠하기 쉽지 않다. 경제력 집중과 금산분리의 중요성은 2013년 이스라엘의 재벌개혁 과정에서 가장 깊게 다뤄진 사항이기도 하다. 이에 대해서는 5장에서 좀 더 상세히 다루기로 한다.

전통적인 벤처캐피탈(VC: Venture Capital)은 투자를 통한 재무적 이익 추구가 목적이라 할 수 있는데, CVC는 경영 전략의 목적으로 독립적인 벤처기업에 투자한다는 차이점이 있다. 따라서 일반적인 VC

23 지주회사가 자회사로서 금융 지주회사를 보유할 때, 이 금융 지주회사를 중간 금융 지주회사라고 부른다. 현행 공정거래법에서 지주회사는 금융회사를 보유할 수 없으므로 중간 금융 지주회사도 보유할 수 없다.

는 투자자를 모집한 후 공동으로 투자하는 경우가 보통이지만, CVC는 모기업의 성장을 위해 전략적으로 투자하는 성격이 강하므로 공동 투자보다는 단독 투자를 선호한다.

CVC는 1970년대 미국에서 내부 연구소를 통해 신규 사업을 모색하던 기업들이 서로 연계하여 기술 개발과 투자를 추진하면서 등장했는데, 기존 주력 사업의 대안 발굴과 모기업의 자체 R&D 추진에 대한 대안으로 역할을 수행했다. 모기업의 성장 전략의 일환으로 투자함으로 인해, 단독 투자를 선호하고, 전략적 투자 후 M&A를 통해 자사 사업에 적용해 오고 있다.[24]

「공정거래법」 개정 이전에도 지주회사 체제가 아닌 재벌 기업들은 CVC를 자회사로 두는 데 아무 제약이 없었다. 2019년 9월 기준으로 59개 대기업집단 중 14개 기업집단이 15개의 CVC를 보유 중이고, 특히 일반 지주회사가 있는 23개 기업집단 중 4개 집단은 지주 체제 외부에 CVC를 보유 중이었다. 또한 국내 상위 20대 기업집단의 대부분이 어떤 형태로든 관련 활동을 하고 있는데, 약 40~50개 기업이 CVC를 운영하고 있다고 한다.[25] 일반 지주회사는 금산분리 규제를 받고 있어, 금융회사인 CVC를 보유할 수 없는 것이 원칙이나, 일반 지주회사 체제 재벌 기업들도 지주 체제 밖에서 CVC를 만들 수 있으며, GS홈쇼핑처럼 회사의 사업 부서로서 사실상 CVC를 운영할 수 있다. 또한 공정거래법에 일반 지주 체제 안에서 CVC와 유사

24 국회입법조사처, 「기업주도형 벤처캐피탈(CVC)의 규제완화 쟁점과 개선방안(1)」(2019).

25 추문갑, 「CVC 관련 중소기업계 의견」(2020).

한 역할을 할 수 있는 벤처 지주회사 제도도 이미 도입되어 있다. 따라서 CVC가 필요하다면, 어떤 형태로든 사실상 운영하고 있다고 할 수 있으며, 이는 공정위가 재계와의 2020년 2월 간담회에서 확인한 내용이라고 국회에 보고했다.[26]

사실 우리 현실에서, VC 자체가 활성화되지 않는 것이 더 문제라고 할 수 있다. 스타트업코리아 자료에 따르면, 2017, 2018년 신규 결성 벤처 조합에서 VC는 각각 11%, 10%를 차지하는 데 반해, 일반 법인(CVC)은 각각 12%, 9%였다. 대부분의 신규 결성 벤처 조합의 정책 자금은 금융기관, 연기금이 68%, 74%를 차지하는 것이다.

한편 CVC의 국내 벤처 투자 비중은 매우 낮은데, 이는 지주회사 규제와 무관하다. 지주회사 규제를 받지 않는 삼성그룹은 1999년에 삼성벤처투자라는 CVC를 이미 설립했다. 그런데 구글벤처스는 15년부터 19년까지 연평균 76건, 36.8억 달러의 투자를 진행했으며, 5년 동안 총 투자액 184억 달러 중 90% 이상을 미국 벤처기업에 투자했다. 이에 반해 삼성벤처투자는 15년부터 19년까지 연평균 31건, 7.9억 달러의 투자를 진행했으나, 5년 동안 총 투자액 39.7억 달러 중 4% 미만을 국내 벤처기업에 투자했을 뿐이다.[27] 실제로 2018년에 공정위도 "이들 그룹(롯데와 SK)의 CVC 보유가 불법에서 합법이 되는 것일 뿐, 규제가 풀린다고 CVC가 더 생기거나 투자가 늘어나진 않는다"고 설명했는데, 당시 김상조 공정거래위원장이 "(지주사에) CVC

26 CVC 관련 공정위 입장 및 중기부 설명 자료(2020).

27 CB Insights(Aug. 05, 2020).

허용 시 소수 대기업 특혜 논란이 있다"고 밝힌 배경이기도 하다.[28]

이는 우리나라에서 합병을 통한 투자금 회수(exit by M&A) 비중이 낮은 이유가 다른 곳에 있음을 시사한다. 혁신이 일어나기 위해서는 기회, 유인, 금융이 필요한데, 한국의 재벌 대기업 중심의 폐쇄적인 하청 구조에서는 기회와 유인이 없다. CVC는 VC와 달리 사업 전략적 목적으로 투자하는 경우가 대부분인데, 한국의 중간재 산업의 폐쇄적인 하청 구조에서는 이런 전략적 투자를 할 기회도, 유인도 부족한 실정인 것이다. 2018년 OECD 한국보고서(OECD Economic Surveys Korea, June 2018)는 "경제력 집중이 기업가 정신과 창업을 가로막고 있음"을 지적한 바 있다. 인텔캐피탈의 경우에 2012년에 57%를 미국 외에 투자했으나,[29] 미국의 3대 CVC가 한국내 벤처기업에 투자하는 경우는 드물고, 최근 5년간 외국계 (C)VC의 국내 총투자 비중은 8.44%에 불과하다.[30]

대기업 또는 VC가 적극 투자에 나서지 않는 것은 투자할 만한 매물이 많지 않다는 지적도 있는데,[31] 만약에 유망한 벤처기업이 있다면 벤처 지주회사든, 계열사든, 외국계 기업이든 적극적으로 M&A에 나설 것이다.

이런 상황에서 지주회사 CVC 보유 허용의 사회적 편익은 미미

28 박준석, 「CVC 규제가 대기업의 벤처투자 활성화 가로막는다고?」, 『한국일보』(2018. 08.07.).

29 김주성·홍다혜, 「기업주도형 벤처캐피탈의 국내·외 투자현황 및 운영사례 분석」(2014).

30 CB Insights(Aug. 10, 2020).

31 국회입법조사처, 「기업주도형 벤처캐피탈(CVC)의 규제완화 쟁점과 개선방안(1)」(2019).

할 것이다. 정부는 지주회사 CVC 보유 허용의 필요성으로 다음 세 가지를 지적했다. 첫째, 대기업의 더 신속하고 적극적인 벤처 투자를 촉진하여 풍부한 유동성을 이용한 벤처 투자를 확대한다는 것이다. 그러나 지주회사의 자회사로 CVC 설립을 허용해도 국내 벤처 투자는 크게 늘지 않을 것으로 예상된다. 공정위에 따르면, CVC 설립을 검토할 것이냐는 조사에 긍정적 응답을 보낸 지주회사는 68곳 중 18곳에 불과했고, 이 중 대기업집단은 7곳뿐이었다. 좀 더 구체적으로 살펴보면, SK(SK텔레콤아메리카)와 LG(LG테크놀로지벤처스)가 이미 해외 CVC를 보유 중이고, 삼성벤처투자의 국내 투자 비중이 4%를 넘지 않는다. 삼성벤처투자를 제외한 7개 국내 CVC 펀드(포스코, 한화, KT, 두산, 카카오, 네이버, 호반건설) 규모는 1조 4천억 원 미만으로 삼성벤처투자의 1/2 수준임을 고려하면, 새로운 CVC가 조성되더라도 국내 벤처투자는 미미할 것으로 예상된다. 특히 시중의 풍부한 유동성을 고려할 때, 지주회사 소속의 CVC가 없어서 시중의 자본이 벤처기업에 유입되지 않는다는 말은 어불성설이다.

둘째, 대기업의 신(新)산업 진출 등을 위한 전략적 투자를 활성화하여 벤처 생태계의 질적 제고를 도모할 수 있다는 것이다. 그러나 CVC가 스케일업(규모 확대)이나 M&A에 주로 투자하는 것은 아니다. 오히려 CVC 투자의 약 40%는 초기 단계 벤처에 대한 투자다.[32] 또한 삼성벤처투자를 비롯한 40여 개의 국내 CVC가 운영되고 있고 글

32 김주성·홍다혜, 「기업주도형 벤처캐피탈의 국내·외 투자현황 및 운영사례 분석」(2014).

로벌 CVC들이 매우 활발하게 활동하고 있는 상황이다. 그런데 벤처기업의 스케일업 및 대기업의 M&A 등 대형 투자가 활성화되지 않은 것이 일반 지주회사 보유의 CVC가 허용되지 않았기 때문이라는 주장은 근거가 없다.

마지막으로, 벤처·대기업의 상호 협력관계에 기반한 동반 성장을 촉진한다는 주장이다. 그러나 벤처기업과 대기업의 상호 협력관계에 기반한 동반성장 촉진과 일반 지주회사의 CVC 보유 허용은 별개의 문제이다. 이미 존재하는 대기업 CVC와 벤처기업의 상호 협력관계도 잘 형성되어 있지 않은데, 이는 재벌 대기업의 벤처기업에 대한 기술 탈취가 만연하기 때문이다. 또한 CVC가 투자한 중소벤처기업이 대기업집단 편입 요건을 충족해도 계열사로 인정하지 않는 특혜 기간을 기존 7년에서 10년간으로 확대해 준다면, 재벌 소유의 벤처기업들이 중소벤처기업에 돌아가야 할 정책적 혜택을 가로채, 중소벤처기업 생태계 자체가 무너질 수도 있다.

이에 반해, 지주회사 CVC 보유 허용의 사회적 비용은 매우 크다. 먼저, 지주회사제도가 무력화될 수 있다. [그림 4-1]에서 볼 수 있듯이, 자회사나 손자회사가 또 다른 자회사인 CVC 펀드에 출자를 할 수 있으므로, 사실상 자회사가 자회사에, 또는 손자회사가 자회사에 출자하는 것을 허용하게 되는데, 이는 지주회사 규율의 근본을 훼손하여 지주회사 체제의 경제력 집중 억제 장치를 무력화하는 것이다.

또한 현재 제시된 제한적 CVC가 금산분리에 미치는 영향이 당장에는 미약하다고 하더라도, 금산분리라는 댐을 허무는 작은 구멍

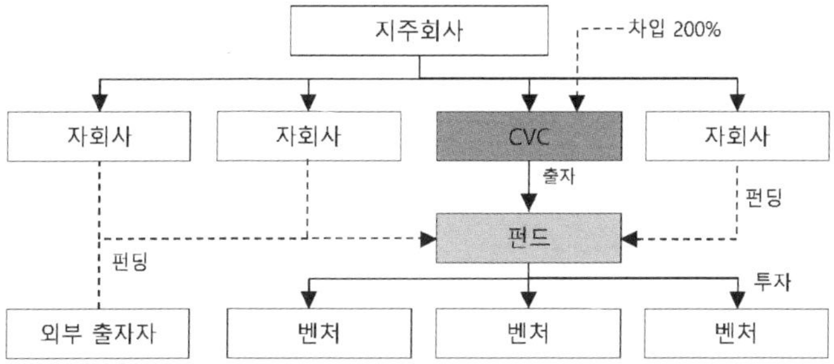

그림 4-1 | CVC 자금조달 및 투자 구조도[33]

으로 이후에 악용될 수 있다. 이미 인터넷 전문은행 특례법 제정과 개정 과정에서 더불어민주당이 이런 전례를 보여 준 바 있고, 과거 공정거래법상의 출자총액제한제도를 유명무실화할 때도, 예외 조항·적용 제외·졸업 조건 등을 순차적, 지속적으로 도입한 바 있다. 2장 「더 알아보기」에서 살펴본 것처럼, 2007년 지주회사 규제의 완화로 지주회사 도입의 취지가 후퇴한 상황에서, 지주회사의 CVC 보유 허용을 통한 금산분리 완화와 출자 단계 규제의 우회는, 거의 하나 남은 경제력 집중 규제인 지주회사 규율도 무력화시키는 출발점이 될 수 있다. 특히 굳이 신기술 사업 금융업자 형태의 CVC 허용을 고집하면서도 업무 범위를 '투자'로만 제한하는 것은, 이를 통한 금산분리 완화의 첫걸음을 떼겠다는 이유를 제외하면 합리적 이유를 찾을 수 없다. 또한 벌써부터 CVC를 빌미로 중간 금융 지주회사를 거

33 관계 부처 합동, "「일반지주회사의 CVC 제한적 보유」 추진방안"(2020.07.30.).

론하는 것은 매우 우려하지 않을 수 없는 일이다.

둘째, 총수 일가의 새로운 사익 편취 수단으로 악용될 개연성이 있다. 총수 일가가 CVC에 투자할 수도 없고, CVC가 총수 일가 계열사에 투자할 수도 없으므로 사익 편취 문제가 발생하지 않는 것은 아니다. 일감 몰아주기 형태의 사익 편취와 달리, 벤처를 활용한 새로운 사익 편취의 가능성이 여전히 존재하는데, 계열사들이 위험을 부담해 벤처에 투자하고, 성공한 벤처를 총수 일가의 지분이 높은 계열사가 취득하게 하는 방식으로 사익 편취가 발생할 수 있다.

자기 자본으로 전략적 투자를 하기 위해 벤처 투자를 하는 것이 CVC의 주요 차별성인데, 이는 기존의 벤처 지주회사 제도를 활용해도 가능하다. 특히 벤처 지주회사의 비계열 벤처에 대한 지분 투자 상한을 현행 5%에서 15%까지 조정하는 것으로도 정부의 입법 취지를 충분히 달성할 수 있다. 예를 들어, 텐센트는 5~10% 지분을 스타트업에 투자하고 협력 관계를 구축해 스타트업을 육성하고 있다.[34]

마지막으로, 일반 지주회사가 보유하고 있는 사내유보금을 활용하게 한다면서, 자본금의 2배까지 차입을 허용하고 나아가 펀드 조정 시에 40%까지 외부 자금을 조달할 수 있도록 하는 것은 모순이다. 대기업집단 일반 지주회사(37개)의 현금 및 현금성 자산이 2019년 말 기준으로 약 25조 원인데 이들 사내유보금을 적극적으로 사용할 수 있도록 CVC를 허용해야 한다고 주장을 한다면, 일반 지주회사가 출자

34 Boston Consulting Group, "How the Best Corporate Ventures Keep Getting Better"(2018).

하는 자본금과 총수 일가가 출자하는 자본금만으로 CVC를 허용하고, 이 자금만으로 투자 펀드를 조성해 벤처 투자만 하도록 하는 것이 입법 취지에 더 부합된다.

그런데 이처럼 개악된 내용도 내용이지만, 입법 과정 역시 민주적이지도 당당하지도 않았다. 정의당 배진교 의원의 동의로 안건조정위에서 통과된 공정거래법 개정안은 정부 원안이었으나, 안건조정위 직후에 열린 정무위원회에서는 수정안이라는 이름으로 개악된 공정거래법을 더불어민주당과 국민의힘이 통과시켰다. 정치 도의를 내팽개치고 국회법 규정을 악용할 만큼 이런 개악이 필요했을까?

복수의결권 주식 도입

정부는 2020년 12월 22일 비상장 벤처기업에 1주당 10 의결권의 복수의결권 주식 발행을 허용하는 「벤처기업 육성에 관한 특별조치법 일부 개정 법률안」(이하 '벤처법 개정안')을 국무회의에서 의결했고, 다음 날인 23일 국회에 제출했다. 이른바 공정경제3법 정부안이 2020년 여름에 국회에 제출되면서부터 숱한 논쟁과 사회적 관심을 끌었던 것과 달리, 복수의결권 문제는 조용하고도 신속하게 처리하려는 정부의 의도와 문제의 심각성에 대한 일반 국민의 이해 부족으로 인해 사회적 관심조차 제대로 못 받고 있다. 그러나 복수의결권 문제는 공정경제3법과는 비교도 할 수 없는 중요하고도 심각한 문제다.

문제의 심각성에도 불구하고, 복수의결권이라는 용어 자체가 많은 사람에게는 생소하다. 차등의결권 주식은 '1주-1의결권'의 보통주와 달리, 1주에 의결권이 1개 이상인 복수의결권 주식과 의결권이 1개 미만인 부분의결권 주식으로 구분되는데, 현재 우리나라 상법 제344조의3도 부분의결권 주식인 의결권 배제 주식을 주식 총수의 4분의 1까지 발행할 수 있도록 허용하고 있다. 따라서 우리나라가 차등의결권을 허용하지 않고 있다는 주장은 잘못된 것이다. 그럼에도 불구하고, 의결권 배제 주식은 아직까지 실제로 발행되지 않고 있다. 왜냐하면 자본 시장에서 수요가 없기 때문이다.

차등의결권 주식, 특히 복수의결권 주식은 적은 자본으로 기업을 지배할 수 있도록 만드는, 이른바 '소유와 지배 괴리'를 증가시키는 수단 중 하나이다. 그런데 한국에는 소유와 지배의 괴리를 증가시키는 다양한 수단들이 이미 존재한다. 예를 들어, 계열사 간 출자라는 수단을 이용해, 2020년 5월 기준 공시 대상 55개 재벌 총수 일가들은 평균 3.6%의 지분율로 57%의 의결권을 행사하고 있는 실정이다. 즉, 자기 자본에 비해 15배가 넘는 의결권을 이미 행사하고 있는 것이다. 이런 재벌들이 1주당 10의결권의 복수의결권마저 이용할 수 있게 된다면, 단순한 산술적 계산으로 1주에 150의결권의 행사도 가능해진다. 그야말로 철옹성을 쌓을 수 있다. 그뿐만이 아니다. 복수의결권을 이용한다면 4세 재벌 세습은 누워서 떡을 먹어도 체할 걱정이 없는 일이 된다.

소유와 지배 괴리 증가의 부정적 효과는 재벌 총수 일가의 사익편취와 경제력 집중 심화 등으로 우리가 이미 체감하고 있는 것이다. 물론 이론적으로는 긍정적 효과도 말할 수 있으나, 기업 재무 분야의 실증적 논의를 통해 부정적 효과가 더 크다는 합의가 이미 도출되었다고 할 수 있다. 따라서 미국의 경우에는 뉴욕증권거래소가 차등의결권 주식을 지닌 기업의 상장을 사실상 금지해 왔고,[35] 차등의결권 주식을 허용해 왔던 유럽이나 이스라엘, 호주 등에서는 1990년대에 법으로 금지하기 시작했다.

그런데 이런 흐름에 반전이 생긴 것은 2004년 구글의 상장 때문이었다. 글로벌 기술 기업들이 상장을 하면서 창업자의 경영권이 희석되는 것을 막기 위해 복수의결권 주식의 허용을 강하게 요구했고, 이를 뉴욕증권거래소가 받아들인 것이다. 이른바 창업자의 '독창적인 리더십(golden touch)'을 보호해 주는 것의 공익이 더 크다는 논리였다. 그러나 차등의결권을 보유한 IPO가 늘어나고, 또 이와 관련된 자료가 축적되면서, 이런 독창적인 리더십이 오래 지속되지 않으며 따라서 복수의결권에 대한 일몰(sunset)[36]이 필요하다는 실증적 근거들이 제시되었다.[37] 이에 따라 최근에는 복수의결권 주식에 대한 여러 가지 일몰 조항들이 도입되고 있다.[38]

정부의 벤처법 개정안도 이런 일몰 조항을 두고 있으므로, 언뜻 보면 부작용에 대한 대비를 하고 있는 것으로 비칠 수 있다. 그러나 현재 정부가 추진하는 복수의결권 허용은 이상의 논의와 궤를 같이

35 1980년 후반 이후 AMEX(미국의 소형 거래소)에서는 차등의결권을 보유한 상장을 허용해 왔다.

36 복수의결권 주식을 보통주로 전환하는 것을 의미한다.

37 Gompers, Ishii & Metrick, "Extreme Governance: An Analysis of Dual-Class Firms in the United States"(2010).

38 Bebchuk & Kastiel, "THE UNTENABLE CASE FOR PERPETUAL DUAL-CLASS STOCK"(2017).

하지 않으며, 재벌 세습의 제도화라는 '노림수'일 뿐이다.

첫째, 외국 사례에서 복수의결권을 요구한 경우는 유니콘 기업이 상장할 때였다. 그런데 문재인 정부는 비상장 중소벤처기업을 유니콘 기업으로 육성하기 위해서라는 명분을 내세웠다. 이 말은 실증적으로도 논리적으로도 모순이다. 불확실성이 높은 벤처기업에 투자하는 VC가 경영자가 전권을 행사할 수 있는 복수의결권을 가진 중소벤처기업에 선뜻 자금을 투자하겠다고 할 리 없고, 또 창업자의 경영권 보호가 기업에 도움이 된다면 복수의결권이 아니어도 재무적 투자자가 사적 투자 계약을 통해 창업자의 경영권 보호에 충분히 합의할 수 있기 때문이다. 이럼에도 불구하고, 복수의결권을 허용하면 중소기업 경영자들이 경영권 희석 없이 투자를 받을 수 있어 벤처기업 육성에 기여한다는 주장은 혹세무민이다. 실제로 중소벤처기업부가 만든 법안의 초안에는 복수의결권 주식 발행 요건으로 누적 투자액 100억 원 이상이면서 마지막으로 유치한 신규 투자액이 50억 원 이상일 경우를 제시했는데, 이 기준을 만족하는 벤처는 대부분 이미 유니콘 기업들에 해당한다.

둘째, 비상장 벤처기업에 허용하는 복수의결권은 재벌 세습에 악용될 수 있다. 이것이야말로 외국 사례에는 없는 한국적 특수 상황인 것이다. 예를 들어, 재벌 4세가 벤처기업들을 창업하고, 이 비상장 벤처기업들이 복수의결권 주식을 발행한다고 가정해 보자. 이 경우에 재벌 3세가 보유한 지주회사나 대표회사의 지분을 이 벤처기업들의 보통주와 교환하는 방식으로 재벌 4세가 손쉽게 세습할 수 있게 된다. 또한 복수의결권 주식을 10년 이후에 보통주로 전환해야 한다고 할지라도, 재벌 4세가 새로운 벤처기업을 만들어 복수의결권 주식을 발행하고 두 벤처기업을 합병하면, 사실상 '10년 일몰 규정'은 무의미해진다.

이런 시나리오의 유일한 걸림돌은 "벤처기업은 중소기업이고, 재벌 계열사는 중소기업이 될 수 없다"는 현재의 법 조항이다. 그러나 향후에 벤처기업 육성을 핑계로 벤처기업이 중소기업이어야 한다는 조항이나, 재벌 계열사는 중소기업이 될 수 없다는 조항을 삭제하면 그만이다. 결국 비상장 벤처기업에 복수의결권 주식을 허용하는 것은 대한민국을 재벌 왕국으로 만드는 첫걸음일 뿐이다.

더 알아보기

○ 동일인 지정제도

공정거래법상 '동일인'은 기업집단의 범주와 그 지배자를 결정하는 핵심적 개념으로, 경제력 집중 규제뿐 아니라 기업결합 제한 규정 및 부당지원 행위 규제 및 특수관계인에 대한 부당한 이익제공 행위 금지 규정에서도 사용되고 있다.

동일인은 법인일 수도 있고, 자연인일 수도 있다. 통용되는 재벌 '총수'라는 용어는 동일인으로 지정되는 자연인을 의미하는데, 이 경우 총수 일가는 사익 편취 규제의 대상이 된다. 공정거래법 제2조는 '동일인이 사실상 그 사업 내용을 지배하는 회사의 집단'을 기업집단으로 정의한다. 따라서 자산 5조 원 이상인 공시대상 기업집단 지정의 첫 관문은 '동일인' 지정이며, 동일인 지정의 기준은 '사실상 지배'이다.

'사실상 지배'는 인도와 이스라엘 상법 등에서 사용되는 개념이다. 이와 같은 동일인 개념에는 아무런 문제가 없으나, 쿠팡 사례처럼 공정거래위원회의 법 적용에 문제가 있을 수 있는데, 이는 궁극적으로 사법절차를 통해 해결될 수 있어야 한다.

예를 들어, 네이버는 공시대상 기업집단으로 2017년에 지정되었는데, 이때 공정거래위원회는 이해진 전 네이버 의장을 동일인으로 지정했다. 그러나 이 전 의장의 네이버 지분이 4.46%에 불과하고 대표이사뿐 아니라 이사회 의장직까지 내려놓았다면서, 이 전 의장의 동일인 지정을 반대하는 주장이 제기되기도 했다.

그러나 공정거래위원회는 지분 분포, 경영활동 및 임원 선임 등에 대한 영향력 등을 고려해, 이 전 의장이 실질적으로 네이버를 지배하고 있다고 판단하고 동일인으로 지정했다. 뜻밖에도 네이버 내부에서 2020년 성과급에 대한 불만이 터져 나오자, 이를 수습하기 위해 임직원에게 발송된 이메일에서 이 전 회장은 "세상이 다들 보상만 이야기할 때 우리는 우리 사업에 대해서 점검하고 고민해야 한다"며 "사업 방향을 잘 잡고 사업이 잘돼야 결국 좋은 보상이 지속적으로 이뤄진다"고 했다. 이어 "솔직히 나도 이 회사를 떠나기 전에 '해진이 형이 쏜다' 뭐 이런 거 한 번 해서 여러분에게 칭찬받고 사랑받고 하는 것을 해 보고 싶긴 하다"고 덧붙였다. 결국 이 전 의장이 사실상 네이버를 지배하고 있다는 공정거래위원회의 판단이 옳았음이 확인된 것이다.

그런데 2021년에 쿠팡이 공시대상 기업집단으로 지정되면서 외국인을 동일인으로 지정할 수 있는가라는 논쟁이 일었다. 김범석 의장이 복수의결권 주식으로 모회사인 미국 쿠팡을 실질적으로 지배하고 있음에 토를 달 사람은 없다. 그런데 일각에서 공정위가 '에쓰오일'의 동일인으로 '아람코'라는 법인을 지정한 것을 두고, 김범석 의장을 동일인으로 지정한다면 제3국 투자자와 비교해서 불리하게 대우하지 않는다는 한미FTA의 규정에 어긋날 수 있다는 주장을 했다. 사우디아라비아는 왕국이고, 아람코는 사우디아라비아의 국영기업이다. 과거 우리 공기업집단을 공시대상 기업집단으로 지정했을 때, 법인을 동일인으로 지정한 것과 동일한 논리로 아람코를 동일인으로 지정하고 있는 것이다.

김범석 의장이 동일인으로 지정되지 않으면, 그와 친인척의 기업들을 파악하기도 어렵고, 이런 기업들에 일감 몰아주기로 사익 편취를 하더라도 동일인이 아니기 때문에 공정거래법 제23조의2의 규율을 받지 않게 된다. 이미 동일인과 공시대상 기업집단 지정 과정에서 이해진 전 네이버 의장 본인과 친족이 관련된 3개 회사가 드러난 바 있다. 2022년에 공정거래위원회가 쿠팡의 동일인 지정을 변경할지 주목된다.

5장

민주 공화국의 회복을 위해서

"민주 공화국의
회복을 위해서
무엇보다
경제력 집중의 해소가
필요불가결하다."

재벌 중심의 경제 발전의 결과로, 경제력 집중이 심화되었고 재벌과 총수 일가는 한국 사회의 게이트키퍼가 되어 버렸다. 재벌 총수 일가는 자신들이 통제하는 경제적 자원을 활용해 사법적 특혜를 누려 왔으며, 나아가 자신들에게 유리한 법령을 만들거나 규제 개혁이라는 이름으로 불리한 법령을 사문화시키도록 정치인과 관료들을 포획하고 있다. 그뿐만 아니라, 이런 일탈을 감시하고 비판해야 할 언론과 시민 단체들도 재벌의 영향력으로부터 자유롭지 못한 것이 현실이다. 사실상 재벌 총수 일가는 '사회적 특수 계급'이 되었고, 대한민국은 재벌 공화국이라는 오명을 쓰고 있다.

진정한 의미에서 민주 공화국의 회복을 위해서는 재벌의 경제력 집중을 해소할 개혁이 필수적이다. 재벌의 경제력 집중을 해소하는 것과 더불어 법조계·언론계·행정부의 독립성을 강화할 수 있는 제도적 장치도 필요하다. 그런데 실질적인 민주주의의 회복은 시장경제 질서의 확립과 밀접한 관련이 있으며, 시장경제 질서의 확립은 혁신과 공정한 경쟁의 제도적 기반이 된다.

1. 민주 공화국의 회복을 위한 재벌 개혁

시장경제와 민주주의

"시장이 무엇인가?"라는 질문은 경제학에서 가장 근본적인 질문이다. 그럼에도 불구하고, 시장을 제대로 이해하고 있는 사람은 드물다. 혹자는 '시장 만능주의'를 경계해야 한다고 하고, 혹자는 '시장을 이기려고 해서는 안 된다'고 주장한다. 이런 양극단의 주장은 시장을 마치 자존자(自存子), 즉 스스로 존재하는 실체처럼 여긴다는 공통점을 지니고 있다. 그러나 시장이 잘 작동하는지 여부는 이에 필요한 법과 제도를 갖추고 있는지에 달려 있다.

스탠퍼드대학 맥밀런(J. McMillan) 교수는 『시장의 재발견(*Reinventing the Bazaar: A Natural History of Markets*)』이라는 저서에서, 시장을 시장 거래가 이뤄지는 물리적 공간이나 사이버 공간으로 정의하고, 고대부터 시장들이 자연발생적으로 생성되고 진화해 왔음을 풍부한 예시로 설명하고 있다. 이러한 자연발생적 시장들은 중세시대 영국에서 유행했던 마을 축구(folk football)에 비유할 수 있다. 당시 마을 축구에는 제도화된 규칙이 거의 없었다. 마을 축구 규칙은 마을마다, 시합마다 달랐다. 그러나 1863년 축구협회와 1871년 럭비조합이 결성되어 경기 규칙들이 성문화되고, 마을 축구는 오늘날 전 세계인의 스포츠인 축구와 럭비로 도약할 수 있었다.

축구의 비유에서처럼, 시장경제의 제도화란 시장 거래가 제도화되고 법적인 보호를 받는 체제를 갖추는 것이라고 할 수 있다. 19세기의 자유주의적 시장경제에서는 시장 거래가 사적 자치에 의한 계약으로 이뤄졌고, 평판과 관습에 의해 보호를 받았다. 그러나 20세기부터는 기업의 대규모화와 경제의 복잡화로 인해 이런 사적 자치만으로는 시장 거래가 제대로 보호되고 장려되기 어렵게 됐다.

그렇다면 시장 거래란 무엇인가? 시장 거래란 거래 당사자가 거래 자체를 거부(veto)할 수 있고, 자유롭게 거래 조건에 동의할 수 있는 자발적 교환이라고 할 수 있다. 따라서 재산권의 정립 및 보호야말로 시장경제의 가장 기본이다. 그런데 사유재산권의 보호는 단지 실체법에 명문화된다고 저절로 이뤄지는 것도 아니다. 재산권과 관련된 분쟁이 발생할 경우에 이를 해결하기 위한 공정한 사법 절차와 재산권 침해에 대한 적정한 손해배상 제도가 확립되어야만 실질적으로 재산권의 보호가 이뤄지는 것이다.

재산권 보호는 수직적 재산권 보호와 수평적 재산권 보호로 나누어 생각해 볼 수 있다. 수직적 재산권 보호란 엘리트나 지배계급으로부터 사회적 약자의 재산권이 보호되는 것을 의미하며, 수평적 재산권 보호는 사회적으로 동등한 지위를 가진 계약 당사자 간의 재산권 보호를 지칭한다. 재산권 보호 중에서 특히 중요한 것은 엘리트로부터 사회적 약자의 재산권이 보호되는 수직적 재산권 보호인데, 이는 노동자에게 근로 의욕을 증진시키고 사업가에게 혁신의 유인을 제공한다. 그런데 약자의 재산권이 실질적으로 보호되기 위해서는, 법의 지배가 확립되어야 한다. 사회적·경제적·정치적 지위와는 무관하게 만인에게 평등한 법의 적용과 집행이 보장되지 않는 사회에서 약자의 재산권 보호가 이뤄질 리는 없다.

3장에서 살펴보았듯이, 20세기 초 미국에서의 거대 기업과 거대 기업집단의 등장은 경제력 집중의 우려를 낳았는데, 경제력 집중이 존재하는 경우에 평판과 관습에 의해 보호받는 사적 자치에 의한 계약으로는 시장경제가 제대로 작동할 수 없음을 간파한 것이다. 따라서 경제력 집중을 해소하기 위한 진보적 운동이 전개되었고, 미국 대법원에 의해 1911년에 스탠더드오일은 90개의 독립 기업으로 분할됐다. 이후에 대기업집단이 다시 형성되었지만, 대공황기에 뉴딜 정책을 통해 미국의 대규모 기업집단은 사실상 해체되었다. 따라서 뉴딜 정책의 중요한 함의 중 하나는 제도화된 시장경제의 정립이라고 할 수 있다.

그런데 21세기에 들어와 금융산업의 거대화와 플랫폼 산업의 등장으로 또다시 시장경제의 오작동에 대한 경고가 미국의 진보와 보수 진영 모두에서 터져 나오고 있다. 진보적 경제학자인 로버트 라이시(Robert B. Reich)는 『자본주의를 구하라』라는 책에서 오늘날의 새로운 경제 환경 속에서 시장이 제대로 작동하지 못하고 있음을 지적하고 있다. 미국 대법원 판사였던 브랜다이스(L. Brandeis)는 경제 및 정치 권력이 소수의 손 안에 집중되는 문제를 막기 위해 "경제력의 집중을 규제(fighting 'bigness')"하는 데 반독점 규제의 초점을 맞춰야 한다고 주장한 바 있는데, 보수 경제학의 본산인 시카고대학의 스티글러 센터(Stigler Center)도 경제력 집중의 문제를 다시 본격적으로 제기하면서, 브랜다이스의 주장을 재조명했다.[1]

2021년 6월 11일에 데이비드 시실린(David N. Cicilline) 미국 하원 법사위 반독점소위 위원장과 켄 벅(Kenneth R. Buck) 공화당 간사를 비롯한 양당 의원은 "더 강력한 온라인 경제: 기회, 혁신, 선택"을 위한 반독점 아젠다(Anti-Monopoly Agenda for "A Stronger Online Economy: Opportunity Innovation, Choice")라는 명명하에 총 5개 법안을 공동으로 발의했다.[2] 법안은 시가총액 6000억 달러 이상, 월 활성 사용자 5000만 명 이상 되는 빅테크가 적용 대상인데, 현재 기준으로는 아마존, 애플, 메타(페이스북의 새로운 이름), 구글 등 네 곳만 적용된다.

5개 법안 중에 「플랫폼 독점 종식 법안(Ending Platform Monopolies Act)」은 빅테크 기업이 운영하는 플랫폼에서 자사 상품을 팔 수 없도록 하는 것이 핵심이다. 예를 들어 아마존은 아마존닷컴에서 16종의 자체 브랜드(PB: Private Brand) 상품을 '아마존 베이식'이라는 이름으로 저렴하게 팔고 있다. 그러나 이는 다른 판매자의 이익을 침해하기 때문에 플랫폼 운영과 판매를 분리시켜야 한다는 것이 해당 법안의 내용이다. 만약 해당 법안이 통과되면 아마존은 아마존닷컴을 자체 PB 상품만 파는 공간과 다른 업체들의 물건을 파는 공간으로 쪼개거나, 자체 PB사업을 중단해야 할 수도 있다.

「플랫폼 경쟁과 기회 법안(Platform Competition and Opportunity Act)」은 메타(당시 페이스북) 같은 시장 지배적 플랫폼 사업자가 인스타그램과 같이 시장에 막 진입한 잠재적 경쟁자를 인수하는 '킬러 합병(killer

1 Stigler Committee on Digital Platforms, *Final Report*(2019).

2 https://cicilline.house.gov/press-release/house-lawmakers-release-anti-monopoly-agenda-stronger-online-economy-opportunity

acquisitions)'에 대해 경쟁 당국의 기업 결합 심사를 강화하는 법안이다. IT대기업이 다른 기업을 인수하려면 인수 결정이 시장의 온라인 플랫폼 사업자의 시장 지배력을 확장하거나 진입장벽을 쌓는 것이 아님을 스스로 증명해야 한다. 구글이나 메타 등이 막강한 자금력을 바탕으로 스타트업들을 인수해서 몸집을 불리고 시장 경쟁을 저해하는 일을 더 이상 허용하지 않겠다는 취지이다.

「서비스 갈아타기를 촉진해 호환성과 경쟁력을 강화하는 법안(ACCESS: Augmenting Compatibility and Competition by Enabling Service Switching Act)」은 사용자가 기존 서비스에서 다른 서비스로 갈아탈 때 한 기업이 수집한 데이터를 다른 기업에 전송해 공유해야 하는 데이터 이동성과 호환성을 강제로 높이도록 하여 다른 서비스로 갈아타는 진입장벽과 비용을 낮춘다는 내용이다.

이 외에도 「미국 혁신과 온라인 선택 법안(American Innovation and Choice Online Act)」은 빅테크 대기업의 제품이나 검색 결과에 자사 서비스를 우선 노출하는 것을 금지하고 있는데, 구글 검색 결과에 유튜브나 구글맵 안내 내용이 먼저 나오면 안 된다는 것이다. 또한 「기업 합병 심사료 현대화 법안(Merger Filing Fee Modernization Act)」은 경쟁 당국이 경쟁법 집행에 충분한 자원을 확보할 수 있도록 20년 만에 기업 결합 심사료를 올리는 내용을 담고 있다.

2021년 7월 9일에는 바이든 미국 대통령이 「미국경제에 경쟁을 촉진하기 위한 행정명령(Executive Order on Promoting Competition in the American Economy)」을 발동했다.[3] 이 행정명령은 12개 이상의 미국 전문 규제기관에 대한 72개의 지침으로 이뤄져 있는데, 앞서 소개한 미 하원에 제출된 법안의 핵심적인 내용 일부를 포함하고 있다. 먼저 연방거래위원회(FTC)와 법무부(DOJ)는 시장 지배적 인터넷 플랫폼의 신생 기업 인수, 일련의 기업 인수, 데이터의 축적, '공짜' 제품을 제공하는 경쟁, 사용자의 사생활에 대한 영향 등을 기업 결합 심사에 더 엄밀히 고려해야 하며, 연방거래위원회는 데이터 감시와 축적에 관한 규정, 빅테크 플랫폼이 자신의 플랫폼을 이용하는 중소기업과 벌이는 불공정한 경쟁을 감시할 규정을 확립해야 한다.

바이든 대통령은 이 같은 행정명령을 발동한 이유가, 기업의 영향력이 너무 비대해진 탓에 생기는 위협에 대응하기 위해서라는 점을 분명히 했다. 주목할 점은 이 같은 결단이, 시어도어 루즈벨트 행정부가 스탠더드오일이나 모건의 철도회사 등 신탁(trust)을 분할한 것과 1930년대 말에 플랭클린 루즈벨트 행정부가 적극적으로 반독점 정책을 실행한 것과 동일한 담대한 행동이라고 밝히고 있다는 것이다.

플랫폼 산업의 독점화와 거대한 사업자의 출현을 경쟁법 차원에서 다루고자 하는 이러한 시도가 충분하지 않다는 주장도 제기되고 있다. 대표적 사례를 들자면, 노벨 경제학상 수상자인 뉴욕대학교 로머(Paul M. Romer) 교수가 2019년 뉴욕타임즈 기고문에서 기업 규모에 따른 누진세 도입을 주창한 바 있다.[4] 이른바 '누진적 피구세(a

3 https://www.whitehouse.gov/briefing-room/statements-releases/2021/07/09/fact-sheet-executive-order-on-promoting-competition-in-the-american-economy/

4 Kasperkevic, "Paul Romer: 'If You Think Moderation is Censorship, You've Got a Competition Problem'"(Jan. 15, 2021.).

progressive "Pigouvian" tax)'[5]는 플랫폼 산업에서 흔히 발생하는 매출이 늘수록 평균 비용이 감소하는 '규모의 경제' 효과를 상쇄시켜 기업이 공정하게 경쟁할 수 있는 환경을 회복시키자는 것이다. 누진적 피구세가 좁은 의미의 경제적 효율성을 감소킬 수는 있으나, 경제력 집중으로 인한 시장경제나 민주주의의 유명무실화까지 고려한 넓은 의미의 체제 효율성을 고려하면 합리적인 과세라는 것이 로머 교수의 주장이다. 로머 교수는 또한 누진적 피구세를 디지털 광고가 발생하는 곳에서 과세할 수 있을 것이라고 지적한다.

지금까지 살펴봤듯이, 현재 한국의 경제 현실은 20세기 초 미국의 진보적 운동이 우려했던 경제력 집중의 폐해가 극심하면서 동시에 플랫폼 산업과 빅테크의 문제도 발생하고 있는 상황이다. 미국의 경제 전문지 월스트리저널은 한국의 대형 기술 스타트업이 재벌을 대체하며 한국 경제 구조를 변화시키고 있다는 전망도 내놓고 있다.[6] 월스트리저널은 한국에서 생명공학, 라이드 헤일링(차량 호출 서비스), 온라인 결제 등의 분야에서 새로운 사업이 떠오르고 있다며 "한국이 대형 기술 스타트업들의 온상이 되고 있다"고 설명했다. 글로벌 시장 조사 기관 CB인사이트에 따르면, 현재 한국에는 10억 달러(약 1조 1400억 원) 이상의 가치를 지닌 유니콘 기업 또는 신생 민간 업체 열 곳이 있다.

그러나 3장에서 설명하였듯이, 유니콘 기업은 주로 B2C(Business

5 생산량에 기반해 과세하는 것으로, 공해와 같은 외부성 문제를 해결하기 위해 제안된 세금이다.

6 Frances Yoon, "Big Tech Startups Spring Up in South Korea"(Jul. 7, 2021.).

to Consumer) 분야에서 출현하고 있으며, 벤처기업 매출이 74% 이상을 차지하는 B2B(Business to Business)에서 혁신은 여전히 저조하다. 또한 전통 제조업의 경쟁력 상실[7]과 환경 규제로 인한 급격한 비용 상승[8]도 한국 경제에 중대한 도전이다. 아울러 유니콘 기업들이 빅테크로 성장하면서 제조업 재벌들과 별다른 바 없이 일감 몰아주기나 레버리지[9]를 이용한 사업 영역 확장과 같은 행태를 보여 주고 있다. 따라서 월스트리저널의 예상과 같이 빅테크나 플랫폼 기업이 재벌을 대체하기보다는 이들이 새로운 재벌이 되어 기존 재벌 체제에 편입될 가능성이 더 클 것으로 전망된다. 이런 전망의 근거로 다음 소절에서 다룰 라틴아메리카의 경험을 들 수 있다.[10]

라틴아메리카의 정치-경제 보완성

식민 지배하에서 저개발 상태에 있던 라틴아메리카 국가들은 19세기 중반에 독립을 하게 되는데, 이후 산업화 과정을 거치면서 경제가 급격하게 발전했다. 그러나 또다시 1930년대부터 경제 성장률

7 박상인, 『왜 지금 재벌 개혁인가?』(2017) 참고.

8 김덕식·전경운·오찬종, 「유럽서만 매년 1조 원 낼 판… 글로벌 탄소세 '모락모락'」, 『매일경제』(2021.07.05.).

9 레버리지(leverage)는 지렛대 효과라고 번역할 수도 있는데, 이 맥락에서는 기존 사업을 지렛대 삼아 다른 사업 영역으로 쉽게 진출하는 현상을 의미한다.

10 Schneider, *Hierarchical Capitalism in Latin America: Business, Labor, and the Challenges of Equitable Development*(2013); Musacchio & Lazzarini, *Reinventing State Capitalism: Leviathan in Business, Brazil and Beyond*(2014).

이 떨어지고, 1970년대부터는 정체 상태에 빠졌다.

과연 1930년대에 라틴아메리카에서 어떤 일들이 발생한 것일까? 이를 멕시코의 사례를 통해 좀 더 자세히 살펴보면 다음과 같다.[11] 1890년대부터 1930년대까지는 멕시코에서 산업화가 진행된 기간이었다. 그런데 이 첫 번째 산업화 기간에 대량 생산을 하는 대기업과 이들 대기업으로 구성된 멕시코 재벌들이 형성되었다. 그러나 대공황과 뉴딜을 거치면서 미국의 재벌들이 소멸된 것과 달리, 멕시코에서는 오히려 1930년대 이후 재벌 체제가 더 강화되었다. 이것은 멕시코 정부의 일련의 친재벌 정책 때문이었다.

1934년에 멕시코 정부는 증여세를 지방정부가 징수하고 이 중 40%를 중앙정부에 이전하는 증여세법을 통과시켰으며, 1961년에는 아예 증여세를 폐지하고 중앙정부가 이로 인한 지방정부 세수 부족을 보조해 주기로 했다. 또한 세대 간 증여로 인해 총수 일가의 지배권이 분산되는 것을 막을 수 있도록 지주회사와 신탁이 허용되었다. 지주회사에 대한 총수 일가의 주식은 지주회사나 신탁에 보관되도록 했으며, 이렇게 보관된 주식을 처분할 때는 총수 일가의 다른 가족 구성원이 우선적으로 구매할 수 있도록 했다.

또한 1934년에 「상업회사 일반법(General Law of Commercial Company)」을 통해 차등의결권 주식 발행을 허용했는데, 복수의결권 주식, 의결권이 없거나 제한된 주식의 발행이 허용되었다. 그러나 외국인이나

11 이하의 논의는 Hoshino, "Institutional Conditions of Ownership and Control in Large Mexican Business Groups"(2016)를 주로 참고하였다.

외국 기업은 의결권이 있는 주식을 살 수 없으며, 참여 증명서(CPO: Certificados de Participation Ordinario)만을 구매할 수 있는데, CPO 구매자는 배당만 받을 수 있고 의결권은 행사할 수 없었다. 이를 통해 멕시코의 재벌 기업은 외국 투자자에 의해 인수나 합병될 위협에서 벗어났다.

2차 세계대전 이후부터 1982년까지는 '멕시코화(Mexicanization)'라는 이름으로 수입 대체 산업화(Import Substitution Industrialization) 기간이 이어졌는데, 이때 멕시코 재벌들이 추가로 생겼고 그들의 자산 규모도 더 커졌다. 1982년의 외환(채무)위기 이후에는 멕시코 재벌들의 재편이 이뤄졌는데, 경제 위기에서 살아남은 재벌들이 있었던 반면에 새로이 시장에 진입한 재벌도 생겨났다. 그러나 이런 모든 과정을 거쳤음에도 멕시코 경제에서 차지하는 재벌들의 비중은 변동이 거의 없었다. 멕시코 재벌들은 주로 내수 산업에 집중하고 있으며, 단일 집안에 의해 지배되고, 지주회사 체제로 다각화된 사업 영역에 진출해 있다. 멕시코에서 수출 부문은 주로 다국적기업들이 담당하고 있고, 원유 등의 에너지 부문은 국영기업이 담당하고 있다. 그러나 경제 위기가 발생하고 경제가 침체되면서 다국적기업이 국영기업을 대체했고 멕시코 경제에서의 비중을 높이고 있다.

1990년대 이후 라틴아메리카 여러 국가의 기업집단과 다국적기업 그리고 노동시장의 보완성을 종합적으로 연구한 MIT의 슈나이더(Ben R. Schneider) 교수의 2013년 저서인 『라틴아메리카의 계층 자본주의: 기업, 노동, 그리고 균형 발전에 대한 도전(*Hierarchical Capitalism in Latin America: Business, Labor, and the Challenges of Equitable Development*)』은 라틴아메리카 국가들에서 정치와 경제의 나쁜 보완성(complementarity)이 여전히 지속되고 있음을 확인하고 있다.

라틴아메리카의 기업집단들도 다각화된 사업 구조를 가지고 특정 가문에 의해 지배되고 있다. 그러나 한국 재벌과 차이점도 있다. 라틴아메리카의 다수 재벌 계열사들은 비상장 기업이고 또 상장된 기업들도 소유지배 구조에 대한 공시 의무가 약해서 재벌이 경제에서 차지하는 비중이나 소유 집중도를 정확하게 알기 어렵다. 그럼에도 불구하고, 여러 연구는 거의 모든 상장 기업에 지배주주가 있다는 결과를 보이고 있다.

또한 라틴아메리카 재벌들은 주로 내수 산업, 천연자원 산업, 규제 산업에 진출해 있고, 수출 및 제조업은 다국적기업을 중심으로 구성되어 있다. 이는 다국적기업의 라틴아메리카에 대한 진출의 역사가 오래된 데다 수입 대체 산업 정책을 채택했던 이유도 있지만, 1990년대 이후 국유화의 과정에서도 다국적기업의 진입에 대해 라틴아메리카 재벌들이 적극적으로 반대하지 않은 결과이기도 하다.

1990년대 이후에는 글로벌화로 인해 라틴아메리카에 신생 기업집단이 더 출현했으나 이들 역시 기존 재벌 체제에 곧 편입되었고, 다국적기업들은 그들의 이해와 직접 관련된 영역 외에는 국내 정치나 정책에 적극 관여하지 않았다. 따라서 1990년대 이후에도 여전히 라틴아메리카의 정치와 정책은 재벌의 영향력에 놓여 있다.

라틴아메리카 재벌들은 인적 네트워크, 싱크탱크, 산업별 협회 등을 통해서 적극적으로 자신들의 이익을 정책에 반영하고 있으며, 이해충돌이 있는 재벌 가문 사람이 정부 고위 관료에 임명되거나, 정부가 정책 결정에 앞서 재벌들에게 상의하는 경우도 있다.

비례대표제로 의회를 구성하는 선거 제도는 기득권을 보호하는 현상 유지적 정책이 지속되는 이유 중 하나이다. 비례대표제하에서 대통령이 속한 집권당이 의회의 과반을 점하는 경우는 거의 없고, 결국은 연립정부(이하 '연정')를 구성하게 된다. 따라서 재벌은 거대 정당보다 특정 정치인이나 소수 정당에 로비를 집중하면서, 연정에서 현상 유지적 정책이 채택되도록 영향력을 행사한다는 것이다.

라틴아메리카의 재벌은, 군부 독재 시절뿐만 아니라 1980년대 민주화 이후 좌파와 우파 사이에 정권이 교체되어도, 여전히 선거를 통해서뿐만 아니라 사법부와 미디어에 대한 영향력을 활용해 정치와 정책에 자신들의 이익을 반영하고 있다. 예를 들어, 멕시코 헌법은 시민들이 정부의 정책 집행을 멈추게 하는 가처분 소송을 허용하고 있는데, 개인의 권익 보호를 위해 도입된 이 제도가 오히려 재벌의 이익을 지키는 것에 악용되고 있다. 기업들이 경쟁법 집행이나 규제 집행을 방지하는 데 이를 악용하고 있는 것이다. 라틴아메리카에서 주요 미디어그룹도 재벌에 의해 소유되고 있는데,[12] 이들 미디어를 통해 재벌들은 여론 조성과 정책 결정에 지대한 영향력을 행사하고 있다.

이런 정치와 경제의 나쁜 보완성이 불평등과 재벌들에 의한 정치 포획을 더욱 강화하고 있다. 다국적기업이 다수를 차지하는 제조

12 대표적인 미디어그룹으로 멕시코의 텔레비사(Televisa)와 브라질의 글로보(Globo)를 들 수 있다.

업에서 국내 중소기업은 하나 또는 두 개의 다국적기업와 전속 거래에 묶이고 주로 저숙련 저비용 제품만 생산한다. 또한 재벌에 의해 지배되고 있는 내수 부문에서는 기술혁신에 대한 유인도 없고 저생산성·저임금·단기 일자리 중심으로 고용이 이뤄지는 실정이다. 라틴아메리카에서는 재벌 체제의 공고화와 함께 산업 구조의 고도화나 고부가 가치화에 따른 혁신과 변화도 멈춘 것이다.[13] 2004년 이후 브라질의 중도좌파 룰라(Luiz Inácio Lula da Silva) 정부는 신기술 정책과 국제화를 추진했는데, 이에 호응해 일부 브라질 재벌들이 R&D 투자와 하이테크 벤처에 투자를 늘리는 등의 변화가 일어나기도 했다. 그러나 이런 변화는 지속되지 못했다.

2013년 이스라엘 개혁의 교훈[14]

라틴 아메리카 국가들과 달리, 이스라엘은 경제력 집중 문제에 효과적으로 대응한 사례이다. 1985년 경제 안정화 프로그램(1985 Economic Stabilization Program) 이후 20여 년간 추진된 민영화의 결과로, 이스라엘에서는 특정 가문이 지배하는 거대한 금산 복합 재벌이 등장했고, 이에 따라 경제 전반에 경제력 집중 문제가 부각되었다. 이스라엘 중앙은행은 2009년도 연차 보고서에서 경제력 집중의 증거

13 1960년에 멕시코의 1인당 GDP는 한국의 약 3배였으나, 50년이 지난 2010년에는 한국의 3분의 1로 줄어들었다.

14 박상인, 『이스라엘의 2013 반경제력 집중법』(2021)의 일부 내용을 발췌 후 재정리하였다.

들과 해결책들을 제시했는데, 『더 마커(*The Marker*)』라는 이스라엘의 경제 신문이 이를 인용하면서 몇몇 타이쿤(총수)이 지배하는 기업집단에 의한 경제력 집중, 산업 독점, 은행업의 복점, 대기업과 언론의 유착, 친시장과 친기업 경제 정책의 차이 등에 관한 수백 편의 분석기사와 칼럼, 취재 기사들을 쏟아 내는 대대적인 캠페인을 전개했다. 이스라엘 정부도 경제력 집중에 관한 우려를 심각하게 받아들이기 시작했고, 결국 2010년 10월에 '경쟁력강화위원회(The Committee on Increasing Competitiveness in the Economy)'를 구성했다.

이 당시 이스라엘 정부가 가지고 있었던 우려는 경쟁력강화위원회의 최종 보고서에 다음과 같이 담겨 있다. 이스라엘 정부는 무엇보다도 기업집단이 금융회사와 비금융회사를 동시에 보유함으로써 발생하는 이해충돌이 궁극적으로 국가 경제의 경쟁력을 떨어뜨릴 가능성을 크게 우려하였다. 예를 들어, 산업자본이 소유한 은행을 통해 경쟁 사업자 또는 잠재적 경쟁 사업자에게 불리한 여신(與信) 조건을 제시함으로써 경쟁을 약화시킬 수 있다는 것이다. 나아가, 피라미드 구조의 기업집단이 몰락한다면 시스템 리스크를 야기할 수 있다는 점과 시장 진입 및 금융의 제약으로 경쟁이 제한되고 다면적 시장에서 담합이 발생할 가능성도 제기하였다. 또한 경영 능력이 검증되지 않은 2세로의 경영권 승계 문제와 내부거래를 통한 이스라엘 재벌 총수 일가의 터널링 역시 중대한 문제로 떠올랐다. 나아가 이스라엘 정부와 많은 지식인은, 경제력 집중으로 이스라엘 재벌이 정치와 언론에 과도하게 영향력을 행사하고 결국 국가적·사회적 의사결정이 재벌 총수의 이해관계에 따라 왜곡될 가능성을 심각히 우려하기

[표 5-1] 2013년 이스라엘 반경제력 집중법 주요 내용

주요 이슈	주요 내용
지배 구조	상장회사 2층 구조의 피라미드 기업집단만 허용. (이 기준을 충족하는 못 하는 기존 기업집단은 4년 안에 3층, 그리고 6년 안에 2층 구조로 이행해야 함.)
금산분리	주요 금융회사과 주요 실물회사를 동시에 지배하는 것은 금지. (주요 금융회사는 기업집단 전체의 금융 자산이 400억 세겔을 초과하는 은행과 비은행 금융기관 또는 어음교환소; 주요 비금융회사는 기업집단 전체의 매출 또는 부채가 60억 세겔 이상인 비금융회사 또는 1개 이상의 독점 시장에서 기업집단 전체의 매출이 20억 세겔 이상인 비금융회사)
국공유자산 권리 할당 조건	필수 인프라 분야에 국가자산의 권리(라이센스, 계약, 지배권)를 "경제력 집중 우려 기관"에 할당할지 여부를 판단할 때, "경제력집중완화위원회"를 통해 개별 산업의 경쟁 상황뿐 아니라 경제력 집중을 평가.

시작하였다.

이스라엘 의회는 2013년 12월에 「반경제력 집중법(Law for the Promotion of Competition and Reduction of Economic Concentration, 5774-2013)」[15]을 반대표 없이 사실상 만장일치로 통과시켰다. 반경제력 집중법은 금산분리 규제, 지배 구조 규제, 국공유자산 권리 할당 조건 등 3개 분야로 구성되어 있다. 2013년 「반경제력 집중법」 주요 내용은 [표 5-1]에 요약되어 있다.

이 법은 국공유자산의 권리를 할당할 때 경제력 집중 평가 대상을 "경제력 집중 우려 기관"으로 명명하고, '주요 금융회사', '주요 실

15 줄여서 통상 "Concentration Law" 또는 "Anti-Concentration Law"라고 부른다.

물회사' 외에도 방송법에서 정의하는 방송사와 '인쇄 매체' 그리고 이들을 지배하는 주체들(예를 들어, 지배주주 또는 그룹으로 지배하는 주주들)을 명시하고 있다. 또한 어떤 기업 또는 그 기업이 속한 기업집단이 특정 필수 인프라 분야에서 과반의 점유율을 차지하거나, 적어도 네 개의 필수 인프라 분야에서 라이센스나 계약의 10% 이상의 점유율을 차지하는 경우에도, 그 기업은 '경제력 집중 우려 기관'으로 지정된다. 여기서 규정하는 필수 인프라 분야는 전통적인 필수 인프라 산업인 도로·항만·운송·통신·에너지·상하수도 분야뿐만 아니라 중앙연금 정산 제도와 방송 분야도 포함하고 있다.

이 법은 이해충돌을 방지하기 위해서, '주요 실물회사'를 지배하는 총수와 그의 친족 또는 파트너, 임원 등은 '주요 금융회사'의 이사로 임명될 수 없고, 보험 회사와 연기금 같은 금융기관은 관련 규제 기관의 허락 없이 이사의 임명과 해임에 관한 투표 합의(voting agreement)를 할 수 없다. 이와 유사하게 지배주주가 없는 '주요 금융회사'의 이사 후보 제안에도 추가적인 제약을 두었다.

또한 이 법은 기업집단이 이행 기간 내에 법에서 명시한 규정들을 충족하지 못할 경우, 법원이 해당 기업의 주식을 매각할 관재인을 임명하도록 하였다. 관재인을 임명할 수 없을 때는 법원이 해당 지분을 휴면 상태로 두도록 명하고, 이 경우 해당 지분은 주총에서 의결권을 행사할 수 없도록 규정하였다. 아울러 지배주주가 이 법의 기준을 충족하기 위해 소수주주의 지분을 매입하거나 디벤처(debenture)[16]

16 주식시장에서 발행되는 장기 보유 채권으로, 주식과 유사한 이스라엘 특유의 유가 증

를 상환할 때 따라야 할 규칙도 구체적으로 명시하고 있다.

기업 거버넌스 개혁과 시스템 리스크 관련 금융 규제는 특별법인 반경제력 집중법이 제정되기 이전에 기존 관련 법령에 먼저 반영되었다. 우선, 2011년에 이스라엘은 회사법을 개정하여, 이해관계자 거래에 대해 소수주주 동의제(MoM: Majority of Minority)를 적용하도록 했다. 보다 구체적으로 살펴보면,[17] 이스라엘 회사법은 (1) 상장기업이 그 기업 총수와 주요 거래 또는 총수의 개인적 이해가 걸린 주요 거래와 (2) 총수나 총수 일가 회사의 경영 서비스나 고용에 관한 거래에 대해서 주총에서 MoM 허가를 받도록 의무화했다.

2011년에 이루어진 이 같은 기업 거버넌스 개혁의 실효성은 최근 실증 연구들에 의해 입증되고 있다. 2011년 회사법 개정 이후 기업 총수나 총수 일가가 임원으로서 받는 급여에 대해서 적어도 3년에 한 번씩은 주총에서 MoM 승인을 받아야 하는데, 최근 연구[18]는 이 제도가 도입된 이후 기업 총수나 총수 일가가 받는 급여의 증가폭이 감소했고 일부는 아예 임원을 그만두거나 급여를 못 받고 일을 하는 현상이 나타나고 있음을 실증적으로 보여 주었다. 반경제력 집중법의 시행은 기업집단의 출자 구조와 규모에도 상당한 영향을 미쳤다. 이에 대한 상세한 내용은 이 장 말미의 「더 알아보기」에서 다룬다.

권이다.

17 텔아비브 대학교 법대 Assaf Hamdani 교수의 메모에 기초함.

18 Fried, Kamar & Yafeh, "The Effect of Minority Veto Rights on Controller Pay Tunneling"(2020).

2. 민주 공화국의 회복을 위한 개혁 과제

앞에서 살펴봤듯이, 경제력 집중은 시장경제의 제도적 기반을 허물뿐 아니라 정치 민주주의도 유명무실화한다. 따라서 민주 공화국의 회복을 위해서 무엇보다 경제력 집중의 해소가 필요불가결하다. 경제력 집중의 해소 없이는 한국도 라틴아메리카의 전철을 밟을 수 있다. 이제 재벌 개혁과 더불어 민주 공화국 회복을 위한 보완적 개혁 과제를 논의해 보기로 한다.

경제력 집중 해소

앞서 살펴본 이스라엘의 반경제력 집중법은 기업집단의 해체가 아닌 경제력 집중의 해소와 사익 편취 방지를 목적으로 했다. 현시점의 한국 재벌의 경제력 집중은 2010년의 이스라엘보다 훨씬 심각하고, 그만큼 개혁이 쉽지 않을 수 있다. 따라서 지속 가능한 정책 목표와 수용성이 높은 실행 방안을 숙고할 필요가 있는데, 경제력 집중을 해소하기 위해 고려해야 할 핵심 사항은 출자 단계 규제와 금산분리라고 할 수 있다.

먼저, 기업집단의 출자 규제를 단일화하고 단순화할 필요가 있다. 지주회사제도 도입 당시의 입법 취지를 살려서, 계열사(출자 계열사)로부터 출자받은 계열사(피출자 계열사)는 다른 계열사에 출자를 금지해서 출자를 2층 구조로 제한하되, 100% 출자는 출자 단계 계산에서 제외하는 방안을 생각해 볼 수 있다. 이 경우에 지주회사 규제와 순환출자 규제를 별도로 둘 필요도 없고, 규제 회피 문제도 없어진다.

경제 규모나 기업 수 등을 고려할 때 이스라엘의 경우와 달리, 이런 출자 규제는 4대 재벌, 상호출자제한 기업집단, 공시 대상 기업집단 순으로 순차적으로 적용할 수 있는데, 이렇게 함으로써 정책의 수용성을 높일 수 있다. 또한 이 경우에, 외부 차입으로 경제력 집중을 심화시킬 가능성을 차단하기 위해서 지주회사에 해당될 출자 계열사에만 부채 비율 상한을 규제하면 되며, 현행 지주회사 규제에 적용되는 의무 지분율 규제도 불필요하다. 오히려 지배할 목적이 아닌 10% 미만의 지분 투자는 허용할 수도 있을 것이다.

2층 구조의 출자 단계로 이행할 때, 총수 일가가 실질적인 추가 출자 없이도 그룹 지배력을 높이는 수단이 된 소위 '자사주의 마법'과 과세이연[19] 혜택을 금지할지, 아니면 2층 구조로 전환하는 기간 내에는 한시적으로 허용할지도 중요하게 고려해 볼 사항이다.

자사주에는 의결권이 없지만, 자사주를 보유한 회사가 인적 분할 방식으로 지주회사를 설립·전환할 때 이사회 의결을 통해 자사주를 지주회사에 배정할 수 있다. 이 경우, 분할된 사업 자회사 (의결권 있는) 신주가 과거 자사주 지분만큼 지주회사에 배정되어, 지주회사가 분할된 사업 자회사의 의결권을 행사하게 되는 것을 소위 '자사

19 일반적으로 기업이나 개인의 세금 납부 시점을 미뤄 주는 것을 뜻한다. 지주회사로 전환하는 경우에 지주회사 주식과 계열사 주식을 교환할 때 발생하는 양도소득세를 이연해 줌으로써, 총수 일가가 지주회사 지분을 최대한으로 확보할 수 있게 해 주는 특혜이다.

주의 마법'이라고 한다. 이후에 지주회사가 사업 자회사에 대한 지분 의무보유율을 채우기 위해 신주를 발행해서 사업 자회사의 주식과 교환을 하게 되는데, 이때 총수 일가는 자신들이 보유하던 사업 자회사의 주식과 지주회사의 신주를 교환함으로써 양도소득세 과세이연의 혜택을 받고 동시에 지주회사에 대한 지배력을 강화할 수 있으며, 지주회사는 총수 일가가 보유하고 있던 사업 자회사의 지분을 추가로 확보하여 사업 자회사를 안정적으로 지배하게 된다.

이런 자사주의 마법과 과세이연이 허용된다면, 재벌들이 소유지배 구조를 2층 구조로 전환하는 데 매우 용이해질 수 있으므로 정책이 쉽게 수용될 수 있다. 그 대신 경제력 집중의 해소라는 정책의 효과성이 담보되지 않을 수 있다. 따라서 이 경우에, 일본의 사업지배력 규제나 이스라엘 반경제력 집중법의 국공유자산 권리 할당 규제를 참고해 사업 영역에 대한 제한 및 주식 매각 명령 등을 동시에 검토할 필요가 있다.

이에 반해, 자사주의 마법이나 과세이연을 금지하면, 현 수준의 계열사들을 유지한 상태에서 지주회사 2층 구조로 전환하기가 쉽지 않은 재벌들이 생길 수 있다.[20] 따라서 정책의 수용성이 떨어질 수 있으나, 경제력 집중 해소라는 정책 효과성은 담보될 수 있다.

둘째, 현행 지주회사 규제에서 엄격히 적용되는 구조적 금산분리를 완화해, '주요 금융회사(그룹)'와 '주요 실물회사(그룹)'를 동시에

20 이에 대한 구체적 시뮬레이션은 박상인, 『이스라엘의 2013 반경제력 집중법: 집행과 함의』(2021) 참고.

지배하는 것은 금지하되, 그 밖의 복합 금융그룹에는 통합 감독 체계를 적용하는 방안을 고려할 만하다. 주요 회사(그룹)에 대한 정의는 이스라엘의 재벌 개혁 사례를 참고해 국내 실정에 맞게 조정할 수 있을 것인데, 삼성그룹과 한화그룹만이 현재 해당될 것이라고 판단된다.[21] 4장에서 논의했듯이, 금융그룹감독법이 제정은 되었으나, 아직 그 실효성을 담보하고 있지 못하다. 따라서 복합 금융그룹 감독의 실효성 확보를 위한 법 개정을 통한 행위 규제와 더불어, '주요 금융회사(그룹)'와 '주요 실물회사(그룹)'를 동시에 지배하는 것을 금지하는 구조적 조치가 병행될 필요가 있다.

이런 금산분리 및 금산 복합그룹 감독 체계는 빅테크에도 적용할 수 있을 것이다. 2021년 6월 11일에 미국 하원에서 민주·공화 양당 의원들이 공동 발의한 「"더 강력한 온라인 경제: 기회, 혁신, 선택"을 위한 반독점 어젠더(Anti-Monopoly Agenda for "A Stronger Online Economy: Opportunity, Innovation, Choice")」 5개 법안에 대한 한국적 대안을 고려할 때, 「온라인 플랫폼 중개거래의 공정화에 관한 법률」[22]과 더불어 금산분리 및 금산 복합그룹 감독의 빅테크에 대한 적용 문제도 함께 다루어져야 한다.

마지막으로 경제력 집중의 재발생을 방지하기 위한 대책도 필요

21 자세한 내용은 박상인, 「이스라엘 경제력집중법의 한국 재벌개혁에 대한 함의」(2017) 참고.

22 "온라인 플랫폼 중개거래의 공정화에 관한 법률 제정법률(안) 입법예고", 법제처. https://www.moleg.go.kr/lawinfo/makingInfo.mo?lawSeq=60857&lawCd=0&&lawType=TYPE5&mid=a10104010000

하다. 이를 위해서 일본의 사업지배력 규제나 이스라엘 「반경제력 집중법」의 국공유자산 권리 할당 규제를 참고해 우리 맥락에 적합한 규제를 만들어야 한다. 향후 공정거래위원의 대기업집단 정책은 경제력 집중 재발 방지에 초점을 맞출 필요가 있다. 그러나 명심해야 할 중요한 점은 출자 규제의 집행 이후에 이에 대한 내용이 완화되어서는 안 된다는 점이다.

소수주주와 기관투자자의 역할 강화

경제력 집중을 해소한다고 하더라도, 여전히 지배주주 일가가 있는 기업집단은 존재할 것이다. 따라서 지배주주의 사익 편취 가능성과 유인은 여전히 남아 있다. 지배주주의 사익 편취는 계열사 간 일감 몰아주기, 지배주주 일가가 이사나 임원으로 있으면서 저지르는 과도한 보수나 퇴직금 수취 문제, 계열사 간 기업 합병 등을 통해서 일어나고 있으며, 계속 발생할 수 있다. 또한 계열사가 벤처기업 투자에 대한 리스크를 부담하고 성공한 벤처기업의 인수에는 지배주주가 참여하는 형태의 새로운 사익 편취 유형도 예상되고 있다.

3장에서 살펴보았듯이, 지배주주의 사익 편취를 현행 공정거래법으로 규율하는 것은 한계가 있다. 따라서 공정거래법에 의한 규제 대신에 소수주주와 기관투자자 중심의 자율 규제로 대전환이 필요하다. 이를 위해서는 소수주주 동의제(MoM) 도입과 국민연금의 독립성 강화 및 스튜어드십 코드[23]의 충실한 실행이 필요하다. 이런 새로운 제도적 장치가 작동되면, 공정거래법에서는 불공정거래 유형으로서 부당 내부거래에 대해서만 규율하는 것이 바람직하다.

총수 일가의 사익 편취를 규제하는 (구)공정거래법 제23조의2[24]는 규제 대상 선정과 부당성 입증에 문제점을 지니고 있다. 규제 대상을 총수 일가의 직접 지분율을 기준으로 정하는 바람에,[25] 지분 처분, 자회사로 전환, 기업 상장, 기업 합병 등의 수법을 동원해 규제 회피가 이뤄졌다. 나아가, 대한항공 일감 몰아주기 사건에 대한 서울고법의 판결이 대법원에서 인용될 경우에 (구)공정거래법 제23조의2는 사문화될 개연성이 높다. 2017년 공정위에 기업집단국이 부활한 이후에, 기업집단국은 부당 내부거래와 사익 편취를 위한 일감 몰아주기 규제에 전력을 다하고 있으나, 정상 가격 산정에 대한 논란과 증거 확보의 어려움이 갈수록 심해지고 있다. 따라서 투입되는 행정력에 비해서 사익 편취에 대한 실효성 있는 제재는 미흡한 실정이다. 더욱이 총수 일가의 과도한 급여나 퇴직금 수령 문제는 현행 법체계에서 방지하기 어렵다.

계열사 간 합병을 통한 사익 편취도 주요한 이슈이다. 잘 알려진 대로, 2015년에 이뤄진 삼성물산과 제일모직의 기업 결합에서 총수 일가와 다수인 소수주주 사이의 이해충돌 문제가 명백히 드러났다. 이 기업 결합 비율 산정이 형식적으로 법 규정을 따랐음에도 불구하

23 연기금과 자산운용사 등 주요 기관 투자가들을 위한 의결권 행사 지침으로, 기관투자자가 투자대상 회사의 경영에 보다 적극적으로 목소리를 내는 등 적극적 주주권 행사로 수탁자의 이익을 보호하는 것을 목적으로 한다.

24 2011년 12월에 국회를 통과한 공정거래법 전부개정안은 2021년 12월 30일에 시행되었다.

25 개정된 법에서는 제한적이나마 간접 지분율을 반영하고 있다.

고, 삼성물산 주주 일반의 이익보다는 총수 일가의 이해에 따라 비율 산정이 사실상 이뤄졌다는 비판이 국내외 의결권 자문기관들에서 제기되었다. 그럼에도 불구하고, 양 사의 합병은 주총에서 승인되었다. 상법상 특별결의 조항만으로는 한국의 소수주주-대주주 경영인의 이해충돌을 해소하기에는 충분하지 않은 것이다.

최근 이스라엘이나 인도의 사례에서 알 수 있듯이,[26] 재벌 총수 일가의 사익 편취를 방지하기 위해서는 공정거래법보다는 상법이나 상장규칙의 개정을 통해 MoM 규칙을 도입하는 것이 더 효과적이다. MoM 규칙은 지배주주의 사익 추구 행위가 발생할 수 있는 내부거래, 총수 일가가 이사나 임원으로서 받는 보수나 퇴직금 등을 주주총회에서 소수주주의 다수결로 동의를 받도록 하는 제도이다. 계열사 간 인수 및 합병의 경우, 소수주주 2/3 대신에 3/5의 동의를 받도록 할 수 있을 것이다.

세계적 IT 서비스 기업이었던 사티암의 회계 부정 사건 이후, 인도는 2013년 「회사법(Companies Act)」 개정을 통해 주요 내부거래[27]의 경우 주주총회에서 소수주주 다수의 동의를 받도록 강제하였고, 2015년에는 인도 증권위원회(Securities and Exchange Board of India)가 증권

26 이미 인도에서는 일정 규모 이상의 내부거래에 대해 상장규칙과 상법으로, 이스라엘에서는 총수 일가가 받는 임원 보수 등을 포함한 사익 편취 행위에 대해 상법에서 MoM 규칙으로 규율하고 있다. 보다 상세한 논의는 Li, *Do Greater Shareholder Voting Rights Reduce Expropriation? Evidence from Related Party Transactions*(2018); Fried, Kamar & Yafeh, "The Effect of Minority Veto Rights on Controller Pay Tunneling"(2020) 참고.

27 자산거래, 리스거래의 경우 사업연도 총매출액의 10% 이상이거나, 그 금액이 10억 루피 이상일 경우, 둘 중에 하나에 해당하면 주주 승인의 대상이 되는 것으로 규정했다.

상장규칙을 변경해 모든 상장회사에 추가적으로 유사한 MoM 규칙을 도입했다. 인도에서 내부거래에 대해 MoM을 도입한 기간이 아직 긴 것은 아니지만, 최근 실증연구(Li, 2018)는 MoM 규칙이 내부거래 규모를 감소시켰고, 주가와 기업의 이윤율도 이 규칙 도입 이후에 향상되었음을 보여 주었다.

한편 이스라엘에서는 총수 일가가 임원으로서 받는 보수에 대해서도 MoM 규칙을 2011년부터 적용하고 있다. 최근 실증연구[28]는 과도한 보수 책정을 통한 총수 일가의 사익 편취를 방지하는 데 MoM 규칙이 효과적이었음을 보여 준다.

MoM이 제대로 작동하기 위해서는 기관투자자의 역할이 중요하다. 현재 우리 실정에서 적극적인 역할을 할 수 있는 기관투자자로 단연 국민연금을 꼽을 수 있다. 그러나 삼성물산-제일모직 합병 과정에서 드러났듯이, 국민연금이 정부와 재벌의 영향력으로부터 독립적이라고 볼 수 없다. 국민연금의 독립성 강화 및 스튜어드십 코드의 충실한 실행은 MoM뿐만 아니라 자본시장이 제대로 기능하기 위해서도 필요조건이다.

2007년 세계 금융위기 이후 기관투자자의 역할이 강화되었는데, 선진국을 중심으로 적극적 주주 역할을 강조하는 책임투자를 확대하고, 기관투자자와 투자 대상 회사 간 대화를 강조하는 스튜어드십 코드를 제정해 시행 중이다. 이들 나라에서는 국민연금과 같은 연기금

28 Fried, Kamar & Yafeh, "The Effect of Minority Veto Rights on Controller Pay Tunneling"(2020).

[표 5-2] 한국 스튜어드십 코드 7원칙

구분	원칙
정책과 지침	(원칙 1) 수탁자 책임 정책의 제정 · 공개
	(원칙 2) 이해충돌 방지 정책의 제정 · 공개
주주활동	(원칙 3) 투자 대상 회사의 주기적 점검
	(원칙 4) 주주활동 수행을 위한 지침 제정 및 준수
	(원칙 5) 충실한 의결권 행사를 위한 의결권 정책 및 행사 내역 · 사유 공개
	(원칙 6) 고객 대상의 주기적인 주주 활동 보고
역량 · 전문성	(원칙 7) 역량 · 전문성 강화

이 스튜어드십 코드 확산과 정착에 핵심적인 역할을 수행 중인데, 한국에서도 2016년 12월에 스튜어드십 코드가 제정되었다. 그러나 국민연금의 스튜어드십 코드 참여는 문재인 정부의 100대 국정과제에 포함된 후에야 2018년 7월에 실제로 이뤄졌다.

국민연금이 채택한 스튜어드십 코드는 [표 5-2]와 같은 7개의 원칙을 가지고 있는데, 이 원칙의 실행을 위해 「국민연금기금 수탁자 책임에 관한 원칙」과 「국민연금기금 수탁자 책임 활동에 관한 지침」을 채택했다.

국민연금이 스튜어드십 코드에 참여하면서 어느 범위까지 수탁자 책임의 이행을 위한 활동, 특히 주주 활동과 의결권 행사를 수행할지는 초미의 관심사였다. 그러나 스튜어드십 코드 도입 이후 첫 정기 주주총회 시즌인 2019년 3월 대한항공 주주총회에서 총수의 이사 연임이 최초로 부결되기는 했으나, 실제로는 국민연금의 반대의결권 행사가 안건 부결로까지 연결된 경우는 드물었다. 캘리포니아 공무원연금(CalPERS) 등 해외 사례처럼 국민연금이 의결권 행사 영향력을 높이기 위해서는 주주총회에서의 찬반 의결권 행사뿐 아니라 사외이사 후보 추천 등 주주 제안, 의결권 위임장 대결과 같이 적극적인 주주권 행사가 필요 하나, 여전히 국민연금은 소극적 자세로 일관하고 있다.

국민연금은 2020년부터 사외이사 후보 추천과 주주 제안을 기금운용위원회(기금위) 의결에 따라 시행하기로 했다. 기업의 이사회가 독립성에 문제가 있고 개선의 여지가 없을 경우 독립이사를 사외이사로 선임하는 주주 제안을 하겠다는 것이다. 그러나 아직 제대로 된 사외이사 후보 명단을 만든 적도, 추천한 사례도 없다. 2019 주주총회에서는 공익이사 풀(pool)을 구성하지 못했고, 2020년에는 주주총회가 열리기 불과 한 달 전에 수탁자 책임투자 위원회를 새로 구성해서 이사 추천을 하지 못했다고 변명으로 일관하고 있다.

국민연금은 기업의 배당 정책, 임원 보수 한도의 적정성, 횡령·배임·부당지원 행위, 경영진 사익 편취 행위 등 기업 가치를 훼손하거나 주주 권익을 침해할 수 있는 사안 등을 중점 관리 사안으로 정했다. 문제가 있을 경우 비공개 대화를 통해 경영진에 개선을 요구하되, 개선이 없으면 비공개 중점 관리 기업 선정, 공개 중점 관리 기업 선정 등의 단계를 밟겠다는 것이다. 그러나 국민연금은 2020년 비공개 대화 대상 기업 중 2개의 회사만 비공개 중점 관리 기업으로 선정했으나, 공개 중점 관리 대상 기업을 밝힌 적이 없다. 2021년에는 중점 관리 대상으로 선정한 기업이 하나도 없었다. 국민연금의 독립성 강화와 스튜어드십 코드 실행이 전제되지 않으면, 효과적인 MoM이나 ESG[29]의 적용도 난망하게 된다.

징벌배상-디스커버리 제도 도입

앞에서 논의했듯이, 시장경제의 가장 기반이 되는 제도는 약자의 재산권 보호 제도이다. 약자의 재산권 보호가 제대로 이뤄지고 있지 않는 대표적인 사례가 부품이나 소재를 생산하는 하청기업들에 대한 재벌 대기업의 기술 탈취이다. 이런 기술 탈취가 만연하다는 것은 이미 잘 알려져 있다. 2020년 2월 25일 중소기업중앙회에 따르면, 지난 5년 동안 대기업의 기술 탈취로 피해를 본 중소기업이 246개나 되고 피해액은 5400억 원이 넘는데, 이 같은 피해 사례와 액수는 빙산의 일각에 불과하다.[30] 대기업의 보복이 두려워 침묵한 중소기업들과 실태조사에 포함되지 않은 중소기업까지 감안하면 기술 탈취 피해 현황은 가늠할 수조차 없다는 것이다.

기술 탈취가 이처럼 만연한 이면에는 최종재 산업이 재벌 대기업들에 의해 독과점화되어 있다는 점 외에도 약자의 재산권이 보호받지 못하는 한국의 법 현실이 있다. 재산권이 제대로 보호받고 있다면, 권리가 침해당했을 때 손해배상을 충분히 받을 수 있어야 한다. 그런데 한국에서는 재산권이 침해당해도 약자는 손해배상 소송조차

29 Environment(환경) - Social(사회적 책임) - Governance(기업 경영구조)

30 최희석, 「5년간 기술탈취 피해 5400억… 상생협력법 국회 조속 통과를」, 『매일경제』(2020.02.25.).

제기하지 못하는 것이 현실이다.

피해자가 소송을 제기할 때는 소송의 기대 이익이 소송 비용보다 클 경우이다. 소송 제기의 기대 이익은 [배상액 × 승소 확률]인데, 디스커버리(증거 개시) 제도[31] 없이는 승소 확률은 사실상 "0"이며, 재산권 침해에 대한 민사소송에서 승소해도 실손배상을 원칙으로 하는 현행법 체계하에서 전보배상[32]으로는 제대로 손해배상을 받을 수 없다. 사실 실손이라고 부르지만 법원이 인정하는 실손은 실제 손실액에도 못 미치는 경우가 대부분이다.

이에 반해 소송 비용은 변호사 비용 등 소송 관련 실제 비용과 소송으로 인한 기회비용이라고 할 수 있다. 그런데 재벌 기업들에 의해 사실상 전속계약 관계에 있는 하청기업이 소송을 제기하면 즉시 보복을 당하게 된다. 거래가 끊겨 망할 수도 있는데, 사업을 더 이상 영위할 수 없는 것이 소송의 기회비용이 된다. 따라서 이런 상황에서는 기술 탈취를 당해도 소송 자체를 제기할 엄두도 못 내게 되는 것이다. 징벌배상과 디스커버리 제도는 소송제기의 기대 이익을 높여 줘서 실제로 기술 탈취를 당한 기업이 소송을 통해 재산권을 보호받도록 하는 제도적 장치이다.

나아가 징벌배상과 디스커버리 제도는 기술 탈취의 유인을 감소시켜 기술 탈취가 발생하지 않도록 억제하는 역할을 하게 된다. 기술

31 재판 개시 전에 증거 개시 단계를 두어, 원고와 피고가 각각 상대방에게 소송과 관련된 정보를 요청할 수 있게 한 제도이다. 합당한 이유 없이 상대가 요청한 정보를 제시하지 않으면 막대한 벌금을 물거나 패소까지 이를 수 있다.

32 본래의 채무의 이행을 대신하는 손해배상.

탈취로 얻는 이익이 소송에서 패소 시 피고(기술을 탈취하는 기업)의 비용보다 작을 경우에 기술 탈취가 일어나지 않는다. 기술 탈취로 얻는 경제적 이익이 동일한 경우에 결국 패소 시 피고의 비용이 클수록 기술 탈취가 일어나지 않게 되는 것인데, 패소 시 피고의 비용은 [(배상액 + 이미지 실추 비용 + 소송 비용) × 패소 확률]로 계산할 수 있다. 그런데 징벌배상이 적용될 때 배상액이 커지고, 디스커버리 제도가 있을 때 패소 확률은 더 높아진다.

징벌배상과 디스커버리 제도가 없는 우리 현실에서, 일부 대기업 간의 기술 탈취나 영업비밀 침해 사건이 오히려 미국 국제무역위원회(ITC)에서 다뤄지는 웃지 못할 일들이 일어나고 있다. 법조계에 따르면, 미국 이외의 국가에서 벌어진 영업비밀 침해 행위에 대해 판단해 달라며 미 ITC에 제기된 소송은 모두 3건인데, 이 중 2건이 한국 기업 사이의 분쟁인 LG에너지솔루션-SK이노베이션의 이차전지 영업비밀 침해 소송과 메디톡스-대웅제약의 보툴리눔톡신(보톡스) 제제 균주·제조 공정 도용 혐의 관련 소송이었다.[33] 국내 기업들이 매월 수십억 원 수준의 변호사 비용을 미국 로펌들에 지출하면서도 한국에서 벌어진 행위에 대한 판정을 미 ITC에 맡기는 것은 신속한 재판, 강력한 디스커버리 프로그램, 징벌배상 때문이다.

2020년 하반기에 법무부가 갑자기 「집단소송법 제정안」과 더불어, 징벌적 손해배상제도를 상법에 도입하는 「상법 개정안」을 발의

33 한경우, 「韓기업이 천문학적 변호사비 써가며 美ITC 달려가는 이유는?」, 『매일경제』(2020. 12. 19.).

했다. 「하도급 거래 공정화에 관한 법률」, 「제조물 책임법」 등 이미 약 20개 법률에 징벌적 손해배상제가 도입되어 있으나, 전 분야에 걸쳐 적용될 수 있도록 상법상 특례로 규정하는 일반법으로 도입함으로써 법률별 상이한 요건 및 효과를 실효성 있게 통일한다는 의미가 있는 개정안이라고 평가된다. 그러나 정부안은 징벌적 손해배상액을 손해의 최대 5배를 넘지 않는 범위로 제한하여 징벌배상으로는 충분하지 않을 수 있다. 따라서 배상액 상한을 폐지하거나, 철도사업법, 시내버스사업 운송약관, 공직선거법에서 소비자나 국민에게 부과하는 30배 배상을 최대 규모로 하거나 10배에서 50배 배상 구간을 설정하는 대안을 고려할 필요가 있다. 또한 집단소송법 제정안에는 「증거개시제도(디스커버리 제도)」가 포함되어 있으나, 상법 개정안에는 빠져 있다. 따라서 「증거개시제도 특례법」을 제정해 징벌배상과 집단소송에 동일하게 적용하는 방안이 필요하다. 다소 실무적인 관점이지만, 소송액에 비례하는 현행 인지액 부담이 존재하는 한 징벌배상 소송이 활성화되기 어려울 것이다. 징벌배상에 한해서라도 인지액을 정액으로 하는 방안이 필요할 수 있다.

그런데 법무부가 발의한 집단소송법 제정안과 상법 개정안은 아직도 정부안으로 국회에 제출조차 되지 않았고, 상법 개정안에 포함되어 있던 언론의 고의·중과실에 의한 허위 보도에 징벌적 손해배상을 최대 5배까지 부과하는 방안은 「언론 중재 및 피해 구제 등에 관한 법률 개정안」으로 문화체육위원회에서 별도로 다뤄지고 있다. 징벌적 손해배상을 도입하는 상법 개정안이 만들어진 이유가 기술 탈취의 방지에 있는 것이 아니라 언론의 가짜뉴스 방지를 위한 것이 아니었는지 하는 강한 의구심이 든다.

정치인들이 언론을 통해 부당하게 가짜뉴스 피해를 당할 때 느끼는 분노의 10분의 1만큼만이라도 감정으로 중소기업이 기술 탈취로 당하는 고통에 공감하는 진정성이 있다면, 제대로 된 징벌배상과 디스커버리 제도의 도입이 이처럼 어려울 수 없다. 경제력 집중 해소로 독과점화된 최종재 시장이 경쟁적으로 바뀌고, 징벌배상과 디스커버리 제도의 도입으로 기술 탈취가 사실상 어려워지면, 중간재 산업에서 혁신이 활발하게 일어날 수 있다.[34]

함께 시행해야 할 개혁

① 법관의 정년 보장

만민에게 동일하고 동등하게 법의 지배의 원칙이 적용되기 위해서는 사법부의 독립이 무엇보다도 중요하다. 그럼에도 1장에서 살펴봤듯이, 재벌에 의한 사법 포획은 심각한 수준이다. 재벌의 경제력 집중 해소를 통해 사법 포획의 개연성을 줄일 수 있지만, 이것만으로는 충분하지 않을 수 있다. 사법 포획의 가장 큰 이유는 판사의 '커리어 걱정'이라고 할 수 있다. 따라서 판사가 정년을 실질적으로 보장받고, 정년 이후에 생활도 퇴직연금으로 충분히 이어 갈 수 있어야만 커리어 걱정에서 오는 유혹을 뿌리칠 수 있다.

34 2018년도의 OECD 한국 보고서에서도 경제력 집중이 한국에서 혁신 기업가 정신과 창업을 가로막고 있다고 지적하고 있다.

그러나 현재 법조계에서는 승진에서 밀리면 이른바 '옷을 벗는' 관행이 이어지고 있다. 사법정책연구원에 따르면,[35] 2013년부터 2016년까지 매년 47명에서 67명의 판사가 정년 이전에 퇴직했는데, 이들의 대부분이 40~50대 판사들이다. 동일한 기간에 새로 임용된 판사들이 매년 83명에서 111명 수준임을 고려하면, 이직하는 판사의 비중이 매우 크다는 것을 알 수 있다. 조기 퇴직하는 판사들은 대부분 법무법인이나 사내 변호사로 기업에 취업하거나 따로 변호사 사무실을 개업해 활동한다.

사법정책연구원에 따르면,[36] 매해 40~50대 법관들의 대량 조기 사직의 가장 큰 동기는 전관 변호사의 개업 소득과 법관 보수와의 막대한 격차이고, 이런 격차의 주요 원인이 이른바 전관예우에 있다는 것이다.[37] 특히 1년짜리 수임 제한으로 대표되는 한국의 전관예우 규제는 그 기간적, 지역적 제한 범위 면에서 세계적으로 약한 수준인데, 기피, 회피 제도도 거의 활용되지 않으며, 전화 변론, 기일 외 변론 등 비정상적 변론 활동에 대한 규제도 매우 약하다는 것이다.

따라서 전관예우에 대한 강력한 규제는 전관 변호사의 개업 소득을 줄여 조기 사직 동기를 줄일 수 있는 즉각적인 정책이 될 수 있다. 그러나 법관의 독립성 유지를 위해서는 처우 개선과 연금 수준 개선 그리고 사실상의 계급 정년 관행의 폐지 등의 대책도 필요하다. 법관의 처우 개선에 들어가는 비용은 보다 엄밀히 산정해 봐야 하나,

35 차성안, 『해외의 전관예우 규제사례와 국내 규제방안 모색』(2019).

36 차성안, 『해외의 전관예우 규제사례와 국내 규제방안 모색』(2019).

37 전관예우의 심각성은 고려대학교산학연구단 보고서(2018)에도 잘 나타나고 있다.

법의 지배가 무너지는 사회적 비용을 고려할 때 그 비용이 상대적으로 더 크기는 어려울 것이다.

② 언론의 재정 독립성 확보

1장에서 살펴봤듯이, 언론의 중립성과 독립성이 지켜지지 않는 것은 법관처럼 언론인 개인의 '커리어 걱정'도 있지만, 보다 근본적으로는 언론이 광고주의 영향력에 취약하기 때문이다. 따라서 언론의 중립성과 독립성을 제고하기 위해서 특정 기업이나 집단에 대한 재정 의존도를 낮추는 제도적 장치가 필요하다. 이와 관련해 최근 논의되고 있는 '미디어 바우처' 도입을 고려할 필요가 있다.

미디어 바우처는 최근 미국에서 지역 신문의 소멸을 막고 미디어의 다원성을 유지하기 위해서 도입의 필요성이 논의되고 있는 정책 수단이다. 미국 시카고대학의 스티글러 센터 보고서는 다음과 같이 미디어 바우처 도입을 제언하고 있다.[38] 미국 재무부가 매년 성인한 명당 50달러의 미디어 바우처를 제공하고, 종합소득세를 신고할 때 각자 이 바우처를 5달러씩 최대 10회까지 쪼개어 조세 당국을 통해 자신이 선호하는 언론 매체에 기부 의사를 밝힐 수 있도록 하자는 것이다.

이 보고서는 익명성의 보장을 위해서 미디어 바우처 기부를 전자 투표처럼 처리해야 하며, 양질의 정보를 생산하는 데 이 보조금이 사용되도록 하기 위해서 몇 가지 조건을 부과해야 한다고 제언한다.

38 Stigler Committee on Digital Platforms, *Final Report*(2019).

먼저, 지원 대상 언론 매체는 최소 한명의 저널리스트를 고용해야 하며, 언론 매체의 소유주와 1% 이상 지분을 보유한 주주의 명단을 공개해야 한다. 또 이들 소유자 각자에 대해 (이해충돌을 방지하기 위해) 그들의 주요 수익원을 공개하도록 하며, 각 언론 매체는 재무제표와 기업 지배 구조를 공개하고 윤리 강령을 채택하도록 한다. 그리고 독립적인 기관을 통해 이런 정보들의 진위 여부를 확인하고 바우처 보조금 지급 대상을 확정하도록 한다.

또한 언론 매체를 지정하지 않는 시민이 있다면, 바우처로 언론 매체를 지정한 다른 모든 사람의 언론 매체 지정 비율에 따라 그 금액을 배정하도록 함으로써 정부의 개입 여지를 없앨 수 있다. 바우처 지원이 특정 매체에 집중되는 것을 방지하기 위해서, 특정 매체가 바우처 전체 지원액의 1% 이상을 수령할 수 없도록 하고, 이 기준을 초과해서 지정된 바우처 지원금은 1% 수령 매체를 제외한 언론 매체들의 지정 비율에 따라 재분배한다. 미국에 약 2억 6000만 명의 성인이 있으므로, 한 매체가 미디어 바우처로 지원받는 최대 금액은 약 1억 3000만 달러로 제한되는 셈이다.

스티글러 센터 보고서의 제언을 참고해, 국내 실정에 맞는 미디어 바우처 액수와 지원 대상 언론매체 선정 기준 등을 좀 더 검토할 필요가 있다. 예를 들어, 21대 총선 기준으로, 우리나라 성인(유권자)의 수가 약 4400만 명이므로, 성인 한 명당 2만 원의 미디어 바우처를 지급하면 약 8800억 원의 예산이 필요하다. [표 1-4]를 참고하면, 이는 5대 재벌들이 약 10개월 정도에 지출하는 광고 총액과 비슷한 금액이다. 개별 매체에 대한 최대 지원금액을 전체 지원액의 5%로 정하면, 최대 지원액은 440억 원이 될 수 있다. 물론 공적 자금의 지원을 받고 있는 매체들은 미디어 바우처 지원에서 제외된다. 2021년 한국 정부의 예산 규모가 약 558조 원임을 감안하면 이는 예산의 0.16% 수준이고, 정부 R&D 지원금 27조 원의 약 3.3%에 해당된다. 또한 2020년에 KBS 수신료 징수액인 약 6790억 원보다 2000억 원 정도 많은 수준이다. 언론의 중립성과 다원성의 사회적 편익을 생각하면, 적정 규모의 미디어 바우처 도입을 심각히 고려할 필요가 있다.

③ 정치와 정부 개혁

문재인 정부와 노무현 정부는 예상과 달리 재벌 개혁에 소극적이었을 뿐 아니라, 오히려 보수 정권보다 더 친재벌적인 정책을 추진했다. 노무현 정권 마지막 1년에는 지주회사 규제가 대폭 완화되었고, 출자총액제한제도는 사실상 폐기되었다. 재벌의 경제력 집중에 대한 규율이 대폭 완화됨으로써, 2007년 이후에 재벌의 경제력 집중은 더욱 심화되었고, 다수 재벌은 이런 규제 완화를 활용해 세습 작업을 본격화했다. 문재인 정부는 인터넷 전문은행 특례법과 지주회사의 CVC 보유 허용을 통해 은산분리와 금산분리 원칙을 허물려는 재벌들의 숙원을 이뤄 주는 첫걸음을 뗐다. 특히 벤처기업 활성화를 핑계로 재벌 세습의 제도화에 악용될 소지가 다분한 복수의결권 주식 발행을 허용하려는 시도를 계속하고 있다.

민주당 계열 정권에서 친재벌 입법이 오히려 더 많이 이뤄지는 것은 민주당 계열이 보수 계열 정권보다 더 친재벌적이라서 그렇다기보다는, 친재벌 정책을 반대하는 야당이 거의 없기 때문이라고 판단된다. 민주당 계열은 야당일 때 자신들이 반대했던 친재벌 정책을 집권하면 추진하고, 제1야당인 보수 계열 정당은 당연히 반대하지 않는 은밀한 친재벌 공조를 반복하고 있다.

그렇다면 민주당 계열 정당은 집권만 하면 왜 친재벌 정책을 추진하는 것일까? 재벌과 정치권과의 내밀한 관계를 알 수는 없으나, 이는 현행 대통령 단임제와 선거 운동 기간의 제한과도 관계가 있는 것으로 판단된다. 노태우 정권 이후에 한국 대통령 선거는 정당보다는 대선 후보자 중심으로 치러지고 있는데, 대통령 선거라는 '장'이 서면, 이른바 선거 캠프가 꾸려진다. 선거 캠프는 국민들이 '혹'할 이슈를 발굴해 던지면서, 그중에 하나라도 터지면 그 이슈 중심으로 선거를 치러 왔다. 정책 이슈 발굴 과정에서는 그동안 정책에서 소외되었던 문제들이 제기되는 순기능도 있는데, 재벌 문제나 노동 문제가 그런 대표적인 정책 이슈였다.

그러나 집권에 성공한 캠프 중심의 정치 세력은, 개혁의 어려움을 당장에 감내하더라도 중장기적으로 효과가 나는 구조 개혁에는 관심이 없고 단기적 성과에만 집착하게 된다. 사실상 경제 운용에 대해서는 문외한인 '정치 기술자'들로 이루어진 집권 핵심 세력은 재벌의 협조로 단기간 내 투자도 늘리고 일자리도 만들 수 있다는 유혹을 떨치기 어렵고, 적극적으로 접근하는 관료들에게 의지하게 된다.

대통령 직선제 도입 이후로 신임 대통령은 대체로 야당이나 여당 내 비주류에서 나왔다. 새로 집권하는 세력은 위에서 언급한 정권들의 전철을 거의 그대로 밟았다. 대통령 단임제와 캠프 중심의 집권은 정당을 사실상 유명무실화하고, 장기적 관점의 정책을 등한시하게 만들며, 공약 불이행에 대한 책임도 무관심하게 만든다.

따라서 재벌이나 기득권의 선호에 봉사하기보다는 국민의 선호와 이해에 복무하는 정권이 선택될 수 있도록 정치 제도의 개선이 필요하다. 우선, 정당의 대통령 후보 선출과 정당 후보의 선거 기간을 지금보다 두 배 정도로 늘리는 선거법 개혁이 필요하다. 선거 운동 기간이 길어지면 후보들 간 경쟁이나 언론의 검증을 통해 각 후보의 정책 실현 가능성과 정책 실행 의지를 더 엄밀히 살펴볼 수 있고, 따라서 지금처럼 일시적인 이미지 관리와 허술한 정책으로 당선될 수 있다는 생각을 후보들이 못 하게 된다. 궁극적으로는 개헌을 통해 대통령 중임제를 도입해야 한다. 그래야만 공약을 이행할 유인이 생기고, 장기적 관점의 정책이 채택되며, 정당의 정체성과 연속성이 보장될 수 있다.

캠프 중심의 정치 체제에서 과도한 권한을 행사하는 관료들이 재벌에 의해 포획당하는 문제도 심각하다. 법조인이나 언론인과 마찬가지로, 사실상 계급 정년 제도하에 있는 고위 공무원들도 퇴임 후 재벌 대기업, 각종 협회, 대형 법무법인 등에 영입된다. 2015년 3월 31일 이후 퇴직하여 '기관업무 기준 취업심사 대상자인 퇴직 공직자'인 2급 이상 공무원 및 공직 유관 단체 임원 등 퇴직 공직자의 취업 이력 공시를 살펴보면, 총 1,285명 중 89%가 일반 사기업, 법무법인 등 각종 법인, 협회, 금융권 등에 취업했다. 공공기관 취업자들도 결국은 이들 사기업, 각종 법인, 협회, 금융권 등으로의 이직을 고려하며, 결국 고위 퇴직 공직자는 퇴직 후 친기업 또는 친재벌 관련 일을 하게 되는 것이다. 소위 이들 'OB'는 현직에 있는 후배 관료들 'YB'와

[표 5-3] 취업심사 대상자인 퇴직 공직자 취업 이력(2015~2020)[39]

취업 기관 유형		인원수(비율)
공공기관	공기업(지방공기업 포함)	72
	준정부기관	40
	기타 공공기관	28
	소계	140 (10.9%)
일반 사기업		557 (43.3%)
각종 법인	법무법인	150
	회계법인	10
	세무법인	5
	감평법인	2
	소계	167 (13.0%)
기타	협회	89
	특수(공익)법인	35
	금융권 (은행, 증권사, 신탁업, 채권추심, 자금중개, 회생회사지원 보험사)	104
	학교	64
	그 외 (재단법인, 병원, 언론, 공제조합, 협동조합, 연구원)	129
	소계	421 (32.8%)
총계		1,285

끈끈한 관계를 이어 가며 지속적으로 친재벌 아이디어를 주입한다.

근본적으로는 정부의 역할과 조직이 여전히 '박정희 개발 시대'에서 못 벗어나고 있으므로 정치가 관료에 더 의존하게 된다. 따라서

39 공직자윤리위원회, 「2021 퇴직공직자 취업이력공시」.

정치 개혁과 동시에 여기 걸맞는 행정부의 역할과 조직의 개혁이 함께 이뤄져야만 한다. 민주 공화국의 회복을 위해서는 정치와 행정이 재벌의 이익이 아닌 국민의 선호에 복무할 수 있도록 만드는 개혁이 필요하다.

더 알아보기

○ 이스라엘 개혁의 성과

반경제력 집중법의 시행은 기업집단의 출자 구조와 규모에 상당한 영향을 미쳤다.[1] 이 법의 제정 작업이 본격화된 2011년 이후, 이스라엘 경제에서 기업집단이 차지하는 비중은 감소하는 추세로 돌아섰고, 법 시행 이후에는 더욱 줄어들었다. 이스라엘에서는 3개 이상의 상장기업이 동일인에 의해 지배될 때, 이들 기업을 묶어서 '기업집단'이라고 부르는데, 이 정의에 따르면 이스라엘 기업집단의 수가 2008년 34개에서 2018년에 16개로 감소했다. 더욱이 남아 있는 기업집단의 규모는 줄어들었고, 이들 기업집단은 특정 분야에 전문화되어 있다.

IDB(Israel Discount Bank) 그룹을 제외한 모든 기업집단은 6년 안에 2층 구조로 만들어야 하는 규제 이행 기한인 2019년이 되기 전 2018년 말에 이미 출자 구조를 상장회사 2층 피라미드 구조로 바꿨다.[2]

1 Hamdani, Kosenko & Yafeh, "Pyramidal Business Groups and Regulation: Evidence the United States, Japan, Korea and Israel"(2019).

2 2020년 9월에 텔아비브 지방법원은 IDB 개발의 채권자들과 협상을 위해 3개월의 유예기간을 요구한 IDB 그룹의 총수 엘츠타인(Eduardo S. Elsztain)의 제안을 거부하고, IDB 개발을 청산하는 관재인을 임명한 뒤 IDB 개발의 이사회를 해산시키도록 명령했다.

4층, 5층 그리고 그 이상 층수를 지닌 이른바 '키 큰' 피라미드는 완전히 사라진 것이다.

반경제력 집중법의 시행으로 총 37개의 상장기업이 직접적인 영향을 받았는데, 이 중 28개 기업은 출자 단계를 축소해야 하는 문제에 직면했고, 나머지 9개 기업은 '주요 실물회사'와 '주요 금융회사'의 구조적 분리 문제를 해소해야 했다. 21개 상장회사는 출자 단계의 축소를, 상장폐지나 다른 계열사와의 합병을 통해 달성하였다.

이 법에 의하면 상장폐지로 비상장회사가 되는 경우에는 출자 층수 계산에서 제외되는데, 상장폐지를 하기 위해 총수가 소수주주의 지분을 매입할 때 자신의 자금을 사용했다. 나머지 기업들의 경우에는, 기업집단이나 총수의 신용 제약으로 인해 은행, 채권, 주식시장을 통해 자본을 확충하기가 어려웠고, 따라서 기업 지배권을 대부자들에게 양도했다.

'주요 금융회사'와 '주요 실물회사'의 구조적 분리 조건을 충족해야 했던 상당히 큰 기업집단들은, 기존 총수의 지분이 새로운 지배주주에게 양도되지 않고 시장에서 공중(公衆)에게 매각되어 이른바 '지배주주가 없는' 기업집단이 되었다.

자본시장의 안정성에 위협 요인이었던 이스라엘 재벌의 규모와 복잡성을 감소시킨 반경제력 집중법의 효과에 대한 (단기적) 평가는 다음과 같다.[3] 먼저, 기업대출이 상당히 감소했다. 2008년 이스라

3 Botosh, "A Description and Analysis of the Implementation of the Concentration Law and Its Economic Impact on the Israeli Economy"(2020).

엘 20대 기업집단에 대한 은행 대출 비중은 54.6%였으나, 2017년에는 30.4%로 급감했다. 2011년부터 2018년 사이에 중소기업에 대한 은행 대출은 55% 증가했으며, 중견기업에 대한 대출은 30.6% 증가했으나, 대기업에 대한 은행 대출은 7.6% 감소했다. 둘째, 주요 지주회사의 시가총액은 상당히 감소한 것에 비해, 지배주주가 없는 상장기업들의 시가총액이 증가했다. 특히 상위 20개 상장회사의 경우 이런 현상은 더 두드러졌다. 상장폐지된 회사들의 시가총액은 310억 세겔 정도였는데, 이 중 150억 세겔은 시가총액에서 완전히 빠져나갔다. 마지막으로, 기관투자자의 영향력이 2013년과 2019년 사이에 증가했다. 기관투자자의 기업 대출은 18.4%에서 21.3%로 증가했고, 지분율은 15.3%에서 22.7%로 상승했다. 이와 함께, 기관투자자에 대한 규제, 기관투자자의 기업에 대한 관여, 주주총회에서 투표 방식과 같은 이슈들이 중요해졌다.

반경제력 집중법 중 기업집단의 출자 단계 제한과 금산분리 조항의 집행은 2019년 말에 완료되었고, 이 같은 결과는 경제력 집중의 해소라는 정책 목표를 달성한 것으로 평가받고 있다. 이스라엘 정부는 또한 경제력 집중의 재발을 방지하기 위해서 지속적으로 반경제력 집중법의 경제력 집중 억제 조항을 집행하고 있다. 그런데 이러한 반경제력 집중법을 입안하고 집행한 정치 세력은 다름 아닌 네타냐후(B. Netanyahu) 총리의 우파 정권이었다.

참고문헌

고려대학교 산학협력단, 「전관예우 실태조사 및 근절방안 마련을 위한 연구」, 법원행정처 연구보고서, 2018.

공정거래위원회, 보도자료 「대기업집단 순환출자 변동현황」(2018.04.24.).

____________, 보도자료 「2014년 사익 편취 규제 도입 이후 내부거래 실태 변화 분석결과」(2018.06.25.).

____________, 보도자료 「지주회사 수익구조 실태조사 결과」(2018.07.04.).

____________, 보도자료 「2019년 대기업집단 주식소유현황」(2019.09.06.).

____________, 보도자료 「2019년 지주회사 현황 분석 결과」(2019.11.12.).

____________, 『공정거래백서 2020』.

관계 부처 합동, "「일반지주회사의 CVC 제한적 보유」 추진방안"(2020.07.30.).

국회예산정책처, 「분위별 자산·소득 분포 분석 및 국제비교」, 『경제현안분석』 제102호, 2021.

국회입법조사처, 「기업주도형 벤처캐피탈(CVC)의 규제완화 쟁점과 개선방안(1)」, 『NARS 현안분석』 제98호, 2019.

김낙년·김종일, 「한국 소득분배 지표의 재검토」, 『한국경제의 분석』 제19권 제2호, 한국금융연구원, 2013, pp.1-50.
김윤정, 「공정거래법상 사익 편취행위 규제의 현황과 개선방안—대한항공 사건을 중심으로」, 『경제법연구』 제17권 제2호, 2018, pp.27-60.
김주성·홍다혜, 「기업주도형 벤처캐피탈의 국내·외 투자현황 및 운영사례 분석」, 『전자통신동향분석』 제29권 제2호, 한국전자통신연구원, 2014.
김주현, 『한국 재벌의 비주력 업종 진출 요인에 관한 연구』, 서울대학교 행정대학원 박사학위 논문, 2019.
김주현·박상인, 『공정거래 행정과 정책의 역사』, 진인진, 2020.
____________, 「지주회사 전환 유도 정책이 대규모 기업집단의 비주력 업종 진출에 미친 영향 분석」, 『행정논총』 제58권 제1호, 2020.
____________, 「지주회사 체제로의 전환이 기업지배 구조와 내부거래에 미치는 영향」, 『경제학연구』 제69권 제2호, 2021, pp.29-64.
노민선, 「한국과 일본의 대-중소기업 간 임금격차 비교 분석」, 『KOSBI 중소기업 포커스』 제19권 제10호, 중소기업연구원, 2019.
라이시, 로버트, 『자본주의를 구하라』, 김영사, 2006.
박경로, 「은행산업의 집중과 안정성-지점 금지 규제와 대공황 시기 시카고의 은행 파산」, 『경제 발전연구』 제10권 제2호, 2004, pp.179-221.
박상인, 『벌거벗은 재벌님』, 창해, 2012.
______, 『삼성전자가 몰락해도 한국이 사는 길』, 미래를 소유한 사람들,

2016.

______, 『왜 지금 재벌 개혁인가?』, 미래를 소유한 사람들, 2017.

______, 「이스라엘 경제력집중법의 한국 재벌개혁에 대한 함의」, 『한국경제포럼』 제10권 제3호, 2017, pp.1-32.

______, 『이스라엘의 2013 반경제력 집중법』, 서울대학교출판부, 2021.

법무부, 보도자료 「2015년 광복 70주년 특별사면 실시」(2015.08.13.).

______, 보도자료 「2016년 광복 71주년 특별사면 실시」(2016.08.12.).

산업연구원, 『대기업 협력업체의 수출확대 방안 연구』, 2016.

서정호, 「종합지금결제업 도입과 향후과제」, 『금융브리프』 제29권 제23호, 2020.

안주엽, 『한국의 임금불평등』, 한국재정학회 정책토론회 발제문, 2014.

이선희, 「공정거래법 제23조의2 사익 편취행위에 대한 대한항공 사건의 분석」, 경쟁포럼 발표자료, 2017.

이항구, 「자동차산업 수직계열화의 득실」, 『KAIBM & KASME 춘계학술대회논문집』, 2011, pp.309-325.

이호형, 『독점규제법』(제5판), 홍문사, 2015.

장세진, 『외환위기와 한국 기업집단의 변화: 재벌의 흥망』, 박영사, 2003.

재정경제부 · 공정거래위원회, 「시장개혁 3개년 로드맵」(2003.12.31.).

전국금속노조울산지역공동위원회, 『원하청불공정거래 실태 및 대안』, 2015.

전병유, 「한국 불평등 구조의 특성과 변화 요인의 탐색적 연구」, KDI, 『소득분배와 경제성장』 제2장, 경제 · 인문사회연구회 미래사회 협동연구총서, 2017.

정순섭, 「금융그룹감독에 관한 법적 연구: 금융복합기업집단의 감독에 관한 법률을 중심으로」, 경쟁포럼 발제문(2021.06.).
정혁, 「한국 소득 불평등 구조의 실증적 이해와 포용적 성장 전략」, KDI, 『소득분배와 경제성장』 제3장, 경제·인문사회연구회 미래사회 협동연구총서, 2017.
조동성, 『한국재벌연구』, 매일경제신문사, 1990.
중소기업중앙회, 「대·중소기업 간 기술 탈취 실태 및 정책 체감도 조사 결과 보고서」, 2018.
조성재·조철·김철식, 『자동차부품 업종별위원회 발전방안 연구』, 경제사회발전 노사정위원회, 2013.
차성안, 『해외의 전관예우 규제사례와 국내 규제방안 모색』, 사법정책연구원, 2020.
최정표, 『한국재벌사연구』, 도서출판 해남, 2014.
최제민·김성현·박상연, 「글로벌 금융위기 이후에 한국의 소득불평등 변화에 관한 연구」, 『경제학연구』, 2018, pp.115-142.
추문갑, 「CVC 관련 중소기업계 의견」, 2020.
현대·기아차, 보도자료 「현대차그룹, "출자 구조 재편" 추진」(2018.03.28.).
홍명수, 「경제력 집중 억제 정책의 평가와 과제」, 『강원법학』 제58권, 2019, pp.637-679.
홍순탁, 「현대글로비스·현대모비스 분할합병비율 적정성 검토」, 2018.

Acemoglu, D., S. Johnson & J. A. Robinson, "The Colonial Origins of Comparative Development: An Empirical Investigation,"

American Economic Review, Vol. 91, 2001, pp. 1369-1401.

Aghion, P., E. Caroli & C. Garcia-Penalosa, "Inequality and Economic Growth: The Perspective of the New Growth Theories," *Journal of Economic Literature*, Vol. 37(4), 1999, pp. 1615-1660.

Aghion, P. & P. Howitt, "APPROPRIATE GROWTH POLICY: A UNIFYING FRAMEWORK," *Journal of the European Economic Association*, 2006, pp. 262-314.

Alesina, A. & R. Perotti, "Income Distribution, Political Instability and Investment," *European Economic Review*, Vol. 40(6), 1996, pp. 1203-1228.

Aran, Y. & M. Ofir, "The Effect of Specialised Courts over Time," in *Time, Law and Change: An Interdisciplinary Study* (Ranchordas S. & Roznai Y. eds.), Oxford: Hart Publishing, 2020.

Barro, R. J., "Inequality and Growth in a Panel of Countries," *Journal of Economic Growth*, Vol. 5(1), 2000, pp. 5-32.

Bebchuk, L. & K. Kastiel, "THE UNTENABLE CASE FOR PERPETUAL DUAL-CLASS STOCK", *Virginia Law Review*, 2017, pp. 585-630.

Becht, M. & J. B. DeLong, "Why Has There Been So Little Block Holding in America?" in: Morck, R. K. (Ed.), *A History of Corporate Governance Around the World*, Chicago: University of Chicago Press, 2005, pp. 613-666.

Ben-Bassat, A. (Ed.), *The Israeli Economy*, 1985-1998, Cambridge,

Massachusetts: The MIT Press, 2002.

Berg, A., J. D. Ostry & J. Zettelmeyer, "What Makes Growth Sustained?" *Journal of Development Economics*, Vol. 98(2), 2012, pp. 149-166.

Boston Consulting Group, "How the Best Corporate Ventures Keep Getting Better," 2018.

Botosh, N., "A Description and Analysis of the Implementation of the Concentration Law and Its Economic Impact on the Israeli Economy", Knesset Research and Information Center, 2020.

Choi, H. et al., *Corporate Governance: An International Review*, Vol. 24(2), 2016.

Fried, J. M., E. Kamar & Y. Yafeh, "The Effect of Minority Veto Rights on Controller Pay Tunneling", *Journal of Financial Economics*, Vol. 138(3), 2020, pp. 777-788.

Forbes, K. J., "A Reassessment of the Relationship between Inequality and Growth," *American Economic Review*, Vol. 90(4), 2000, pp. 869-887.

Galor, O. & O. Moav, "From Physical to Human Capital Accumulation: Inequality and the Process of Development," *Review of Economic Studies*, Vol. 71(4), 2004, pp. 1001-1026.

Gompers, P., J. Ishii & A. Metrick, "Extreme Governance: An Analysis of Dual-Class Firms in the United States," *Review of Financial Studies*, 2010, pp. 1051-1088.

Hamdani, A., K. Kosenko & Y. Yafeh, "Pyramidal Business Groups and

Regulation: Evidence the United States, Japan, Korea and Israel", Working Paper, 2019.

Hoshino, T., "Institutional Conditions of Ownership and Control in Large Mexican Business Groups," mimeo, 2016.

Kaldor, N., "A Model of Economic Growth", *The Economic Journal*, Vol. 67(268), 1957, pp. 591-624.

Kandel, E., K. Kosenko, R. Morck & Y. Yafeh, "The Great Pyramids of America: A Revised History of US Business Groups, Corporate Ownership and Regulation, 1930-1950," *Strategic Management Journal*, 2018, pp. 1-28.

Kasperkevic, J., "Paul Romer: 'If You Think Moderation is Censorship, You've Got a Competition Problem,'" *PROMARKET* (Jan. 15, 2021.).

Kwack, S. & Y. Lee, "The Distribution and Polarization of Income in Korea, 1965-2005: A Historical Analysis," *Journal of Economic Development*, Vol. 32(2), 2007.

Lazear, E. P. & S. Rosen, "Rank-Order Tournaments as Optimum Labor Contracts," *Journal of Political Economy*, Vol. 89(5), 1981, pp. 841-864.

Li, N., *Do Greater Shareholder Voting Rights Reduce Expropriation? Evidence from Related Party Transactions*, Columbia University Ph.D. Thesis, 2018.

McMillan, J., *Reinventing the Bazaar: A Natural History of Markets*,

New York: W. W. Norton & Company, 2003.

Musacchio, A. & S. Lazzarini, *Reinventing State Capitalism: Leviathan in Business, Brazil and Beyond*, Massachusetts: Harvard University Press, 2014.

OECD, *Divided We Stand: Why Inequality Keeps Rising*, 2011.

______, *Economic Surveys Korea*, 2018.

Ostry, J. D., A. Berg & C. G. Tsangarides, "Redistribution, Inequality, and Growth", IMF, 2014.

Park, S., "Government and Economic Development of Korea," *Korean Journal of Policy Studies*, 2011.

______, "Monopsony, price squeezing and sub-optimal investments," mimeo, 2021.

Perotti, R., "Growth, Income Distribution, and Democracy: What the Data Say," *Journal of Economic Growth*, Vol. 1(2), 1996, pp. 149-187.

Rodrik, D., "Where Did All the Growth Go? External Shocks, Social Conflict, and Growth Collapses," *Journal of Economic Growth*, Vol. 4(4), 1999, pp. 385-412.

Schneider, B. R., *Hierarchical Capitalism in Latin America: Business, Labor, and the Challenges of Equitable Development*, New York: Cambridge University Press, 2013.

Stigler Committee on Digital Platforms, *Final Report*, 2019.

The Committee on Increasing Competitiveness in the Economy, *Final recommendations and supplement to the interim report*, 2012.

Yoon, F., "Big Tech Startups Spring Up in South Korea," *The Wall Street Journal* (Jul. 07, 2021.).